民主國家如何死亡

★ 歷史所揭示的我們的未來

HOW DEMOCRACIES DIE

WHAT HISTORY REVEALS ABOUT OUR FUTURE

史蒂文・李維茲基 Steven Levitsky　丹尼爾・齊布拉特 Daniel Ziblatt —— 著

李建興　譯

各界推薦

作者為世界面臨的最重要問題提供了高明的診斷：民主制度能延續嗎？他們以冷靜的精準與傑出的歷史掌握，指向腐化的警訊，並且定義想要保存自由政府者的義務。如果當下有緊急必讀的書，就是這本了。

——小尤金．約瑟夫．迪昂（E.J. Dionne Jr.,），

《川普之後的國家》（*One Nation After Trump*）作者

我們活在一個危險時期。任何擔心美國民主制度未來的人都該閱讀這本輕快易讀的書。不擔心的人更是必讀。

——戴倫．艾塞默魯（Daron Acemoglu），

《國家為什麼會失敗》（*Why Nations Fail*）共同作者

李維茲基和齊布拉特是外國民主制度的頂尖學者，以無比活力與正直，應用他們的專長看待美國現在的問題。他們以自己的淵博知識連結到我們每天體驗的混亂，讀者會感到智識的興奮，以及政治警告。

——提摩西．史奈德（Timothy Snyder），

《暴政論》（*On Tyranny*）作者

關心國家未來的所有美國人都該閱讀這本公正、吸引人的書，橫掃全球、綜觀歷史，分析民主國家如何死亡。結果是一套診斷當前國內事態與復原展望的難忘框架。

——丹妮爾・艾倫（Danielle Allen），
《我們的宣言與理由》（*Our Declaration and Cuz*）作者

兩年前，這種書不可能寫得出來：兩位專研外國民主崩潰的頂尖政治學者利用這份知識告知美國人他們的民主現今面臨的危險。我們應該感謝作者以他們的深度理解解讀當前的核心政治議題。

——法蘭西斯・福山（Francis Fukuyama），
《政治秩序及其衰敗》（*Political Order and Political Decay*）作者

在這本傑出的歷史綜合論述中，作者顯示全世界民選領袖的行為如何鋪出民主失靈的道路，美國目前為何也有陷入同樣惡性循環的危險。本書應該作為恢復共同信念與超越憲法條文、構成重要護欄保護民主制度之作風的號角，被普遍緊急地閱讀。

——賴瑞・戴蒙（Larry Diamond），
《改變民心的民主精神》（*The Spirit of Democracy*）作者

致我們的家人：

Liz Mineo and Alejandra Mineo-Levitsky

& Suriya, Lilah, and Talia Ziblatt

目錄

Introduction

導論

我們的民主制度有危險嗎？我們作夢都想不到會問這個問題。我們共事了十五年，思考、寫作、教育學生在其他時間地點發生的民主挫敗——歐洲黑暗的一九三〇年代，拉丁美洲壓抑的一九七〇年代。我們花了很多年研究全球新興的極權主義形式。對我們來說，民主國家如何與為何衰亡，一向是我們職業上的執著。

但如今我們不知不覺轉向了我們自己的國家。近兩年來，我們在美國目睹了政客們史無前例的言行——但我們認得出這些在其他地方曾經是民主危機的前兆。我們感到恐懼，其他許多美國人也是，但我們努力自我安慰國內的情況不可能那麼糟。畢竟，雖然我們知道民主一向很脆弱，我們所在的民主總是能夠抗拒墮落。我們的憲法、自由與平等的國家信條、歷史上活躍的中產階級、高水準財富與教育，還有龐大多元化的民間部門——這些應該能讓我們免於別處發生過的那種民主崩潰。

不過，我們還是擔心。現在美國政客把對手當敵人，恫嚇自由媒體，威脅拒絕接受選舉結果。他們企圖弱化我們民主的制度性緩衝，包括法院、情報單位與倫理機構。美國可能並非特例。學者們越來越擔心全世界的民主可能受到威脅——甚至在民主早已是理所當然的國家。匈牙利、土耳其與波蘭的民粹政府攻擊民主機制。極端勢力在奧地利、法國、德國、荷蘭與其他歐洲國家的選舉大有斬獲。而在美國，史上頭一遭，沒有公職經驗、看不出對憲法權利的尊重、顯然極權傾向的人選上了總統。

這一切是什麼意思？我們要經歷世界最古老最成功的民主國家之一的衰落與滅亡了嗎？

一九七三年九月十一日中午，智利聖地牙哥街頭上的緊繃肅殺累積幾個月之後，英製霍克獵人噴射機在大眾頭頂上呼嘯而過，往市中心新古典風格的總統府莫內達宮（Palacio de La Moneda）丟炸彈。隨著炸彈持續落下，莫內達宮起火。三年前當選左派大聯盟領袖的薩爾瓦多・阿言德總統（Salvador Allende）被困在裡面。在他任期內，智利飽受社會動盪、經濟危機與政局癱瘓之苦。阿言德說過在職責完成之前他不會離開崗位——

但現在關鍵時刻來了。在奧古斯托・皮諾契特（Augusto Pinochet）將軍指揮下，智利軍隊控制了國家。那個命運之日的早晨，阿言德在國營廣播電台發出了頑抗宣言，希望他的眾多支持者會走上街頭捍衛民主。但是抵抗並未成形。保衛總統府的憲兵拋棄了他；沒人回應他的廣播。幾小時內，阿言德總統喪生。智利的民主隨之死去。

這是我們傾向認為的民主死法：死於軍人之手。冷戰期間，將近四分之三的民主崩潰是因為政變。阿根廷、巴西、多明尼加、迦納、希臘、瓜地馬拉、奈及利亞、巴基斯坦、祕魯、泰國、土耳其與烏拉圭的民主都是這樣敗亡。比較近期的，二〇一三年軍事政變推翻了埃及總統穆罕默德・穆爾西（Mohamed Morsi），二〇一四年則是推翻了泰國總理盈拉・欽那瓦（Yingluck Shinawatra）。在這些案例中，民主以轟轟烈烈的方式，透過軍力與脅迫崩解。

但打破民主還有另一個方式。比較沒那麼戲劇性但同樣具毀滅性。民主可能不死於將軍，而是民選領袖之手——推翻讓他們掌權之程序的總統或總理。這些領袖有的迅速拆解民主制度，像德國希特勒在一九三三年國會大火之後的行動。不過比較常見的是，民主以幾乎看不出來的步調[1]逐漸腐蝕。

例如在委內瑞拉，烏戈・查維茲（Hugo Chávez）原本是反對他所謂腐敗統治菁英的政治素人，承諾建立一個比較「真實」的民主制度，用國家的龐大石油財富改善貧民生活。查維茲高明地利用委內瑞拉民眾的憤怒，很多人感覺被現有政黨忽視或虧待了，在一九九八年選上總統。如同查維茲故鄉巴里納斯州一位婦女在選舉之夜所說，「民主被感染了。查維茲是我們手上唯一的抗生素。」[2]

查維茲發動選前承諾的革命時，一切都照民主程序。一九九九年，他舉辦自由選舉選出新的制憲議會，他的黨羽贏得壓倒性多數。這讓查維茲派可以一手遮天制定新憲法。不過那是民主的憲法，為了強化正當性，在二〇〇〇年又舉行新總統與國會選舉。查維茲跟他的黨羽又贏了。查維茲的民粹引發了激烈的反對，在二〇〇二年四月，他被軍方短暫地推翻。但是政變失敗，讓獲勝的查維茲得以為自己爭取到更多的民主合法性。

直到二〇〇三年查維茲才往威權主義踏出明確的第一步。隨著民間支持減弱，他拖延反對黨帶領的罷免公投——直到一年後，油價高漲抬他的聲勢到足以獲勝。二〇〇四年，政府把連署罷免公投的人列入黑名單，在最高法院安插自己人，但查維茲在二〇〇六年壓倒性勝選連任讓他得以維持民主表象。查維茲政權在二〇〇六年之後越來越高壓，關閉一家大型電視台，用可疑的罪名逮捕或放逐反對黨政客、法官和媒體人，取消總統任期限制以便查維茲無限期掌權。二〇一二年罹癌垂死的查維茲又獲連任，競爭算是自由但不公平：查維茲派控制了很多媒體，利用龐大的政府機器護航。過了一年查維茲去世後，繼任者尼可拉斯．馬杜羅（Nicolás Maduro）贏得另一次可疑的連任，在二〇一四年，他的政府囚禁了一位反對黨領袖。不過，反對黨在二〇一五年國會選舉的壓倒性大勝似乎違背了批評者聲稱的委內瑞拉已不再民主。直到二〇一七年新任的一黨獨大制憲議會篡奪了國會的權力，查維茲初次選上總統將近二十年後，委內瑞拉才被普遍承認為威權的政體。

這就是現在民主的死法。明目張膽的獨裁[3]——以法西斯、共產主義或軍事統治的形式——已在全世界大多數地方消失。軍事政變和其他暴力奪權很罕見。大多數國家定期舉辦選舉。民主制度還是會死，但是方式不同。從冷戰結束後，大多數民主崩潰不是將軍與士兵，而是民選政府本身造成的。[4]就像委內瑞拉的查維茲，喬治亞、匈牙利、尼加拉瓜、祕魯、菲律賓、波蘭、俄羅斯、斯里蘭卡、土耳其和烏克蘭的民選領袖都推翻民主機制。現代的民主倒退始於選票箱。

通往崩潰的選舉之路隱晦又危險。像智利的皮諾契特那種古典政變，民主死得立即又明顯。總統府會起火。前總統被殺死、監禁或放逐。憲法被擱置或廢止。但在選舉之路上，不會發生這些事。街上沒有坦克。憲法與其他名義上的民主機制原封不動。民眾還是會投票。民選獨裁者維持民主的表象，同時抽換其內容。

許多政府顛覆民主的手段，因為有立法機構許可或被法院接受，是「合法」的。甚至可能被包裝成深化民主的努力——讓司法更有效率、反貪腐或淨化選舉過程。報紙還是發行，但被收買或壓迫陷入自我審查。公民繼續批評政府，但經常會面臨查稅或其他法律麻煩。這會造成民意混淆。民眾不會馬上發現是怎麼回事。許多人還是相信[5]他們活在民主制度下。二〇一一年，非政府組織Latinbarómetro（拉美指標）的普查要求委內瑞拉人從一分（「完全不民主」）到十分（「完全民主」）評價自己的國家，五十一％答覆者給了八分或更高。

因為沒有政權明顯「跨過界線」成為獨裁制的單一時刻——沒有政變、宣布戒嚴或擱置憲法，不會引發社會的警覺。譴責政府亂搞的人可能被當成誇大或說謊。對許多人而言，民主的腐蝕幾乎無法察覺。

美國民主面對這種倒退有多脆弱呢？我們民主制度的基礎當然比委內瑞拉、土耳其或匈牙利堅強。但是夠堅強嗎？

回答這種問題必須從日常標題或突發新聞退一步採取更寬廣視野，從全世界與歷史上其他民主國家的經驗吸取教訓。研究其他危機中的民主國家讓我們更能了解我們自己的民主面臨的挑戰。例如，基於其他國家的歷史經驗，我們發展出了測試機制，協助在他們掌權之前找出企圖獨裁的人。我們可以從過去民主領袖向企圖專制者敞開大門的錯誤——還有反過來，其他民主國家防止極端派掌權的方式中學習。參酌比較法也顯示出世界各地的民選獨裁者會採用相當類似的策略去推翻民主機制。當這些模式清晰可見，通往崩潰的步驟就沒那麼模糊——也比較容易抵抗。知道其他民主國家公民如何成功抗拒民選獨裁者，或他們為何悲劇性失敗，對現今尋求捍衛美國民主的人非常重要。

我們知道即使是健康的民主國家，所有社會都偶爾會有極端派煽動者崛起。美國也見識過，包括亨利．福特，休伊．朗（Huey Pierce Long Jr.），約瑟夫．麥卡錫與喬治．華勒斯（George Wallace）。對民主的重大考驗不是這種人能否崛起，而是政治領袖，尤其各政黨，是否努力防止他們一開始得到權力——讓他們拿不到主流政黨選票，拒絕背書或加入他們，若有必要，跟對手共同支持民主的候選人。孤立受歡迎的極端派需要政治上的勇氣。但是當恐懼、投機或失算導致主流政黨把極端派帶進主流，就會危害民主。

企圖獨裁者一旦抓到權力，民主就面臨第二個重大考驗：獨裁領袖會顛覆民主機制或是受其約束？光靠機制本身不足以約束民選獨裁者。憲法必須捍衛——靠各政黨與公民組織，還有各種民主規範。少了強力的規範，憲法的制衡原則就無法充當我們想像中的民主堡壘。機制會變成政治武器，被控制者用來強力對付無力者。民選獨裁者就是這樣顛覆民主——在法院與其他中性機構安插人馬或「武器化」，收買媒體與民間部門（或壓迫他們閉嘴），改寫政治規則讓賽局不利於他們的對手。選舉專制路線的悲劇性諷刺在於，民主的刺客使用的正是民主機制——逐漸、巧妙，甚至合法地——來殺死民主。

美國在二〇一六年十一月沒有通過第一次考驗，我們選出了對民主規範忠誠度可疑的總統。唐納．川普意外勝利的理由不僅是民眾（對當時政治）的不滿，還有共和黨未能讓極端派煽動者受抑制而竟然獲得提名。

現在的威脅有多嚴重？許多觀察家對憲法有信心，那正是設計來阻撓與約束川普這種煽動者用的。我們用來制衡的麥迪遜體制撐過了兩百多年。撐過了內戰、大蕭條、冷戰時期與水門案。那麼當然也能撐過川普政權。

我們可沒這麼篤定。歷史上，我們的制衡體制運作得相當好——但是不盡然因為開國先賢設計的憲法體制。憲法有不成文民主規範予以強化的國家，民主運作得最好——也能活得更久。兩個基本規範用我們已經視為理所當然的方式保護了美國式制衡：互相容忍，就是了解競爭的各政黨互相接納為正當的對手，還有自制，就是政治人物行使制度性權力應該自我克制的觀念。這兩個規範在大半個二十世紀鞏固了美國民主。兩大黨領袖互相接納其正當性，抗拒使用暫時掌握的機構權力把黨派優勢極大化的誘惑。容忍與自制的規範扮演了美國民主的軟性護欄，幫助避免在世界各地摧毀民主的那種黨派惡鬥，包括一九三〇年代的歐洲與一九六〇到七〇年代的南美洲。

但是現在，美國民主的護欄正在弱化。我們民主規範的腐蝕始於八〇到九〇年代，在千禧年代加速。到了歐巴馬當上總統時，許多共和黨員特別質疑民主黨對手的正當性，拋棄自制改採不擇手段求勝的策略。唐納．川普或許加快了這個過程，但不是起因。美國民主面臨的挑戰更深刻。我們民主規範的弱化根源在黨派兩極化—延伸超越了政策差異，成為關於種族與文化的存在衝突。美國達成種族平等的努力，在社會變得日益分歧的時候，助長了隱晦的反動，[6]也加強了兩極化。如果研究歷史上的崩潰有什麼明確教訓，那就是極端兩極化可能害死民主。

所以，有充分理由該警惕。美國人在二〇一六年不只選出了一個煽動者，還是在以往保護我們民主的規範已經開始失控的時候。但如果其他國家的經驗教我們極端兩極化可能害死民主，它也教了我們崩潰既非無可避免亦非不可逆轉。本書從其他民主國家的危機吸取教訓，建議了公民們捍衛民主時應該與不應該採取的一些策略。

許多美國人可想而知對國內發生的事態感到恐懼。但是保護我們的民主需要的不僅是恐懼或憤怒。我們必須謙卑與勇敢。我們必須向外國學習看出警訊，也要分辨假警報。我們必須明察毀掉其他民主國家的宿命錯誤。我們也必須了解過去的公民如何奮起迎向重大民主危機，克服他們自己根深柢固的分歧以避免崩潰。歷史不會自我重複，但是會有押韻。歷史的應許與本書的期望，就是我們能及時找到這些韻腳。

註釋

1 以幾乎看不出的步調：憲法學者哈克（Aziz Huq）與金斯柏格（Tom Ginsburg）稱這種民主崩潰形式是「憲政退步」。參閱哈克和金斯柏格，〈憲政民主如何丟失〉（How to Lose a Constitutional Democracy），《UCLA 法學評論》（*UCLA Law Review*），65（2018）：亦參閱拉斯特（Ellen Lust）和沃德納（David Waldner），《不受歡迎的改變：關於民主倒退的了解、評估與延伸理論》（*Unwelcome Change : Understanding, Evaluating, and Extending Theories of Democratic Backsliding*）（華盛頓特區：美國國際開發總署，2015）。

2 「我們有的唯一抗生素」：瓊斯（Bart Jones），《烏戈！：從泥巴屋到終身革命的烏戈．查維茲故事》（*Hugo! : The Hugo Chávez Story from Mud Hut to Perpetual Revolution*）（Hanover, NH : Steerforth Press, 2007）, p. 255。

3 明目張膽的獨裁：李維茲基和盧肯．魏（Lucan A. Way），《競爭式威權主義：冷戰後的混合政體》（*Competitive Authoritarianism : Hybrid Regimes After the Cold War*）（New York : Cambridge University Press, 2010）；還有梅林沃林（Scott Mainwaring）和裴瑞茲－林安（Aníbal Pérez-Liñán），《拉丁美洲的民主與獨裁：出現、存活和衰落結束》（*Democracies and Dictatorships in Latin America : Emergence, Survival, and Fall*）（New York : Cambridge University Press, 2014）。

4 民選政府本身造成的：哈克和金斯柏格，〈憲政民主如何丟失〉，p. 36。

5 許多人還是相信：Latinobarómetro（拉美指標），二〇一七年三月十六日上線，http://www.latinobarometro.org/latOnline.jsp（Question : Democracy→Scale [country] is democratic）。

6 助長了隱晦的反動：米奇（Robert Mickey）、李維茲基和盧肯．魏，〈對民主而言美國仍然安全嗎？〉（Is America Still Safe for Democracy?），《外交事務》（*Foreign Affairs*）（May / June 2017）, pp. 20-29。

Chapter 1

Fateful Alliances

宿命的聯盟

馬和公鹿之間發生了爭執，於是馬去找獵人請他幫忙報復公鹿。獵人答應了但是說：「如果你想打敗公鹿，必須讓我把這鐵塊套在你的上下顎之間，這樣我才能用韁繩引導你，還要把這副鞍放在你背上，我才能在跟蹤敵人時安穩坐在你身上。」馬同意了這些條件，獵人很快給他裝好馬鞍與籠頭。後來，在獵人協助下，馬很快打敗了公鹿，向獵人說：「下來吧，把這些東西從我嘴裡和背上拿走。」「別急，朋友，」獵人說。「現在我有馬銜和馬刺來控制你了，目前寧可讓你維持這樣。」

——〈馬、公鹿與獵人〉，《伊索寓言》

一九二二年十月三十日，墨索里尼從米蘭搭乘過夜臥鋪火車在上午十點五十五分抵達羅馬。[1]他是受國王之邀到首都接受義大利總理任命並籌組新內閣。在一小群衛兵陪伴下，墨索里尼先在薩佛亞飯店停留，然後穿上黑西裝、黑襯衫與搭配的黑圓頂硬禮帽，得意洋洋地走到國王的奎里納萊宮。羅馬充斥著騷動的謠言。有幾群法西斯黨人——許多穿著不成套的制服——在市區街頭亂竄。墨索里尼深知這種景象的威力，大步走進國王的大理石地板寢宮問候他，「陛下，請原諒我的穿著。我剛從戰場過來的。」[2]

這就是墨索里尼傳奇的「向羅馬進軍」的開端。大批黑衫軍越過盧比孔河從義大利自由黨國家奪權的形象，變成了法西斯黨的經典，在一九二〇到三〇年代的國定假日和小孩教科書裡不斷重播、散布。墨索里尼也幫忙吹捧了這個神話。當天進入羅馬之前的上一站，[3]他考慮過下車在衛兵簇擁下騎馬進城。雖然最後放棄了這個計畫，事後他拼命吹捧自己崛起掌權的傳奇是，以他自己的措辭，開啟法西斯新時代[4]的「革命」與「起義行動」。

其實真相比較庸俗。大多數墨索里尼的黑衫軍經常糧食不足又沒武裝，在他受邀擔任總理之後才趕到。全國各地的法西黨人很危險，但墨索里尼的奪權陰謀並不是革命。他利用他政黨的三十五票國會席次（全國五百三十五席）、分化現有體制的政客、對社會主義的恐懼與三萬名黑衫軍的暴力威脅，贏得了怯懦的艾曼紐三世國王注意，以為墨索里尼是崛起的政治新星與弭平騷動的辦法。

隨著任命墨索里尼之後政治秩序恢復與社會主義退潮，義大利股市高漲。自由黨體制派的政客大老，像喬凡尼·喬利蒂（Giovanni Golitti）與安東尼奧·薩蘭卓（Antonio Salandra），都不禁讚賞局勢的變化。他們把墨索里尼當成有用的盟友。但就像伊索寓言裡的馬，義大利很快就發現自己被「嚼子和馬刺」控制了。

這個故事的某些版本在上個世紀的全世界不斷重演。一群政治素人，包括阿道夫．希特勒，巴西的傑圖里歐．瓦加斯（Getúlio Vargas），祕魯的藤森（Alberto Fujimori）和委內瑞拉的烏戈．查維茲（Hugo Chávez），都以同樣的道路掌權：從內部，藉著選舉或跟有力政客結盟。每次，精英人士都相信邀請分享權力能夠約束外來者，導致主流政客重獲控制權。但他們的計畫出錯了。野心、恐懼與失算的致命組合一起把他們帶向同樣宿命的錯誤：自願把權力之鑰交給成形中的獨裁者。

經驗豐富的老政客為何會犯這種錯？很少有比阿道夫．希特勒在一九三三年一月崛起更貼切的說明了。他的暴動能力最早在一九二三年慕尼黑的啤酒館政變就展現出來——他的忠誠手下帶著手槍發動夜間奇襲，控制了幾棟政府建築和巴伐利亞官員集會的一間啤酒館。構想欠佳的攻擊被當局制止，希特勒也坐牢九個月，在獄中寫下惡名昭彰的個人宣言《我的奮鬥》。之後，希特勒公開承諾透過選舉取得權力。起先，他的國家社會主義運動拿不到多少票。威瑪時期政治體制在一九一九年由天主教黨、自由黨與社會民主黨人的支持民主大聯盟創立。但從一九三〇年起，隨著德國經濟疲弱，中間偏右政黨陷入內鬥，共產黨和納粹黨的支持度上升。

民選政府在一九三〇年三月大蕭條的痛苦期間崩潰。隨著政局癱瘓阻礙了政府施政，虛位總統兼一戰英雄保羅・馮・興登堡（Paul von Hindenburg），利用國家元首在國會無法產生執政多數黨的特殊狀況下，有權任命總理的憲法條款。這些非民選總理與總統的目標不只是統治，也要排除左右兩端的激進派。首先，中央黨經濟學家海因里希・布呂寧（Heinrich Brüning，後來他逃離德國成為哈佛的教授）嘗試恢復經濟成長，但是失敗；他當總理的時間很短。興登堡總統接著轉向貴族法蘭茲・馮・巴本（Franz von Papen），然後，日漸灰心消沉中，找上了馮・巴本的好友兼對手，前國防部長庫爾特・馮・施萊謝爾（Kurt von Schleicher）將軍。但在國會裡沒有多數黨，僵局仍然持續。領袖們都有充分理由擔心下一次選舉。

一群敵對的保守派相信「總得拿出辦法來」，在一九三三年一月底介入談出了一個對策：該由受歡迎的局外人來擔任政府領導。他們鄙視他，但是知道至少他有廣大支持者。而且最重要的，他們認為可以控制他。

一九三三年一月三十日，計畫的首謀之一馮．巴本以保證的語氣駁斥讓阿道夫．希特勒當上危機重重的德國總理這場賭博的憂慮：「我們引進他是為了我們自己[5]……兩個月內，我們會把他邊緣化到讓他強烈抗議。」很難想像還有比這更深刻的失算了。

義大利與德國的經驗都凸顯出經常讓專制者掌權的這種「宿命的聯盟」。[6]在任何民主國家，政治人物有時會面臨嚴峻的挑戰。經濟危機、民怨沸騰、主流政黨選情失利，都可能考驗即使最老經驗的局內人的判斷。如果有領袖魅力的外人乘機崛起，挑戰舊秩序獲取支持度，自認控制力很高明的建制派（establishment）政客會很容易想要收編他。如果局內人搶在對手之前打破團結擁抱叛逆者，就可以利用外人的能量與票源壓倒同儕。然後，建制派政客希望可以重新引導叛逆來支持他們自己的計畫。

這種魔鬼的交易經常演變成對叛徒有利，因為聯盟提供局外人足夠的威望成為正當的權力競逐者。在一九二〇年代初的義大利，自由黨舊秩序在日益增加的罷工與社會動盪中崩潰。傳統政黨無法組成穩固的國會多數派，讓衰老的第五任總理喬凡尼．裘利提急了，他違背顧問的意見提早在一九二一年五月舉行大選。為了利用法西斯黨的群眾魅力，裘利提決定提供墨索里尼的暴發戶政黨在他的選舉團體，國家黨、法西斯黨與自由黨組成的「中產階級團塊」[7]中一個席次。這招失敗了——中產階級團塊贏得不到二十％選票，導致裘利提下台。但墨索里尼在選票上的位置給了他的烏合之眾崛起所需要的正當性。

這種宿命聯盟不只出現在兩場大戰之間的歐洲。它也能夠解釋烏戈・查維茲的崛起。委內瑞拉向來自豪是南美最悠久的民主國家，始於一九五八年。從未擔任公職的查維茲是個低階軍官與失敗的政變領袖，也是政治素人。但他的掌權獲得了一位完美局內人的大力協助：委內瑞拉民主制度創始人之一，前總統拉斐爾・卡德拉（Rafael Caldera）。

委內瑞拉政壇長期由兩大黨主宰，中間偏左的民主行動黨與卡德拉中間偏右的社會基督黨（稱作COPEI）。兩黨和平地輪替執政了三十幾年，到了七〇年代，委內瑞拉被視為苦於政變與獨裁的南美民主模範生。然而在八〇年代，該國仰賴石油的經濟陷入長期低迷，危機長達十幾年，貧窮率幾乎倍增。可想而知，委內瑞拉人民很不滿。一九八九年二月的大規模暴動就暗示體制內政黨有麻煩了。三年後，一九九二年二月，一群低階軍官叛變反對佩雷斯（Carlos Andrés Pérez）總統。烏戈・查維茲領導的叛軍自稱「玻利瓦派」，以紀念崇高的獨立英雄西蒙・玻利瓦（Simón Bolívar）。政變失敗了。但是被拘捕的查維茲出現在電視實況轉播叫支持者放下武器（以後來成為傳奇的話術宣稱，他們的使命「暫時」失敗了），他成為許多委內瑞拉人，尤其窮人眼中的英雄。一九九二年十一月第二次政變失敗後，坐牢的查維茲改變路線，想透過選舉爭取權力。他需要幫手。

雖然前總統卡德拉是受到好評的資深政治家，他的政治生涯在一九九二年已經衰落。四年前，他無法贏得所屬政黨的總統提名，現在被視為政治化石。但是這位七十六歲的參議員仍夢想著重返總統大位，查維茲崛起給了他一條救命繩。在查維茲第一次政變當晚，前總統在國會緊急聯席會議中出面擁抱叛軍的主張，宣稱：

當人民認為自由與民主無法給他們飯吃，無法防止生活費如天文數字暴增，或明確地終結可怕的貪腐災難，在全世界眼中，貪腐每天都在啃噬委內瑞拉的制度，很難要求人民[8]為了自由民主犧牲自我。

這場驚人演說救活了卡德拉的政治生命。前總統利用查維茲的反體制選民，支持度大增，讓他在一九九三年成功選上總統。

卡德拉公然勾搭查維茲不僅拉高了他自己在選舉的地位；也給了查維茲新的威信。查維茲和他的同志們意圖摧毀該國三十四年的民主制度。但是前總統沒有譴責政變領袖是偏激威脅，卻讓民眾同情他們——隨後也有了進入主流政治的機會。

卡德拉也向委內瑞拉的建制派政黨發出致命一擊，幫查維茲打開了總統府的大門。他驚人地改變立場，拋棄將近半世紀前自己創立的政黨社會基督黨，獨立參選總統。沒錯，各政黨早就有危機了。但卡德拉脫離與後續的反體制宣傳[9]幫忙埋葬了他們。卡德拉一九九三年以反政黨獨立參選人之姿當選之後，政黨體制崩潰，為未來的局外人鋪了路。五年後，輪到查維茲了。

但是當初一九九三年，查維茲還有個大問題。他在坐牢等候叛國罪審判。然而到了一九九四年，當上總統的卡德拉撤銷對他的所有起訴。卡德拉幫查維茲的最後一步是，確實地替他打開了監獄的大門。查維茲一出獄，馬上有個記者問他要去哪裡。「到權力那兒，」[10]他回答。釋放查維茲大受民眾支持，卡德拉在競選時曾經承諾了這件事。如同大多數委內瑞拉精英，他把查維茲看成短暫的風潮[11]——等到下次選舉時很可能已經失去民眾喜愛的人。但是卡德拉撤銷所有起訴，[12]而不是讓查維茲受審再特赦他，提升了他的地位，一夕之間把政變領袖變成可能的總統候選人。一九九八年十二月六日，查維茲當選總統，輕鬆擊敗建制派支持的候選人。就職當天，卸任總統卡德拉不願意依照傳統主持查維茲的就職宣誓。反而悶悶不樂地站[13]在一旁。

雖然各自差別很大，希特勒、墨索里尼和查維茲遵循的掌權路線有驚人的相似性。他們不只都是有天賦吸引民眾注意的外行人，也都因為建制派政客忽視警訊，不是把權力交給他們（希特勒與墨索里尼），就是幫他們開門（查維茲）而掌權。

現有領袖拋棄政治責任經常是國家通往專制的第一步。查維茲當選幾年後，拉斐爾·卡德拉簡單說明他的錯誤：「沒人認為查維茲先生有一丁點機會[14]當上總統。」希特勒當上總理的翌日，一位協助他的知名保守派承認，「我剛做了生平最大的蠢事；[15]我跟世界史上最大的煽動者結盟了。」

不是所有民主國家都落入這個陷阱。包括比利時、英國、哥斯大黎加與芬蘭，有些國家面臨煽動者的挑戰，但也成功不讓他們取得權力。他們是怎麼做的？你很容易以為靠選民的集體智慧才倖存。或許比利時人和哥斯大黎加人就是比德國人和義大利人更懂民主。畢竟，我們喜歡相信政府的命運掌握在公民手中。如果人民維護民主價值，民主就很安全。如果公民願意接受專制訴求，那麼民主制度遲早會有麻煩。

這個觀點錯了。它高估了民主——以為「人民」可以隨意塑造他們擁有的政府。一九二〇年代的德國和義大利很難找到多數人支持專制主義的證據。納粹和法西斯掌權之前，不到二%人口是黨員，這兩黨在自由公平的選舉中距離多數票都差得很遠。反而，在這兩人受到對自己野心的危險視而不見的政治局內人支持而掌權之前，穩定多數人是反對希特勒和墨索里尼的。

烏戈．查維茲是多數選民選出來的，但是沒什麼證據顯示委內瑞拉人尋求強人領導。當時，民意對民主的支持還高過智利——那一直是個穩定的民主國家。根據一九九八年的拉丁指標（Latinobarómetro）民調，[16]六十％的委內瑞拉人同意「民主永遠是最佳的政府型態」這句話，僅有二十五％同意「在某些情境下，專制政府可能比民主更受喜愛」。相形之下，在智利僅五十三％受訪者同意「民主永遠是最佳的政府型態。」

潛在煽動者存在於所有民主國家，偶爾，其中一個或一群會引發民眾共鳴。但在某些民主國家，政治領袖會注意警訊設法確保專制者留在邊緣，遠離權力核心。面對極端派或煽動者崛起時，他們會同心協力去孤立與打敗他們。雖然民眾對極端訴求的回應很重要，更重要的是政治精英，尤其各政黨，是否扮演過濾角色。簡單說，政黨就是民主的守門員。

如果要排拒專制者，首先必須認出他們來。唉，可惜沒有傻瓜也會用的預警系統。許多專制派在掌權之前可以被輕易看穿。他們有清楚的言行紀錄：希特勒帶領過失敗的政變；查維茲帶領過失敗的軍事叛變；墨索里尼的黑衫軍參與過國會暴力；還有在二十世紀中葉的阿根廷，裴隆（Juan Perón）競選總統的兩年半前幫忙領導過一次成功的政變。

但是政治人物未必總是在掌權前露出完整的專制傾向。有些在生涯初期堅守民主規範，後來才放棄。想想匈牙利總理維克多．奧班（Viktor Orbán）。奧班和他的青年民主黨（Fidesz，簡稱青民盟）在八〇年代末期以自由民主派起家，一九九八到二〇〇二年初次擔任總理期間，奧班以民主治國。他在二〇一〇年重掌權力之後，態度轉向專制是個真正的意外。

那我們怎麼認出沒有明顯反民主紀錄的政客有專制心態呢？此時我們要借助著名政治學者胡安．林茲（Juan Linz）。林茲生於威瑪時期的德國，在西班牙內戰期間長大，很清楚失去民主的危險。身為耶魯教授，他的職涯大半奉獻在努力了解民主如何與為何衰亡。林茲的許多結論可以在稱作《民主政權的崩潰》（*The Breakdown of Democratic Regimes*）的有力小書中找到。此書出版於一九七八年，強調政治人物的角色，顯示他們的行為可能如何強化或危害民主。他也提議了辨認反民主政客的「石蕊測試」，[17]但從未研發完成。

在林茲著作的基礎上，[18]我們研發出可以幫我們看穿專制者的一套四種行為警訊。我們該擔心的是一個政治人物1.以言詞或行動拒絕民主的遊戲規則，2.否定對手的正當性，3.容忍或鼓勵暴力，4.表現出願意剝奪對手，包括媒體的公民自由。表一列舉了如何以這四個因素評估政治人物。

即使只符合一項條件的政治人物都值得擔心。哪種候選人在專制心態的石蕊測試中容易顯示陽性呢？民粹的外行人經常會。民粹派都是反建制的政客——宣稱代表「人民」的聲音，向他們所描述的腐敗與陰險精英階級宣戰的人。民粹派傾向否定現有政黨的正當性，攻擊他們不民主甚至不愛國。他們告訴選民現行體制其實不是民主，而是被精英綁架、腐化或操縱了。他們承諾埋葬精英把權力還給「人民」。這種言論應該嚴肅看待。民粹者勝選後，他們經常攻擊民主機制。例如在拉丁美洲，玻利維亞、厄瓜多、祕魯與委內瑞拉在一九九〇到二〇一二年之間選出的十五位總統裡，有五個是民粹的素人：艾伯托·藤森、烏戈·查維茲、艾佛·莫拉里斯、盧西奧·古鐵雷斯與拉斐爾·科雷亞。結果這五人都削弱了民主機制。[19]

表一：獨裁行為的四個關鍵指標

1. 拒絕接受（或不太在乎）民主的遊戲規則	他們拒絕憲法或表現出願意違憲嗎？ 他們暗示需要反民主手段，像是取消選舉，違反或擱置憲法，禁止某些組織或限制基本民權或政治權利嗎？ 他們尋求使用（或支持使用）超出憲法的方法去改變政府，例如軍事政變、暴力叛亂或群眾示威以強迫政府改變嗎？ 例如，他們拒絕接受可信的選舉結果，設法削弱選舉的正當性嗎？
2. 否定政治對手的正當性	他們形容對手有顛覆性，或反對現有的憲政秩序嗎？ 他們宣稱他們的對手對國家安全或現有生活方式構成實質威脅嗎？ 他們毫無根據地形容黨派對手是罪犯，涉嫌違法（或可能會違法）所以沒資格參與政治競爭嗎？ 他們毫無根據地暗示對手是外國間諜，私下跟通常是敵國的外國政府（或外國政府雇員）勾結嗎？
3. 容忍或鼓勵暴力	他們跟武裝幫派、準軍事團體、民兵、游擊隊或其他從事不正當暴力的組織有關聯嗎？ 他們或黨內的盟友有贊助或鼓勵暴民攻擊對手嗎？ 他們拒絕明確譴責與懲罰暴力，暗中為支持者的暴力背書嗎？ 他們稱讚（或拒絕譴責）過去或其他國家的政治暴力的重大行為嗎？

4. 願意剝奪對手，包括媒體的公民自由	他們支持限制公民自由的法律或政策，例如擴張誹謗或污衊罪範圍，或限制示威遊行、批評政府、特定公民或政治組織嗎？ 他們曾經威脅採取法律或其他懲罰行為對付敵對黨派、公民社會或媒體的批評者嗎？ 他們曾經稱讚過去或其他國家的政府採取的壓迫手段嗎？

不讓威權專制的政客掌權說得比做得容易。畢竟，民主國家不該解散政黨或禁止候選人出來競選——我們也不鼓吹這種做法。淘汰威權專制派的責任應該在政黨與黨的領導人：民主的守門人。

成功的守門需要主流政黨孤立與擊敗極端勢力，政治行為科學家南西．貝米歐（Nancy Bermeo）稱之為「保持距離」。[20] 民主派政黨可以用幾種方式保持距離。首先，他們可以在選舉時避免可能的專制派拿到黨的選票。即使有可能吸引選票，他們必須能抗拒提名這些極端派角逐高階公職的誘惑。

第二，政黨可以在自己的基層陣容排除極端派。以非常危險的兩次大戰期間的瑞典保守黨（AVF）為例。AVF的青年團體（已達投票年齡的活躍者組織）[21] 稱作瑞典民族青年組織，在一九三〇年代初期日漸激進，批評國會民主，公開支持希特勒，甚至成立穿制服的衝鋒隊團體。AVF在一九三三年的回應是排除那個組織。失去兩萬五千個黨員[22]或許在一九三四年地方選舉讓AVF損失了選票，但是該黨的保持距離策略減低了瑞典最大的中間偏右政黨中反民主勢力的影響力。

第三，民主政黨可以避免跟反民主政黨或候選人結盟。如同我們看到的義大利和德國，民主派政黨有時候忍不住跟在意識形態兩端的極端派結合以爭取選票，或在內閣制中，組成政府。但這種聯盟可能有長期毀滅性的後果。如同林茲所寫，許多民主國家衰亡可以追溯到某政黨「比起另一邊較接近的主流政黨，更親近政治光譜兩端的極端派。」[23]

第四，民主派政黨可以系統性地把極端派孤立而非正當化。政客們必須避免有助於「正常化」或提供公共威信給獨裁專制派人物的行為——例如德國保守黨跟希特勒在三〇年代初結盟或卡德拉表示同情查維茲的演講。

最後，每當極端派崛起成為有力競爭者，主流政黨必須組成聯合陣線打敗他們。引用林茲的話，他們必須願意「與意識形態南轅北轍但希望民主政治秩序延續的對手合作」。[24]在正常情境下，這幾乎無法想像。就像愛德華・甘迺迪參議員與其他民主黨自由派幫雷根競選，或英國工黨與行業工會盟友為瑪格麗特・柴契爾背書。每個黨的支持者會對這樣看似背叛原則生氣。但在異常時機，勇敢的政黨領袖必須把民主與國家放在黨的利益前面，向選民說清楚有何危險。當在我們測試中顯現陽性的政黨或政治人物崛起為嚴重的選舉威脅，沒有什麼替代辦法。民主聯合陣線可以防止極端派贏得權力，這就可能挽救民主。

雖然失敗比較讓人印象深刻，還是有某些歐洲民主國家在兩次大戰之間成功地守門。小國也可以提供意外重大的教訓。想想比利時和芬蘭。在一九二〇到三〇年代歐洲政治與經濟危機期間，這兩國都發生過民主衰退的早期警訊——反體制極端派崛起——但他們跟義大利和德國不同，被捍衛民主機制的政治精英拯救了（至少直到幾年後納粹入侵）。

比利時的一九三六年大選期間，法西斯主義的傳染病從義大利與德國傳遍歐洲，選民投出了刺耳的結果。兩個極右派專制政黨——雷克斯黨和法蘭德斯民族黨，又稱Vlaams Nationaal Verbond（VNV）——得票暴增，拿到將近二十%普選票，挑戰三個主流派政黨的長期主宰：中間偏右的天主教黨、社會黨與自由黨。來自雷克斯黨領袖，後來成為納粹同路人的天主教記者里昂・德蓋爾（Léon Degrelle）的挑戰尤其強勁。德蓋爾惡毒地批評議會民主，從天主教黨的右翼脫離出來攻擊它的領袖們腐敗。他受到了希特勒和墨索里尼的鼓勵與財政支持。

一九三六年選舉震撼了溫和派政黨，他們慘遭全面性的失敗。明知附近義大利與德國有反民主運動又擔憂自身存亡，他們挑起了決定如何反應的艱難任務。尤其天主教黨面對艱困的兩難：與長期對手社會黨跟自由黨合作，或組成右翼聯盟納入意識形態近似但拒絕民主政治價值觀的雷克斯黨。

不像義大利與德國的主流政客退縮，比利時天主教黨領導人宣布與雷克斯黨有任何合作都不符合黨意，然後採用兩方面的策略與之對抗。在內部，天主教黨領袖們篩檢同情雷克斯黨的候選人、排除表達過極端觀點的人以強化紀律。此外，黨內領袖站穩立場[25]反對跟極右派合作。在外部，天主教黨在自己地盤上對抗雷克斯黨。天主教黨針對原先是雷克斯黨票源的年輕教徒採用新宣傳與競選戰術。他們在一九三五年十二月成立天主教青年陣線，[26]開始讓以前的盟友反對德蓋爾。

雷克斯與天主教黨的最後衝突有效地把雷克斯黨邊緣化（直到納粹占領），以一九三六年選舉之後籌組新政府為核心。天主教黨支持[27]現任天主教總理保羅・范澤蘭（Paul van Zeeland）。范澤蘭重掌總理大位之後，籌組政府有兩個主要選項：第一是跟對手社會黨，還有范澤蘭跟天主教黨領袖原本希望避免的法國「人民陣線」聯盟。第二是與包括雷克斯與VNV黨的反社會主義勢力組右翼聯盟。這選擇可不容易；[28]希望攪亂脆弱的范澤蘭內閣的傳統派系支持第二選項，企圖聚集天主教黨普通黨員，發動一場「向布魯塞爾進軍」，強迫舉行內部選舉讓雷克斯黨領袖德蓋爾對抗范澤蘭。這些計畫在一九三七年德蓋爾輸掉內部選舉後被制止，主要是因為天主教黨國會議員選邊站：他們拒絕配合傳統派的計畫，反而跟自由黨與社會黨聯手支持范澤蘭。這是天主教黨最重要的守門行動。

天主教黨的右翼立場也是里奧波德三世國王（King Leopold III）與社會黨促成的。一九三六年的選舉讓社會黨成為國會第一大黨，有優先權籌組政府。然而，後來社會黨顯然[29]無法取得足夠的國會支持，國王沒有舉辦重新選舉——這可能讓極端政黨取得更多席次——而是跟各大黨領袖開會說服他們組成分享權力的內閣，由現任總理范澤蘭領導，這會納入保守的天主教黨和社會黨，但排除兩極反體制的政黨。社會黨雖然不相信天主教黨的范澤蘭，但還是把民主放在自身利益之前支持這個大聯合。

類似的機制也在芬蘭發生，極右派的拉普阿運動（Lapua Movement）[30]在一九二九年躍上政治舞台，威脅該國脆弱的民主。運動目標[31]是不擇手段摧毀共產主義。如果要求未能滿足就威脅用暴力，攻擊它認定跟社會黨合作的主流政治人物。起初，執政的中間偏右農民聯盟（Agrarian Union）的政客跟拉普阿運動勾搭，[32]認為政治上可以利用他們反共產黨；他們符合政府否決共產黨的政治權力同時容忍極右派暴力的要求。[33]一九三〇年，拉普阿領袖們認為是「自己人」的保守派史溫胡伍德（P. E. Svinhufvud）當上總理，他提供他們兩個內閣職位。一年後，史溫胡伍德當上總統。但是拉普阿運動的極端行為仍持續；[34]共產黨被禁了，它的目標轉向比較溫和的社會民主黨。拉普阿的惡棍們綁架[35]了一千多個社民黨員，包括工會領袖與國會議員。拉普阿運動也發起了[36]一萬兩千人的向赫爾辛基進軍（以神祕的向羅馬進軍為範本），在一九三二年，它支持企圖以「非政治」與「愛國」政府取代現任政府的政變，但是失敗了。

然而隨著拉普阿運動日漸激進，芬蘭的傳統保守派政黨果斷地劃清界線。一九三〇年底，大多數的農民聯盟、[37]自由派的進步黨與瑞典人民黨加入了他們主要的意識形態對手社民黨，形成所謂守法陣線以捍衛民主對抗暴力極端派。連保守派總統[38]史溫胡伍德都強力拒絕，最後還禁止了他先前的盟友。拉普阿運動被孤立，[39]芬蘭短暫爆發的法西斯主義被拋棄。

成功守門的例子不只在遙遠的歷史裡。二〇一六年在奧地利，主要的中間偏右政黨（奧地利人民黨，ÖVP）有效地把極右派自由黨（FPÖ）擠出總統大位。奧地利有極右派政治的悠久歷史，自由黨是歐洲最強的極右政黨之一。奧地利的政治體制變脆弱是因為戰後時期一直輪替執政的社會民主黨SPÖ（中間偏左社會民主主義）與人民黨

ÖVP（基督教民主主義）兩大黨正在衰弱。二〇一六年，他們的優勢被兩個暴發戶挑戰——綠黨的前主席亞歷山大・范德貝倫（Alexander Van der Bellen）與極端派自由黨領袖諾伯特・霍佛（Norbert Hofer）。

讓大多數分析師意外的是，第一回合范德貝倫與右翼素人霍佛成為打進第二輪的兩個候選人。二〇一六年十月的程序錯誤之後，第二輪投票延到十二月舉行。這時候，幾位政壇大老，包括一些保守派奧地利人民黨出身的，主張必須打敗霍佛與他的自由黨。霍佛似乎鼓勵對移民施暴，許多人質疑霍佛一旦當選，會不會違背總統不干政的長久規範，而獨厚他的黨。面對這個威脅，某些奧地利人民黨重要領袖支持意識形態的對手、左傾綠黨候選人范德貝倫以求擊敗霍佛。人民黨的總統候選人科爾（Andreas Khol）為范德貝倫背書，主席密特雷納（Reinhold Mitterlehner）、內閣部長卡瑪辛（Sophie Karmasin）與奧地利鄉下的幾十個人民黨市長也是。在一封信中，前主席布賽克（Erhard Busek）表明他支持范德貝倫「不是出於熱情[40]而是經過深思熟慮」，此外，這個決定也是出於「我們不希望總統選舉之後收到勒朋（法國右翼）、尤比克（Jobbik，匈牙利右翼運動）、維爾德斯（Wilders，荷蘭右翼政客）與另類選擇黨（AfD，德國右派民粹黨）（和其他極端派）的祝賀」的感想。最後范德貝倫以僅僅三十萬票險勝。

這個態度需要相當的政治勇氣。根據一位維也納郊區小鎮的天主教黨鎮長，支持綠黨候選人的史提芬．舒馬肯史拉格（Stefan Schmuckenschlager），這是個讓家庭分裂的決定。[41]他的雙胞胎兄弟，另一位政黨領袖，是支持霍佛的。依照舒馬肯史拉格的解釋，有時必須把權力政治放到一旁做正確的事。

來自人民黨的支持有幫助嗎？證據顯示是有的。根據出口民調，五十五％表明是人民黨支持者的人說他們投給范德貝倫，四十八％的范德貝倫選民說他們投他是為了阻止霍佛勝選。此外，奧地利政局向來特色之一是明顯的城鄉分化（左翼都會區與右翼鄉村區）在二〇一六年十二月第二輪投票中大幅縮減，意外多的傳統鄉村保守州倒戈投給了范德貝倫。

簡單說，在二〇一六年，人民黨負責任的領袖們抗拒跟意識形態相近的極端政黨結盟的誘惑，導致該黨敗選。自由黨在二〇一七年國會選舉的強勁表現，讓它成為右翼新政府的小搭檔，顯然奧地利保守派面臨的兩難仍存在。不過，他們阻止極端派當選總統的努力提供了當代守門行動的有用模範。

美國本身也有令人佩服的守門紀錄。民主黨與共和黨都對付過黨內邊緣極端人物，其中某些還有相當的支持度。幾十年來，兩黨都成功把這些人排除在主流之外。當然，直到二〇一六年為止。

註釋

1 墨索里尼抵達羅馬：法拉斯卡－藏珀尼（Simonetta Falasca-Zamponi），《法西斯景象》（*Fascist Spectacle: The Aesthetics of Power in Mussolini's Italy*）（Berkeley : University of California Press, 1997）, p. 1。

2 「我剛從戰場過來的」：帕克斯頓（Robert Paxton），《解剖法西斯主義》（*The Anatomy of Fascism*）（New York : Vintage, 2004）, p. 90。

3 上一站：法拉斯卡－藏珀尼，《法西斯景象》，p. 2。

4 法西斯新時代：同前。

5 「我們引進他是為了我們自己」：引用自埃文斯（Richard Evans），《第三帝國的到來》（*The Coming of the Third Reich*）（New York : Penguin, 2003）, p. 308。

6 「宿命的聯盟」：貝克（Hermann Beck），《宿命的聯盟》（*The Fateful Alliance: German Conservatives and Nazis in 1933: The Machtergreifung in a New Light*）（New York : Berghahn Press, 2011）。亦參閱齊布拉特，《保守政黨與民主的誕生》（*Conservative Parties and the Birth of Democracy*）（Cambridge : Cambridge University Press, 2017）。

7 「中產階級團塊」：亞歷山大（Alexander De Grand），《佝僂者的裁縫》（*The Hunchback's Tailor: Giovanni Giolitti and Liberal Italy from the Challenge of Mass Politics to the Rise of Fascism*）（Westport, CT : Praeger, 2001）, pp. 241–42。

8 「很難要求人民」：摘自馬卡諾（Cristina Marcano）和狄斯卡（Alberto Barrera Tyszka），《烏戈．查維茲》（*Hugo Chavez*）（New York : Random House, 2004）, p. 304。

9 卡德拉脫離與後續的反體制宣傳：參閱摩里納（José E. Molina），〈The Unraveling of Venezuela's Party System〉，出自《委內瑞拉代議制民主的解體》（*The Unraveling of Representative Democracy in Venezuela*），麥柯伊（Jennifer L. McCoy）和麥爾斯（David J. Myers）編輯。（Baltimore : Johns Hopkins

University Press, 2004）, p. 162。

10「到權力那兒」：引述自瓊斯（Jones），《烏戈》（*Hugo !*），p. 186。

11 他把查維茲看成短暫的風潮：同前，p. 189。

12 撤銷所有起訴：馬卡洛和狄斯卡，《烏戈．查維茲》，p. 107。

13 他悶悶不樂站在一旁：瓊斯，《烏戈》，p. 226。

14「沒人認為查維茲先生有機會」：引述自馬卡洛和狄斯卡，《烏戈．查維茲》，p. 107。

15「我剛做了生平最大的蠢事」：引述自瓊斯（Larry Eugene Jones），〈我生平最大的蠢事〉（「The Greatest Stupidity of My Life」: Alfred Hugenberg and the Formation of the Hitler Cabinet, January 1933），《當代史期刊》（*Journal of Contemporary History*）27, no. 1（1992）, pp. 63–87。

16 一九九八年拉丁指標（Latinobarómetro）民調：來源：Latinobarómetro，二〇一七年三月十六日上線，http://www.latinobarometro.org/lat Online. jsp。

17「石蕊測試」：林茲（Juan J. Linz），《民主政權的崩潰》（*The Breakdown of Democratic Regimes: Crisis, Breakdown and Reequilibration*）（Baltimore : Johns Hopkins University Press, 1978）, pp. 29–30。

18 在林茲著作的基礎上：參閱如前，pp. 27–38。

19 結果這五人都削弱了民主機制：李維茲基和洛克斯頓（James Loxton），〈安第斯山脈的民粹主義與競爭威權主義〉（Populism and Competitive Authoritarianism in the Andes），《民主化》（*Denocratization*）20, no.1（2013）。

20「保持距離」：貝米歐（Nancy Bermeo），《不尋常時代的平凡人．公民與民主的崩壞》（*Ordinary People in Extraordinary Times: The Citizenry and the Breakdown of Democracy*）（Princeton, NJ : Princeton University Press, 2003）, p. 238。

21 AVF的青年團體：齊布拉特，《保守政黨與民主的誕生》（*Conservative Parties and the Birth of Democracy*），p. 344。

22 失去兩萬五千個黨員：同前。

23 「更親近極端派」：林茲，《民主政權的崩潰》，pp. 32–33。

24 「與對手合作」：同前，p.37。

25 黨內領袖站穩立場：卡波西亞（Giovanni Capoccia），《捍衛民主》（*Defending Democracy: Reactions to Extremism in Interwar Europe*）（Baltimore : Johns Hopkins University Press, 2005）, p. 121。

26 成立天主教青年陣線：同前，p. 120。

27 天主教黨支持：同前，p. 121。

28 這選擇可不容易：同前，pp. 122–23。

29 後來社會黨顯然：同前，p. 121。

30 極右派的拉普阿運動：阿拉普羅（Risto Alapuro）和阿拉德特（Erik Allardt），〈拉普阿運動：一九三〇至三二年，芬蘭右翼接管的威脅〉（The Lapua Movement : The Threat of Rightist Takeover in Finland, 1930–32），出自《民主政權的崩潰：歐洲》（*The Breakdown of Democratic Regimes : Europe*），林茲和斯泰潘（Alfred Stepan）編輯，（Baltimore : Johns Hopkins University Press, 1978）, p. 130。

31 運動目標：同前。

32 起初，執政黨的政治人物：貝米歐，《不尋常時代的平凡人：公民與民主的崩壞》，p. 240；阿拉普羅和阿拉德特，〈拉普阿運動〉，pp. 130–31。

33 保守派史溫胡伍德，阿拉普羅和阿拉德特，〈拉普阿運動〉，pp. 130–31。

34 拉普阿運動持續：貝米歐，《不尋常時代的平凡人》，p. 240。

35 拉普阿的惡棍們綁架了：阿拉普羅和阿拉德特，〈拉普阿運動〉，p. 130。

36 拉普阿運動也發起了：同前，p. 133。

37 大多數的農民聯盟：貝米歐，《不尋常時代的平凡人》，p. 240。

38 連保守派總統：同前，p. 241。

39 拉普阿運動被孤立：同前，pp. 239–41。

40「不是出於熱情」：〈民眾向范德貝倫請願〉（Bürgerlicher Aufruf für Van der Bellen），《新聞報》（*Die Presse*），二〇一六年五月十四日，http://diepresse.com/home/innenpolitik/bpwahl/4988743/Buergerlicher-Aufruf-fuer-Van-der-Bellen。

41 讓家庭分裂的決定：訪談作者，二〇一七年三月十六日。

Chapter 2

Gatekeeping in America

美國的守門

在《反美陰謀》（*The Plot Against America*）書中，美國小說家菲利普・羅斯（Philip Roth）根據真實歷史事件，想像了法西斯主義在戰前的美國可能會是怎樣。

早期美國大眾媒體的英雄查爾斯・林白（Charles Lindbergh）是小說的核心人物：他一九二七年單獨飛越大西洋而暴紅，後來成為鼓吹孤立主義者兼納粹支持者。但是歷史在羅斯筆下的此刻發生了奇妙的轉折：林白沒有被世人遺忘，而是駕駛飛機在凌晨三點十四分抵達費城的一九四〇年共和黨代表大會，擁擠的會場正因為第二十次提名投票陷入僵局。「林迪！林迪！林迪！」的叫聲未受節制在會場喧嚷了三十分鐘，在極度集體狂熱的時刻，他的名字在歡呼中被提議、附議，然後通過成為黨內總統提名人。毫無政治經驗但非常熟悉媒體的林白無視顧問勸阻，駕駛著他的象徵性單座機聖路易精神號，穿戴著飛行護目鏡、長靴和飛行服，跑遍各州競選。

在這個顛倒世界裡，林白打敗現任的小羅斯福，當上了總統。後來林白的競選被揭露跟希特勒有關，依舊與美國的敵人簽了和約。全美國爆發一波反猶太與暴力風潮。

許多美國人發現二〇一六年總統大選跟羅斯的小說有相似之處。民主素養可疑的素人在外國協助下掌權的前提，實在若合符節。但這個比擬引發另一個驚人疑問：以一九三〇年代美國經濟危機的嚴重程度，為何沒有真的發生？

二〇一六年之前沒有極端煽動者贏得總統大選的原因，不在於沒人扮演這種角色，也不是他們缺乏民眾支持。相反地，極端人物向來點綴在美國政壇上。光在一九三〇年代，美國就有多達八百個右翼極端團體。[1]在這段期間崛起的最重要人物包括查爾斯．考夫林（Charles Coughlin）神父，這個反猶太天主教士的火爆電台節目每週有高達四千萬聽眾。考夫林神父公然反民主，呼籲廢除政黨又質疑選舉的價值。他的報紙《社會正義》（*Social Justice*）在三〇年代採取支持法西斯立場，封墨索里尼是「當週風雲人物」，[2]經常為納粹政權辯護。考夫林神父雖然走極端，卻很受歡迎。《財星》雜誌稱呼他「大概是廣播史上最紅的明星」。[3]他在全國各地爆滿的體育館和演講廳發表演說；[4]走訪各城市時，粉絲會在路邊排隊看他經過。[5]某些當代觀察家說他是羅斯福之後美國最有影響力的人物。

大蕭條也造成了路易斯安那州長兼參議員休伊・朗（Huey Long）崛起，他自稱「首領」（Kingfish）。朗被歷史學家小亞瑟・史列辛格形容為「當時的最大煽動者，[6]酷似……瓦加斯或裴隆等拉丁美洲獨裁者」。首領是很有天賦的挑釁演說家，[7]經常藐視法治。身為州長，朗建立了史列辛格形容的「美國共和史上最接近極權的州」，賄賂與威脅並用[8]讓該州的議員、法官和媒體屈服。被反對派議員問到有沒有聽說過州憲法，朗回答，「現在我就是憲法。」[9]報社編輯霍丁・卡特稱呼朗是「美國土生土長的第一個真正的獨裁者」。[10]一九三三年當小羅斯福的競選總幹事[11]法利（James A. Farley）在羅馬會見墨索里尼，他寫道這個義大利獨裁者「讓我想起休伊・朗」。

朗依靠財富重分配的號召吸引了龐大的支持者。一九三四年，據說他「收到的信比其他所有參議員總和還多，[12]甚至比總統多。」當時他的「分享我們的財富」運動在全國有兩萬七千多個據點，郵寄名單將近八百萬人。[13]朗打算競選總統，[14]他告訴《紐約時報》記者，「我可以打敗羅斯福[15]……我可以比他開更多支票。他也很清楚。」羅斯福把朗當成嚴重威脅，[16]但是朗在一九三五年九月遇刺，讓他逃過一劫。

美國的專制傾向在二戰之後的黃金時期持續。約瑟夫・麥卡錫參議員[17]利用冷戰期間對共黨顛覆的恐懼推動黑名單、言論審查與查禁書籍，享有美國民眾的廣大支持。在麥卡錫的政治權勢巔峰，民調顯示將近一半美國人認同他。即使參議院一九五四年譴責他之後，麥卡錫在蓋洛普民調仍有四十％[18]支持率。

十年後，阿拉巴馬州長喬治・華勒斯（George Wallace）堅持種族隔離的態度讓他贏得了全國知名度，導致在一九六八與一九七二年意外強勢地角逐總統職位。華勒斯的手法是記者亞瑟・哈德利（Arthur Hadley）所謂的「討厭權勢者[19]的美國古老光榮傳統」。哈德利寫道，他是利用「單純美式憤怒」的高手。華勒斯經常鼓勵暴力，對憲法規範表現出鑾不在乎，宣稱：

> 有個東西比憲法更強大⋯⋯那就是人民的意志。話說憲法究竟是什麼？[20]那是人民的產物，人民才是權力的根本來源，人民如果想要就可以廢除憲法。

華勒斯混合種族歧視與民粹的訊息，訴求勞動階級白人的被害心態與經濟憤怒，幫他觸及了民主黨傳統的藍領票源。[21]民調顯示大約四十％美國人在一九六八年認同以第三方競選[22]的華勒斯，在一九七二年他又震撼體制崛起為民主黨初選中的強勢競爭者。

一九七二年五月華勒斯遇刺[23]導致競選中斷時，他在初選領先喬治・麥高文（George McGovern）一百多萬票。

簡單說，美國人早就有專制的經驗。像考夫林、朗、麥卡錫與華勒斯這種人物取得全國可觀少數——三十甚至四十%支持並不罕見。我們經常自我安慰美國的政治文化在某方面使我們對這類訴求免疫，但這是樂觀解讀歷史的結果。對抗企圖獨裁者真正的保護從來不是美國人對民主的堅定信仰，而是有守門人——我們的政黨。

一九二〇年六月八日，伍德洛・威爾遜（Woodrow Wilson）的總統任期即將屆滿，共和黨黨代表在布滿旗幟但通風不良的芝加哥劇院集會挑選提名人，現場酷熱高達華氏一百多度。經過四天九輪投票之後，大會仍沒有結果。週五晚上，在附近黑石飯店十三樓的四〇四號房，共和黨全國委員會主席海斯（Will Hays）與《哈維週刊》的權勢發行人哈維（George Harvey）在最原始的「煙霧彌漫的密室」[24]主持了美國參議員與黨內大老的輪值會議。這些媒體暱稱的「老衛兵」（The Old Guard）喝酒抽雪茄，熬夜商討如何打破僵局選出讓四百九十三個黨代表可以提名的人選。

在會場領先的角逐者是老羅斯福總統的老戰友雷納德・伍德（Leonard Wood）少

將，在初選中激發普遍熱情又在當週稍早領先，有兩百八十七人支持。其次是伊利諾州州長法蘭克・羅登（Frank Lowden）、加州參議員希蘭・強生（Hiram Johnson）與俄亥俄州參議員華倫・哈定（Warren G. Harding），遙遙落後的第四名只有六十五點五人支持。記者們在會場寫道，「沒人談論哈定⋯⋯[25]（他）甚至不被當作最有潛力的黑馬。」但是記者聽到謠傳在黑石飯店有密談，其中有些積極的人設法混進了十三樓，悄悄聚集在四〇四號房外的走廊上偷看大咖參議員進進出出——包括麻州的亨利・洛奇（Henry Cabot Lodge）、伊利諾州的麥考米克、科羅拉多州的費普斯、紐約州的卡德、麻州的前參議員克連等人。

四〇四號房裡，每個候選人的優缺點都被仔細檢討辯論（諾克斯太老；洛奇不喜歡柯立芝）。到了凌晨一點，七位老衛兵仍在房裡進行「表決」。凌晨兩點十一分，喬治・哈維把震驚的哈定叫進來告知他被選上了。消息傳開。到了隔天晚上，第十輪投票讓熱得發暈的黨代表們如釋重負，哈定在熱烈歡呼中得到了壓倒性的六百九十二點五位黨代表支持。雖然他只得到略超過四%初選票，還是成為共和黨的一九二〇年總統提名人。

現在沒人喜歡煙霧瀰漫的密室——這是有道理的。那樣不太民主。候選人由一小撮權力掮客挑選，不須向普通黨員負責，更別提一般民眾了。而且煙霧瀰漫的密室未必產生好總統——畢竟哈定的任期就鬧過醜聞。但是密室挑選候選人有個現今常被遺忘的優點：它有守門功能，讓擺明不適當的人選遠離選票和公職。當然，理由不是黨內領導人品德高尚。對手們稱呼的黨內「大老」最感興趣的，反而是挑選能贏的安全牌。最重要的，他們為了迴避風險才迴避極端派。

守門機制可以追溯到美國成立的時代。一七八七年憲法創造了世界第一個總統制。總統制的守門有明顯的困難。在內閣制民主國家，[26]總理是國會議員，被國會各黨推選出來，幾乎就確保了會是政壇局內人接受的人選。籌組政府的過程本身就是篩子。相形之下，總統不是現任國會議員，也不是國會推選的。至少理論上，他們是人民選出來的，任何人都能競選總統，如果贏得足夠支持就會贏。

我們的開國先賢很注重守門。設計憲法與選舉制度時，他們遭遇一個在許多方面殘留至今的兩難。一方面，他們不要君王而是民選的總統——符合他們對全民共和政府理念，反映人民意志的人。另一方面，他們不完全相信人民有能力判斷候選人是否適任。漢密爾頓就擔心普選的總統大位可能輕易被玩弄恐懼與無知以贏得選舉的人掌握，然後變成暴君。「歷史告訴我們，」漢密爾頓在《聯邦黨人文集》中寫道，「推翻共和制度自由的那些人，大多數的生涯從討好人民開始；以煽動者起家，以暴君收場。」[27]對漢密爾頓與同僚們而言，選舉需要某種內建的篩選機制。[28]

先賢們想出來的機制就是選舉人團（Electoral College）。憲法第二條創造了間接選舉制度，反映出漢密爾頓在聯邦黨人文集第六十八篇的想法：

> 直接選舉[29]應該由最能夠分析適合職位的特質的人進行，在適合深思熟慮的情境下行動，審慎地結合所有理由與動機決定誰適合統治他們。

所以由各州地方仕紳組成的選舉人團要負責挑選總統。漢密爾頓推論，在此安排下，「總統職位會很難落到任何不是明顯具備必要資格的人。」「有天賦玩卑鄙詭計與擅長討好群眾」的人會被淘汰。選舉人團就這樣成為我們最初的守門人。

然而，因為先賢原始設計中的兩個缺陷，這個制度很短命。第一，憲法沒談到怎麼挑選總統候選人的問題。選舉人團在人民投票之後才運作，無法影響一開始決定誰來角逐總統。第二，憲法從未提到政黨。雖然湯瑪斯．傑佛遜與詹姆士．麥迪遜會繼續開拓我們的兩黨制，先賢並未認真思考過政黨的存在。

一八〇〇年代初期政黨興起，改變了我們選制運作的方式。各州沒有按照先賢們的構想，選出地方仕紳當選舉人團代表，卻開始選出對黨忠誠者。選舉人變成黨的代言人，意味著選舉人團把守門的權威交給了政黨。此後就由政黨負責。

這一來，政黨成為美國民主的監護人。因為代替我們挑選總統候選人，政黨有能力——我們要補充，也有責任——阻止危險人物入主白宮。所以，他們必須在兩個角色之間達成平衡：民主角色，挑選最能代表該黨選民的候選人；以及政治學者詹姆士・西薩（James Ceaser）所謂的「過濾」[30]角色，汰除那些對民主造成威脅或不適任公職的人。

選擇受歡迎的候選人與隔絕煽動者這個雙重任務有時候可能互相衝突。萬一人民選了個煽動者呢？這是從先賢的時代至今，總統提名過程的核心不斷出現的壓力。過度依賴守門者，本身就不民主——可能讓政黨大老們忽視基層黨員，無法代表人民。但是過度依賴「人民的意志」也可能很危險，可能導致威脅民主本身的煽動者當選。這個弊端無法迴避。總是會有取捨。

大半個美國歷史上，政黨以守門優先於開放。總是有某種煙霧彌漫的密室。在十九世紀初，總統候選人由華府的眾議員以稱作國會幹部會議（Congressional Caucuses）的制度集體挑選。這個制度很快就被批評太封閉，所以從一八三〇年代起，候選人就由各州代表團組成的全國黨代表大會提名。代表團不是民選的；他們是各州與地方政黨委員會挑選的，沒有支持特定候選人的義務。他們通常遵照派他們與會的各州政黨領袖的指示。[31]所以制度有利局內人，或控制代表團的政黨領袖支持的候選人。缺乏黨內各州與地方政治關係網支持的候選人沒有機會出線。

大會制度也被批評太封閉不民主，而且不遺餘力去改革。初選制度在進步時代（Progressive era，一八九〇年至一九二〇年）引進；第一次在一九〇一年的威斯康辛州舉行，到了一九一六年，已經有二十幾州舉行初選。但是帶來的改變極少[32]——部分因為許多州沒有採用，但主要是因為獲選的黨代表不必支持贏得初選的候選人。他們保持「獨立」，可以在會場自由協商投票。黨內領袖因為控制了政府職位、金錢與其他利益，有辦法仲介這些交易，所以他們仍是總統大位的守門人。[33]因為初選對總統提名沒有拘束力，不過是選美大賽罷了。真正的權力仍在黨內人士，或當代所謂的「組織人士」手中。對有希望的候選人而言，鞏固組織人士的支持是獲得提名的唯一可行辦法。

舊的大會制度強調守門必然有的取捨。一方面，制度不是很民主。組織人士不算是美國社會的代表。確實，他們就是定義中的「老傢伙」關係網。大多數普通黨員，尤其沒有政治人脈的窮人、女性與少數民族，在煙霧瀰漫的密室裡沒有代表，所以被排除在總統提名過程之外。

另一方面，大會制度是有效的守門人，能夠系統性地淘汰危險候選人。黨內人士提供政治學者所稱的「同儕檢驗」。[34]市長、參議員和眾議員都親自認識候選人。他們多年來曾經在各式各樣的狀況中共事，[35]所以很有資格評估他們的人格、判斷力與抗壓能力。所以煙霧彌漫的密室是個篩選機制，幫忙阻擋在世界上其他國家讓民主脫軌的那種煽動者與極端派。美國政黨守門有效到局外人根本不可能贏。結果，大多數人連嘗試都懶了。

想想福特汽車公司創辦人亨利．福特。身為二十世紀初期世界最有錢的人之一，福特正是漢密爾頓告誡過的那種極端煽動者的現代版。他利用自己的《德堡獨立報》（*Dearborn Independent*）當傳聲筒，指責銀行家、猶太人與左派人士，發表文章宣稱猶太銀行利益團體陰謀顛覆美國。他的觀點吸引了全世界種族歧視者讚賞。[36]他在阿道夫．希特勒的《我的奮鬥》中被點名讚美，[37]被未來的納粹領袖希姆萊（Heinrich Himmler）形容為「我們最有價值、重要又聰明的鬥士之一」。一九三八年，納粹政府頒給他日耳曼之鷹大十字勳章。

但福特在美國也是廣受敬仰[38]甚至喜愛的人物，尤其在中西部。這位直率商人是個「爭氣的農場子弟」，[39]被許多美國鄉下人尊為民族英雄，跟華盛頓與林肯等總統並列。

福特的活躍自大終於讓他投入了政治。他從反對一次大戰開始，派遣一個外行但是高調的「和平使節團」去歐洲。戰後他仍斷斷續續涉足政治，差點在一九一八年選上參議員，後來考慮過在一九二四年（代表民主黨）競選總統。這個念頭很快激發了熱情，尤其在鄉村地區。福特後援會在一九二三年紛紛出現，媒體開始報導「福特狂熱」。[40]

那年夏天，流行雜誌《柯利爾》（*Collier's*）開始每週對全國讀者作民調，顯示出福特的知名度，商業才能的名聲與媒體的持續關注，可能轉化為受支持的總統候選人。每週結果出爐時，[41]總是伴隨著日益推崇的標題：「政局混亂中福特得票成長」和「福特在總統大賽中領先」。兩個月的多達二十五萬名讀者非正式民調結束時，亨利．福特拉開差距，在包括哈定總統與未來的胡佛總統等十二個競爭者裡一馬當先。依此結果，雜誌編輯判定，「亨利．福特已成為美國政壇的話題。」[42]

但如果福特有強烈的總統企圖心，他太早出生一百年了。黨內領袖意見比民眾意見重要得多，而大老們都嚴厲拒絕他。以包括一篇〈政客們挑選總統〉的系列文章發表讀者民調的一週後，《柯利爾》報導了終極局內人的民調結果——兩大黨的一百一十六位領袖集團，包括共和與民主黨全國委員會全體成員、十四位重要州長與兩黨參眾議員。在這些造王者之間，福特是遙遙落後的第五名。那年秋天《柯利爾》編輯觀察到此跌落：

當民主黨大老們被問到：「福特怎麼辦？」他們都聳肩。幾乎沒有例外，在每一州構成俗稱「組織」的人士都反對福特。除了有總統初選的州以外，這些人形同在各州親手挑選全國大會的代表團……沒人否認福特對一般民眾很有魅力——不分黨派。每個民主黨領袖都知道他的州很狂熱——因此感到恐懼。但是他們認為，因為挑選代表團的機制，[43]福特沒什麼機會表現。

雖然民間熱烈支持他競選，福特被有效地排擠在賽局外。庫琴斯（James Couzens）參議員說他當上候選人的概念很荒謬。「超過六十歲的人了，……未經訓練，沒有經驗，怎麼可能競選這種大位？」他問道，「這太荒謬了。」[44]所以並不意外，福特在這個漫長夏天的結尾接受《柯利爾》專訪時，他的總統野心軟化了：

今天我無法想像自己接受任何提名。當然，我不敢說……明天我會怎麼做。或許有戰爭或某種危機[45]什麼的，墨守法規與憲法都無法解決問題，國家需要一個能做事而且手腳夠快的人。

其實福特的意思是，如果擋他路的守門機制被拿掉，他才會考慮競選。所以實際上，他一點機會也沒有。

休伊・朗沒能活到試水溫選總統，但即使他有非凡的政治手腕、支持度與企圖心，還是可以充分相信他也會被黨派守門人擋下。當他在一九三二年選上參議員，朗打破規範的行為讓他迅速被同儕孤立。[46]缺少民主黨內領袖的支持，朗在一九三六年黨大會毫無機會打敗羅斯福。他必須獨立參選總統，那可是難如登天。民調顯示朗如果參選可能分散民主黨的票源，讓一九三六年大選傾向共和黨，但是朗沒有機會勝選。[47]

黨內守門人也幫忙把喬治・華勒斯擋在政壇邊緣。這個種族隔離派州長在一九六四年參與了幾次民主黨初選，表現出奇地好。華勒斯以反對民權在「為美國奮起」口號下競選，在威斯康辛與印第安那州贏得將近三分之一，在馬里蘭州則是驚人的四十三％選票而震驚學界。[48]但是初選在一九六四年並不重要，華勒斯面對林登・詹森成為候選人的大勢所趨很快退出。但是接下來四年裡，華勒斯跑遍全國造勢期待著一九六八年再戰總統。他混合民粹與白人優越主義在某些白人勞工階級選民間贏得了強烈支持。到了一九六八年，大約四十％美國人認同他。[49]換言之，華勒斯在一九六八年就作過川普式訴求，也擁有川普式的支持度。

但華勒斯身在的政治圈完全不同。深知民主黨建制派決不會支持他出馬，[50]他以美國獨立黨的候選人競選，結果失敗。華勒斯的成績是十三點五%選票——以第三方候選人算很好，但是離白宮還差得遠。

現在我們可以完全理解菲利普．羅斯小說中的想像跳躍了。林白現象不盡然是羅斯的想像虛構。林白——鼓吹「種族純淨」，[51]又在一九三六年走訪納粹德國被赫曼．戈林頒贈榮譽勳章——崛起為一九三九到四〇年美國最知名的孤立主義者之一，代表美國第一委員會（America First Committee）在全國各地演講。而且非常受歡迎。他的演講吸引大批群眾，[52]在一九三九年，據《讀者文摘》的編輯帕瑪（Paul Palmer）說，他的電台演說引來的信件多過美國其他任何人。有位歷史家這麼說，「傳統智慧[53]都認為林白遲早會競選公職，」在一九三九年，愛達荷州參議員威廉．波拉（William Borah）[54]暗示林白會是個好的總統候選人。但此時我們要回到現實來。共和黨的一九四〇年黨大會一點兒也不像《反美陰謀》裡虛構的那樣。林白不僅沒有出現在會場，根本沒人提到他的名字。守門成功了。

在美國極右派政治史的結論《非理性的政治》（*The Politics of Unreason*）中，西摩．李普賽（Seymour Martin Lipset）和厄爾．拉布（Earl Raab）形容美國政黨是對抗極端派的「主要實用堡壘」。他們說對了。但李普賽與拉布是在一九七〇年出版這本書，當時政黨剛開始一百多年來最戲劇性的提名制度改革。一切都即將改變，後果遠超過任何人能夠想像。

轉捩點在一九六八年來臨。那是美國人痛心的一年。詹森總統升高正在逐漸失控的越戰規模——光在一九六八年就有一萬六千五百九十二個美國人死在越南，超過之前任何一年。美國家庭每晚坐在客廳裡觀看晚間電視新聞，被更多實際戰鬥場面攻擊。一九六八年四月，一名刺客射殺了馬丁路德．金恩博士。然後在六月，羅伯．甘迺迪贏得加州民主黨總統初選的幾小時後，以反對詹森升高戰爭為核心的總統競選活動被第二個槍手打斷。小說家約翰．厄普戴克（John Updike）描述當晚在洛杉磯大使飯店宴會廳的絕望哭喊，寫道感覺彷彿「上帝可能撤回對美國的祝福了。」[55]

同時，民主黨分歧日益嚴重，有人支持詹森的外交政策，有人擁抱羅伯．甘迺迪的反戰立場。這個分歧在芝加哥的民主黨大會中以特別破壞性的方式上演。甘迺迪悲劇身亡後，傳統黨組織介入補救。主宰會場的黨內人士偏好副總統韓福瑞（Hubert Humphrey），但韓福瑞因為配合詹森總統的越南政策，在反戰代表團裡很討人厭。此外，韓福瑞沒參加過任何初選。如同一群分析師所說，他的競選活動只限於「黨內領袖、工會首領與其他局內人。」[56]但是，靠黨內人士的支持，包括權勢強大的芝加哥市長戴利（Richard Daley）的核心集團，他還是在第一輪投票贏得了提名。

韓福瑞決不是第一個沒參加初選贏得提名的總統候選人。不過，他是最後一個。在芝加哥發生的事件出現在全美國的電視螢幕上，重創了黨內人士挑選總統的制度。即使黨大會開始之前，羅伯·甘迺迪遇刺的重傷、日漸升高的越戰衝突與格蘭特公園裡反戰示威者的能量早已削弱民眾對舊制度殘餘的信心。八月二十八日，示威者轉向會場遊行：戴藍盔的警察攻擊示威者與路人，受傷的男女老幼到附近的飯店尋求庇護。所謂的密西根大道之戰後來蔓延到會場本身。康乃狄克州的里比柯夫（Abraham Ribicoff）參議員，為反戰候選人麥高文爭取提名的演講中，痛斥芝加哥警方的「蓋世太保作風」，在實況轉播電視上直瞪著戴利市長。會場爆發衝突，制服員警把幾位黨代表拖出演講廳。ＮＢＣ主播杭利（Chet Huntley）震驚地目睹之後表示，「這肯定是警察第一次進入黨大會現場。」他的搭檔主播布林克里（David Brinkley）火上加油補充，「在美國。」[57]

芝加哥大騷亂引發了影響深遠的改革。一九六八年韓福瑞敗選之後，民主黨成立了麥高文—費瑟委員會，負責檢討提名制度。委員會的最終報告在一九七一年發表，引述一句老格言：「民主弊病的藥方[58]就是更多民主。」政治制度的正當性岌岌可危，黨內領袖感到龐大壓力必須開放總統提名流程。如同麥高文所說，「除非作出改變，下屆黨代表大會[59]會讓上一次顯得像主日學野餐一樣輕鬆。」麥高文—費瑟報告不祥地警告，如果人民沒有真正的發言權，他們會轉向「街頭的反政治」。[60]

麥高文—費瑟委員會發布了一套建議，兩黨在一九七二年大選前都採行了。有拘束力的總統初選制度應運而生。一九七二年起，民主共和兩黨大會的大多數黨代表會由州級初選與幹部會議選出。代表們會由候選人自己預選以確保他們的忠誠度。這表示史上第一次，選出政黨總統候選人的人不是黨內領袖欽定。也不能在黨大會上自由地密室交易；他們會忠實地反映各州初選選民的意志。各黨有些差異，例如民主黨在許多州採用比例規則，還有提升婦女與少數民族代表性[61]的機制。但採用拘束性初選制，兩黨都大幅放鬆了大老們對候選人挑選過程的掌控——改向選民開放。民主黨全國委員會主席賴瑞·奧布萊恩（Larry O’Brien）形容這些改革「從政黨制度以來最屌的改變」。意外贏得一九七二年民主黨提名的麥高文則形容新初選制度是「我們國家史上最開放的政治程序。」[62]

麥高文說得對。往提名之路不再必須經過黨內建制派。政黨守門人第一次可以被繞過——並且打敗。

原本初選震盪又分裂[63]的民主黨，可追溯到一九八〇年代初期，規定全國黨代表一部分要是民選官員——州長、大都會市長、參議員與眾議員——由州黨部而非透過初選指定。這些「超級黨代表」占全國代表的十五到二十%，會充當初選選民的制衡——也是黨內領袖汰除他們不認同的候選人的機制。相對地，共和黨在八〇年代初期雷根帶領下形勢大好。共和黨不認為需要超級黨代表，宿命地傾向維持比較民主的提名制度。

有些政治學家擔心這個新制度。拘束性初選當然比較民主。但或許太民主了？拘束性初選把總統提名權交到選民手中，弱化了政黨的守門功能，潛在也消滅了同儕檢驗過程，向外人打開大門。就在麥高文—費瑟委員會開始工作之前，兩位知名政治學者警告過初選可能「導致極端派候選人與煽動者出現」，他們不受政黨忠誠度約束，「激起大眾仇恨[64]或作出荒謬承諾也沒什麼好怕的。」

起初，這些恐懼似乎誇大了。外人確實出現過：民權領袖傑西·傑克遜（Jesse Jackson）在一九八四與八八年角逐民主黨提名，南方浸信會領袖派特·羅伯遜（Pat Robertson，一九八八年）、電視名嘴派特·布坎南（Pat Buchanan，一九九二、九六、二〇〇〇年）與《富比士》雜誌發行人史提夫·富比士（一九九六年）也角逐過共和黨提名。但他們都輸了。

原來，繞過黨內建制派在實務上沒有那麼容易。必須贏得全國初選才能吸引大多數黨代表，這件事需要金錢，媒體的正面報導，還有最重要的，在各州有競選人馬。任何候選人想要[65]完成累死人的美國初選障礙賽都需要金主、報社編輯、利益團體、社運團體與州長、市長、參眾議員等州級政客作為盟友。一九七六年，亞瑟・哈德利形容這個辛苦過程是「隱形初選」。[66]他宣稱發生在初選開始前的這個階段是「實際選出[67]能贏的候選人的時候」。所以，黨內體制派人士——民選官員、社運人士、結盟利益團體——未必被擋在賽局之外。哈德利主張，沒有他們，幾乎不可能贏得兩大黨的提名。

有四分之一個世紀期間，哈德利說對了。

註釋

1 美國就有多達八百個右翼極端團體：李普賽（Seymour Martin Lipset）和拉布（Earl Raab），《非理性的政治：美國右翼極端主義》（*The Politics of Unreason : Right-Wing Extremism in America, 1790–1970*）（New York : Harper & Row, 1970）, p. 152。

2 封墨索里尼是「當週風雲人物」：李普賽和拉布，《非理性的政治》，pp. 170–71。

3「廣播史上最紅的明星」：引用自布林克利（Alan Brinkley），《抗議之聲：休．伊朗、考夫林神父和大蕭條》（*Voices of Protest : Huey Long, Father Coughlin & the Great Depression*）（New York : Vintage Books, 1983）, p. 1 19。

4 他在爆滿的體育場演講：同前，p. 83, pp. 175–77。

5 在路邊排隊看他經過：同前，p. 119。遲至一九三八年，蓋洛普民調發現二十七%美國人認同考夫林神父，而三十二%不認同（李普賽和拉布，《非理性的政治》，pp. 171–73）。

6「當時的最大煽動者」：史列辛格（Arthur M. Schlesinger Jr.），《羅斯福時代：劇變的政治》（*The Age of Roosevelt : The Politics of Upheaval, 1935-1936*）（Boston : Houghton Mifflin : [1960] 2003）, pp. viii, 68。

7 很有天賦的挑釁演說家：懷特（Richard D. White Jr.），《領袖：休伊．朗的統治》（*Kingfish : The Reign of Huey P. Long*）（New York : Random House, 2006）, pp. 45, 99, 171；布林克利，《抗議之聲》，p. 69。

8 賄賂與威脅並用：史列辛格，《羅斯福時代》，p.62；懷特，《領袖》，pp. 248–53；海爾（William Ivy Hair），《領袖和他的領土：休伊．朗的生活與時代》（*The Kingfish and His Realm : The Life and Times of Huey P. Long*）（Baton Rouge : Louisiana State University Press, 1991）, pp. 276–80。

9「現在我就是憲法」：懷特，《領袖》，p. 45。

10「第一個真正的獨裁者」：摘自同前，p. 253。

11 小羅斯福的競選總幹事：同前，p. 352。

12「收到的信比其他所有參議員總和還多」：同前，p. 198。

13 接近八百萬個名字：施奈德（Robert E. Snyder），〈休伊・朗和一九三六年的總統選舉〉（Huey Long and the Presidential Election of 1936），《路易斯安那歷史》（*Louisiana History*）16, no. 2（Spring 1975），p. 123；懷特，《領袖》，p. 198。

14 競選總統：布林克利，《抗議之聲》，p. 81；海爾，《領袖和他的領土》，pp. 306–7。

15「我可以打敗羅斯福」：斯奈德，〈休伊・朗和一九三六年的總統選舉〉，p. 1 28。

16 羅斯福把朗當成嚴重威脅：李普賽和拉布，《非理性的政治》，pp 209, 224。

17 約瑟夫・麥卡錫參議員：同前，p. 21。

18 有四十%：同前，p. 237。

19「討厭權勢者」：哈德利（Arthur T. Hadley），《隱形的初選》（*The Invisible Primary*）（Englewood Cliffs, NJ：Prentice Hall, 1976），p. 238；卡爾森（Jody Carlson），《喬治・華勒斯和無能為力的政治》（*George C. Wallace and the Politics of Powerlessness：The Wallace Campaigns for the Presidency, 1964–1976*）（New Brunswick, NJ：Transaction Books, 1981），p. 6。

20「憲法究竟是什麼？」：李普賽和拉布，《非理性的政治》，pp. 355–56。

21 藍領票源：卡特（Dan T. Carter），《憤怒的政治：喬治・華勒斯》（*The Politics of Rage：George Wallace, the Origins of the New Conservatism, and the Transformation of American Politics*）第二版（Baton Rouge：Louisiana State University Press, 2000），pp. 344–52；萊舍（Stephan Lesher），《喬治・華勒斯：美國民粹主義者》（*George Wallace：American Populist*）（Reading, MA：Addison-Wesley, 1994），pp. 276–78；李普賽和拉布，《非理性的政治》，pp. 345–57。

22 以第三方競選：李普賽和拉布，《非理性的政治》，p. 21。

23 遇刺：卡爾森，《喬治・華勒斯和無能為力的政治》，p. 149。

24「煙霧彌漫的密室」：對一九二〇年黨代表大會的描述仰賴兩個來源：羅素（Francis Russell），《布魯明・格羅夫的陰影：華倫・哈定在他的時代》（*The Shadow of Blooming Grove：Warren G. Harding in*

His Times)(New York：McGraw-Hill, 1968), pp. 379–81；以及莫雷洛(John Morellos),《一九二〇年，販售總統》(*Selling the President, 1920：Albert D. Lasker, Advertising, and the Election of Warren G. Harding*),(Westport, CT：Praeger, 2001), pp. 41–43。

25「沒人談論哈定」：羅素，《布魯明．格羅夫的陰影》，p. 376。

26 在內閣制民主國家：參閱薩繆爾斯(David Samuels)、舒格特(Matthew Shugart),《總統、政黨和總理：權力分立如何影響政黨組織和行為》(*Presidents, Parties, and Prime Ministers：How the Separation of Powers Affects Party Organization and Behavior*)(New York：Cambridge University Press, 2010)。

27「以暴君收場」：漢密爾頓(Alexander Hamilton),〈聯邦黨人文集第一篇〉〈Federalist 1〉。

28 內建的篩選機制：西薩(James W. Ceaser),《總統選舉：理論與發展》(*Presidential Selection：Theory and Development*)(Princeton, NJ：Princeton University Press, 1979), p. 64。

29「直接選舉」：引述自達爾(Robert Dahl),《美國憲法有多民主?》(*How Democratic Is the American Constitution?*)第二版(New Haven, CT：Yale University Press, 2003), p. 76。

30「過濾」：西薩，《改革改革：總統選舉過程的批判性分析》(*Reforming the Reforms：A Critical Analysis of the Presidential Selection Process*)(Cambridge, MA：Ballinger Publishing Company, 1982), pp. 84–87。

31 他們通常遵照指示：同前，pp. 19–21。

32 但是帶來的改變極少：同前，p. 23。

33 總統大位的守門人：同前，p. 27。

34「同儕檢驗」：例如，參閱波爾斯比(Nelson W. Polsby),《政黨改革的結果》(*Consequences of Party Reform*)(New York：Oxford University Press, 1983), pp. 169–70。

35 他們跟他們共事過：蘭尼(Austin Ranney),〈在參議院規則委員會的證詞，一九八〇年九月十日〉(Testimony Before the Senate Committee on Rules and Administration, September10, 1980)。引述自西薩，《改革改革》，p. 96。

36 全世界種族歧視者讚賞：李普賽和拉布，《非理性的政治》，p. 111。

37 被希特勒點名讚美：關於亨利．福特與納粹政權之關係的詳情，參閱鮑德溫（Neil Baldwin），《亨利．福特與猶太人：仇恨的大量生產》（*Henry Ford and the Jews : The Mass Production of Hatred*）（New York : Public Affairs, 2002）。

38 福特也是備受敬仰的：參閱維克（Reynold M. Wik），《亨利．福特與美國基層》（*Henry Ford and Grass-roots America*）（Ann Arbor : University of Michigan Press, 1972）。

39「爭氣的農場子弟」：同前，pp. 8–10, 42, 167。

40「福特狂熱」：同前，pp. 162, 172–73。

41 結果出爐時：〈福特引致總統的自由放任〉（Ford Leads in Presidential Free-for-All），《柯利爾》（*Collier's*），一九二三年五月二十六日，p. 7；〈隨著福特投票的增長，混亂中的政治〉（Politics in Chaos as Ford Vote Grows），《柯利爾》，一九二三年六月二十三日，p. 8。

42「美國政壇的話題」：〈福特率先獲得最終回報〉（Ford First in Final Returns），《柯利爾》，一九二三年七月十四日，p. 5。

43「挑選的機制」：勞瑞（Edward Lowry），〈黑暗的馬和昏暗的希望〉（Dark Horses and Dim Hopes），《柯利爾》，一九二三年十一月十日，p. 12。

44「這太荒謬了」：引述自維克，《亨利．福特與美國基層》，p. 162。

45「或許有戰爭或某種危機」：〈如果我當上總統〉，《柯利爾》，一九二三年八月四日，p. 29。

46 讓他迅速被同儕孤立：布林克利，《抗議之聲》，pp. 75–77；海爾，《領袖和他的領土》，pp. 268–69；懷特，《領袖：休伊．朗的統治》，p.191。

47 沒有機會勝選：施奈德，〈休伊．朗和一九三六年的總統選舉〉，《路易斯安那歷史》（*Louisiana History*）16，no. 2（Spring 1975），pp. 131–33。

48 華勒斯震驚學界：喬迪．卡爾森，《喬治．華勒斯和無能為力的政治》，pp. 33–36。

49 大約四十%美國人：李普賽和拉布，《非理性的政治》，p. 21。

50 建制派決不會支持：萊舍，《喬治．華勒斯：美國民粹主義者》，pp. 387–88；卡爾森，《喬治．華勒斯和無能為力的政治》，p. 71。

51「種族純淨」：奧爾森（Lynne Olson），《那些憤怒的日子：羅斯福、林德伯格，以及美國在二次大戰中的戰鬥》（*Those Angry Days : Roosevelt, Lindbergh, and America's Fight over World War II,* 1931–1941）（New York : Random House, 2014）, pp. 18–20, 72。

52 他的演講吸引大批群眾：柏格（A. Scott Berg），《林德柏格》（*Lindbergh*）（New York : G. P. Putnam's Sons, 1998）, p. 410。

53「傳統智慧」：奧爾森，《那些憤怒的日子》，p. 442。

54 愛達荷州參議員威廉．波拉：柏格，《林德柏格》，p. 398。

55「上帝可能撤回對美國的祝福」：引述自梅勒（Norman Mailer），《邁阿密和芝加哥的圍攻》（*Miami and the Siege of Chicago*）（New York : Random House, 1968）, p. 7。

56「黨內領袖、工會首領與其他局內人」：柯恩（Marty Cohen）、卡羅（David Karol）、諾爾（Hans Noel）和扎勒（John Zaller），《政黨決定：改革前後的總統提名》（*The Party Decides : Presidential Nominations Before and After Reform*）（Chicago : University of Chicago Press, 2008）, p. 1。

57「在美國」：〈一九六八年民主黨大會的回顧〉（A Look Back at the 1968 Democratic Convention），https://www.youtube.com/watch?v=aUKzSsVmnpY，二〇一七年五月十一日上線。

58「民主弊病的藥方」：民主黨全國委員會，《改革任務》（*Mandate for Reform*）（Washington, DC, Democratic National Committee, April 1970）, p. 14。

59「除非作出改變，下屆黨代表大會」：引述自西薩，《總統選舉》，p. 273。

60「街頭的反政治」：民主黨全國委員會，《改革任務》，p. 49。

61 婦女與少數民族代表性：西薩，《總統選舉》，p. 237。

62「最屌的改變」、「最開放的政治程序」：兩者皆引述自普萊斯（David E. Price），《帶回到政黨》（*Bringing Back the Parties*）（Washington, DC：Congressional Quarterly, 1984）, pp. 149–50。

63 震盪又分裂：一九七二年，民主黨提名幾乎落入華勒斯之手，最終的提名人麥高文對上尼克森遭到崩盤式挫敗。一九七六年，提名落到相對局外人的吉米．卡特身上，到了一九八〇年，卡特總統在初選中面臨愛德華．甘迺迪參議員的強力挑戰。

64「激起大眾仇恨」：波爾斯比和維達夫斯基（Aaron Wildavsky），《總統選舉》（*Presidential Elections*）（New York：The Free Press, 1968），pp. 230。

65 任何候選人想要：柯恩、卡羅、諾爾和扎勒，《政黨決定》，pp. 175–79。

66「隱形初選」：哈德利，《隱形的初選》。

67「實際選出」：同前，p. xiii。

Chapter 3

The Great Republican Abdication

共和黨的怠忽

二〇一五年六月十五日，房地產開發商兼電視實境秀明星唐納・川普從電扶梯走進他自己的川普大樓大廳公開宣布：他要競選總統。當時，他只是個自認財富與名聲可能帶來機會，或者至少讓他成為媒體焦點幾個月，但是勝算渺茫的候選人。如同一世紀前的同儕商人亨利・福特，川普有些極端派的觀點——他最近的政治經驗是當個「出生地質疑者」，質疑歐巴馬總統是否在美國出生。直到主流媒體與政治人物認真看待他的程度，眾人同聲譴責。

但是初選制度比美國歷史上更加開放了總統提名程序。開放總是有利有弊。在這個新環境中，比較廣泛的政治人物，從麥高文到歐巴馬，都能真正角逐總統大位。但是現在窗口也對真正的局外人——從未擔任民選公職的人開放。[1]在一九四五到一九六八年的二十三年間，黨大會舊制之下，只有一個外人（迪威・艾森豪）公開尋求兩大黨提名。相形之下，新初選制度的前二十年間，一九七二到九二年，有八個外人競選（五個民主黨，三個共和黨），平均每次大選一點二五人；而在一九九六到二〇一六年間，十八個外人參與兩大黨的初選——平均每次三人。其中十三個人是共和黨。

一九七二年後的初選制度對特定類型的外人：有足夠名聲或金錢跳過「隱形初選」[2]的人，尤其難以防守。換句話說，社會名流。雖然保守派外人派特．羅伯遜、派特．布坎南與史提夫．富比士在八〇到九〇年代未能成功克服隱形初選的效果，但他們的相對成功提供了如何做到的線索。超有錢的商人富比士能買到知名度，而電視布道家羅伯遜創立了Christian Broadcasting Network頻道，電視名嘴布坎南（早年提倡白人優越主義的共和黨員），兩人都是能上特定媒體的重要人物。雖然他們未獲提名，仍利用巨大財富與名流地位成為競爭者。

但是結果，名流外人總是功虧一簣。所以在川普大樓金碧輝煌大廳的那個初夏午後，似乎沒有理由認為他會有什麼不同。要贏得提名，川普必須在複雜的幹部會議與初選網狀組織中跟其他十六個候選人競爭。他的許多對手的資歷就像過去的成功候選人。領先的是佛州州長傑布．布希，是前總統的兒子和弟弟。還有其他州長，包括威斯康辛的史考特．沃克（Scott Walker），路易斯安那的巴比．金達爾（Bobby Jindal），紐澤西的克里斯．克利斯帝（Chris Christie）跟俄亥俄的約翰．凱希克（John Kasich），也有幾位共和黨新秀——比較年輕、嫻熟媒體的政治人物，像馬可・魯比歐（Marco Rubio）和蘭德・保羅（Rand Paul）參議員，都希望複製歐巴馬快速登上總統大位的經驗。最近八位當選總統其中三人的老家德州，還推出了兩個候選人：泰德・克魯茲（Ted Cruz）參議員和前州長瑞克・裴利（Rick Perry）。除了川普，還有另兩個外人參選：女商人卡莉・菲奧莉娜（Carly Fiorina，惠普前執行長）和神經外科醫師班・卡森（Ben Carson）。

川普不可能指望贏得建制派支持。他不只沒有任何從政經驗，連終身共和黨員都不是。布希、魯比歐、克魯茲、克利斯帝、沃克和凱希克都有深厚的共和黨淵源，川普換黨加入過好幾次，還曾經捐錢給希拉蕊・柯林頓競選參議員。

即使川普開始民調竄升之後，很少人認真相信他能成為候選人。二〇一五年八月，川普宣布參選後兩個月，拉斯維加斯的簽賭組頭[3]給他入主白宮一百比一的賠率。二〇一五年十一月，川普高居共和黨民調榜首，在二〇〇八年與二〇一二年大選神奇地準確預測贏得名聲與地位的FiveThirtyEight網站創辦人奈特・席佛（Nate Silver），寫了篇題為〈親愛的媒體：別再對唐納・川普的民調數字大驚小怪〉的文章。文中預測川普在黨內人士間的弱勢注定出局。雖然川普似乎大幅領先，席佛安慰我們，他贏得提名的機會「遠不及二十％。」[4]

但是世界改變了。黨內守門人只剩以前的空殼子，原因有兩個。一是最高法院二〇一〇年的聯合公民（Citizens United）案判決[5]加速了（但不算是起因）外部資金大幅流入。現在即使邊緣的總統候選人——像蜜雪兒・巴赫曼、赫曼・凱恩、霍華・狄恩、伯尼・桑德斯——都能募到鉅款，不是找到自己的富豪金主就是透過網路小額捐款。資金充足的初選候選人激增，顯示了政治環境更加開放與流動性。

另一個削弱傳統守門人權力的主因是另類媒體大爆發，[6]尤其有線新聞台和社交媒體。通往全國知名度之路[7]曾經要透過相對少數主流管道，偏向建制派政客而非極端派，但新媒體環境讓名流比較容易幾乎一夕之間達到廣泛知名度——與民眾支持。共和黨方面尤其如此，福斯新聞與有影響力的廣播名嘴在此崛起——政治評論員佛朗（David Frum）所謂的「保守娛樂複合體」（conservative entertainment complex）[8]——激化了保守派選民，[9]偏好意識形態上極端的候選人。這引發了類似赫曼・凱恩的現象，他是在二〇一一年底竄升到共和黨民調榜首，又因為醜聞沒落的Godfather Pizza前執行長兼電台脫口秀主持人。

現在提名流程門戶洞開。雖然遊戲規則無法保證川普式人物崛起，但也無法阻止他們。就像俄羅斯輪盤：極端派外人獲得總統提名的機會比歷史上高了。

雖然許多因素助長[10]了唐納．川普驚人的政治成功，他能當上總統，充其量就是個守門失敗的故事。政黨守門人在三個關鍵時機失敗了：「隱形初選」、初選本身，還有普選。

川普在隱形初選中敬陪末座。實際初選在二〇一六年二月一日，愛荷華州幹部會議日開始，沒有共和黨權力掮客為他背書。當時在州長、參議員與眾議員們支持下，傑布．布希有三十一人背書贏得隱形初選。魯比歐二十七人居次。克魯茲十八人排第三，保羅十一人第四名。克利斯帝、凱希克、哈克比（Mike Huckabee）、沃克、裴利與菲奧莉娜的背書人都比川普多。[11]當時在任何人看來，川普都沒戲唱。依照歷史經驗，他在民調的領先必然會衰退。

川普在第一個州愛荷華的成績是二十四%，以第二名而言算不錯了，但無法改變這些預期。畢竟，局外人派特．羅伯遜（一九八八年贏得二十五%票數）、布坎南（一九九六年贏得二十三%）和史提夫．富比士（二〇〇〇年贏得三十一%）都在愛荷華拿過第二名，但很快就衰落了。

接著川普做到了先前局外人做不到的事：他輕鬆贏得後續新罕布夏和南卡羅萊納州

的初選。但是黨內建制派還是迴避他。南卡州初選那天，共和黨現任州長、參眾議員沒人為川普背書。[12]贏得南卡州之後，川普才得到第一批支持者：資淺眾議員杭特（Duncan Hunter，加州）和柯林斯（Chris Collins，紐約州）。即使他繼續在選票上擊敗共和黨對手，川普從未獲得大量的背書。初選季結束時，[13]他只有四十六人——不到魯比歐總數的三分之一，只勉強追上早已結束競選的傑布．布希。

等到川普在三月一日的超級星期二初選獲勝，顯然他已經摧毀了隱形初選，把它邊緣化。川普的名流地位無疑有幫助。但同樣重要的是改變的媒體環境。從競選初期，川普就獲得像西恩．漢尼提（Sean Hannity）、安．庫爾特（Ann Coulter）、馬克．李文（Mark Levin）與麥可．薩維奇（Michael Savage）等右派媒體人，還有影響力漸增的布萊巴特新聞網站（Breitbart News）的同情[14]或支持。雖然川普原本跟福斯新聞關係不睦，還是收割了媒體環境兩極化的利益。

川普也找到新方法利用舊媒體[15]代替黨派背書與傳統競選支出。身為「具備為數位時代量身訂做特質[16]的候選人」，川普製造爭議吸引了免費主流報導。有人估計，MSNBC、CNN、CBS與NBC的推特帳號——沒人能指控這四大媒體支持川普——提到川普的次數是普選對手希拉蕊．柯林頓的兩倍。根據另一項研究，川普在初選期間享有價值二十億美元的免費媒體報導。[17]身為無庸置疑的免費主流報導榜首與許多另類右翼媒體寵兒，川普不需要傳統的共和黨權力掮客。隱形初選的守門人不只隱形了；到了二〇一六年，他們完全撒手不管。

川普在超級星期二獲勝之後，共和黨建制派開始恐慌。重要內部人士與保守派意見領袖開始反對川普。二〇一六年三月，前共和黨總統候選人米特・羅姆尼在猶他大學辛克利政治學院的高調演講中形容川普對共和黨與國家都很危險。羅姆尼呼應雷根在一九六四年的〈選擇的時刻〉演說，宣稱川普是「個性與判斷力都不配當總統」的「騙子」。其他黨內大老，包括二〇〇八年總統候選人約翰・麥肯（John McCain）與林賽・葛蘭姆（Lindsey Graham）參議員，也示警反對川普。包括《國家評論》（*National Review*）與《旗幟週刊》（*Weekly Standard*）等保守派重要出版品，都嚴詞排斥川普。但是「絕不支持川普」運動一直只是說說而已。實際上，初選制度讓共和黨領袖們簡直毫無武器阻止川普崛起。連番砲轟沒什麼影響，甚至可能在要害引發反彈：就是投票所。

共和黨領袖們手無寸鐵顯現在二〇一六年七月克里夫蘭的共和黨大會中。大會開始前，很多人談論僵局投票，說服熱心的代表們投票支持別的候選人。六月底，有個叫不受限代表（Delegates Unbound）的團體開始播放全國電視廣告告訴共和黨代表，嚴格來說，他們沒有法律義務支持川普，敦促他們放棄他。像Free the Delegates、Courageous Conservatives和Save Our Party等團體都發起運動要求共和黨全國委員會的一百一十二位規則委員修改黨代表對候選人有義務的規定，讓他們像一九七二年改革之前那樣自由投票。這些努力都白費了；其實，他們毫無勝算。

提名可以在大會上從川普手裡搶回來的想法純屬一廂情願。在我們基於初選的現行制度，選票授與的正當性無法輕易迴避或忽視，唐納．川普有選票——將近一千四百萬票。如同來自南卡州的共和黨全國委員柯斯塔（Cindy Costa）所說，川普是「正正當當地贏了」。提名別人會造成「重大的混亂」。[18]共和黨領袖們被迫面對現實：他們不再是黨的總統提名關鍵了。

隨著戰場轉移到普選，顯然這不會是一場普通選戰。很簡單，唐納．川普不是普通候選人。他不僅特別沒經驗——除了成功的將領以外，沒有歷練過民選職位或內閣職位的人都選不上美國總統——但他對移民與穆斯林的煽動性偏激觀點，願意違背文明的基本規範，稱讚普丁等獨裁者，在許多媒體與政治建制派產生了不安。共和黨提名了一個企圖獨裁者嗎？現在無法確定。許多共和黨員堅稱雖然評論家以字面而非嚴肅地理解川普，他的支持者卻是不拘字面嚴肅地理解川普。據此觀點，他的競選措辭只是「說說而已」。

無紀錄可查的政治人物上任後會怎麼做總是有不確定性，但如同我們先前提過，反民主領袖在他們掌權前經常看得出來。即使就職之前，川普在我們的獨裁者四大指標測試中就是陽性反應。

第一個跡象是不太在乎民主的遊戲規則。川普質疑選舉過程的正當性，史無前例地暗示他可能不接受二〇一六大選結果時，就符合這個指標。美國的選舉舞弊程度[19]很低，因為選務是由各州與地方政府主辦，實質上不可能協調出全國層級的選舉舞弊。但在整個二〇一六年競選中，川普堅稱數百萬非法移民與選民名單上的死人[20]會被動員來投希拉蕊。有好幾個月，他的競選網站宣稱「幫我阻止邪惡的希拉蕊[21]操縱這場選舉！」在八月，川普告訴西恩．漢尼提，「我們最好小心，[22]因為選舉會被操縱……我希望共和黨人密切注意，否則勝利會從我們手裡被搶走。」在十月，他推特發文，「在投票日之前與當天當然有大規模作票舞弊[23]發生。」在最後一場總統辯論中，川普拒絕說如果他落敗會接受選舉結果。

據歷史學家道格拉斯．布林克利（Douglas Brinkley）說，一八六〇年以來從未有主要總統候選人這麼懷疑民主制度。我們只在內戰之前看過主要政治人物這樣子「削弱聯邦政府正當性」。以布林克利的說法，「那是分離主義，革命的主旨。那是有人企圖完全推翻體制。」[24]川普的話相當重要——很重要。一項十月中旬執行的Politico/

Morning Consult聯合民調發現四十一%美國人、七十三%共和黨人相信選舉可能被操縱對川普不利。[25]換言之，四分之三的共和黨員不再確定他們活在一個自由選舉的民主體制下。

我們石蕊測試裡的第二類是否定對手的正當性。專制政客把他們的對手打成罪犯、顛覆者、不愛國，或對國家安全、現有生活方式的威脅。川普也符合這個條件。例如，他曾經是「質疑出生地者」，[26]暗示歐巴馬出生在肯亞又是穆斯林，他的許多支持者視之為「不美國」，以挑戰他當總統的正當性。二〇一六年競選中，川普否定希拉蕊·柯林頓作為對手的正當性，給她貼上「罪犯」標籤，一再宣稱她「必須坐牢」。[27]在競選集會中他向高呼「把她關起來！」的支持者鼓掌。

第三個條件是容忍或鼓勵暴力。黨派暴力經常是民主崩潰的前兆。知名案例包括義大利的黑衫軍，德國的褐衫軍（納粹衝鋒隊），烏拉圭左派游擊隊出現，還有巴西國會一九六〇年代初期的右翼與左翼團體。在上個世紀，沒有主要政黨總統候選人為暴力背書（喬治·華勒斯在一九六八年有，但他是第三方候選人）。川普打破了這個模式。競選期間，川普不只容忍支持者使用暴力，有時還顯得樂在其中。川普激進地脫離固有文明規範，接受——甚至鼓勵——肢體攻擊抗議者的支持者。他提議負擔一名在北卡州法葉維爾的集會中毆打並威脅殺害抗議者的支持者訴訟費用。[28]另一個案例，他在集會中煽動支持者暴力回應抗議人士。以下是Vox新聞網收集的一些例子。29

「如果你看到有人準備丟番茄，揍昏他們，好嗎？真的。痛打他們一頓。我向你們保證我會付訴訟費。我保證。」（二〇一六年二月一日，愛荷華）

「我懷念從前。你知道以前他們在這種場合怎麼對付那種人嗎？他們會被擔架抬出去，各位。真的……我跟你說，我想要扁他的臉。」（二〇一六年二月二十二日，內華達）

「在美好的舊時代，他們會馬上把他從座位上揪起來。但是現在，大家都要政治正確。我們的國家就因為政治正確爛掉了。」（二〇一六年二月二十六日，奧克拉荷馬）

「滾出去。出去。走！這太棒了。真好玩。我喜歡。我喜歡。我們開心吧？USA，USA，USA！好啦，趕他走。別弄傷他了。要是出事，我會上法庭幫你辯護。別擔心……我們有四個人，他們撲向他，他們拳打腳踢。隔天，我們在媒體上被痛罵——我們太粗魯了。饒了我吧。你知道嗎？對吧？我們不想再那麼政治正確了。各位，對吧？」（二〇一六年三月四日，密西根）

「我們有些人，就像這裡的一些粗人。他們開始還手。太好了。我是說，他們開始出拳反擊。在美好的舊時代，不會有這種事，因為他們對待他們非常非常粗魯。他們抗議一次之後，你知道嗎，他們不會再輕易得逞。但是現在，他們闖進來舉起手向大家豎起錯誤的手指，而且他們不會被宰，因為我們變軟弱了。」（二〇一六年三月九日，北卡州）

二〇一六年八月，川普隱晦地背書對希拉蕊．柯林頓的暴力，在北卡州威明頓的集會上告訴支持者，柯林頓任命的最高法院人選可能會廢除持槍的權利。他又說，「如果她能挑選她的法官，你毫無辦法，各位……雖然支持第二修正案的人[30]——或許有吧，我不確定。」

最後的警訊是願意箝制對手與批評者的公民自由。當代專制者與民主領袖的區別之一就是他們對批評的包容度，或是願意使用權力懲罰那些在反對黨、媒體或公民團體批評他們的人。唐納．川普在二〇一六年展現出這種意願。他說打算在選後安排個特別檢察官調查希拉蕊．柯林頓，[31]宣稱希拉蕊應該坐牢。川普也反覆威脅要懲罰不友善的媒體。例如在德州沃斯堡的集會上，他攻擊《華盛頓郵報》老闆傑夫．貝佐斯，宣稱「我要是當上總統，[32]喔，他們問題可大了。他們會有大麻煩。」川普形容媒體是「我見過最不誠實的集團之一」，宣稱：

我會翻開我們的誹謗法，[33]當他們故意寫負面糟糕又虛假的文章，我們可以告他們贏很多錢……這樣當《紐約時報》寫出熱門文章，那太丟臉了——或《華盛頓郵報》……寫出熱門報導，我們可以告他們……

除了尼克森例外，上個世紀沒有主要政黨總統候選人符合這四個條件任何一項。如同表二所示，唐納．川普完全符合。美國現代史上沒有其他主流總統候選人，包括尼克森，公開表現過這麼不在乎憲法權利與民主規範。川普正是漢密爾頓等先賢們創造美國總統職位時擔心的那種人。

表二：唐納．川普與專制行為的四個關鍵指標

1. 拒絕（或不想遵從）民主的遊戲規則	他們拒斥憲法或表現出想要違憲嗎？ 他們暗示需要反民主手段，例如取消選舉、違反或擱置憲法、禁止某些組織或限制基本民權與政治權利嗎？ 他們想要（或支持）使用憲法以外的手段去改變政府，例如軍事政變、暴力叛亂、或以強迫改變政府為目標的群眾示威嗎？ 他們企圖削弱選舉的正當性，例如，拒絕接受可信的選舉結果嗎？
2. 否定政敵的正當性	他們把對手描述成顛覆者，或反對現有憲政秩序嗎？ 他們宣稱對手對國家安全或現有生活方式構成實質的威脅嗎？ 他們毫無根據地把黨派對手形容成罪犯，咬定他們的違法（或違法的可能性）讓他們沒資格完全角逐公職嗎？ 他們毫無根據地暗示對手是外國間諜，所以他們偷偷和外國政府——通常是敵國結盟（或受其雇用）嗎？
3. 容忍或鼓勵暴力	他們與武裝幫派、準軍事勢力、民兵、游擊隊，或其他行使暴力的組織有關聯嗎？ 他們或同黨盟友贊助或鼓勵暴民攻擊對手嗎？ 他們拒絕明確地譴責與懲罰，形同默許支持者使用暴力嗎？ 他們誇獎（或拒絕譴責）過去或外國發生的其他重大政治暴力行為嗎？

4. 願意箝制對手，包括媒體的公民自由	他們支持過限制公民自由，例如擴充誹謗法律範圍，或限制抗議、批評政府，或某些民間或政治組織的法令或政策嗎？ 他們威脅過採取法律或其他懲罰行動去對付敵黨、公民團體或媒體的批評嗎？ 他們誇獎過別的政府採取的壓迫手段，無論是過去或國外嗎？

這些都應該敲響警鐘。初選程序喪失了守門的角色，允許不適任的人成為主流政黨候選人去競選。但是共和黨人到這個地步能怎麼回應？回想一九三〇年代歐洲和六〇到七〇年代南美洲民主崩潰的教訓：當守門機制失靈，主流政治人物必須盡一切努力讓危險人物遠離權力核心。

集體怠忽——把權威轉移給威脅民主的領袖——通常出自兩個來源。第一是誤信專制者可以被控制或馴服。第二是社會學家伊凡．艾馬科夫（Ivan Ermakoff）所謂的「意識型態勾結」，[34]專制者的目標和主流政客有足夠重疊，讓人想要怠忽，或至少偏好另類作法。但是面對企圖獨裁者時，[35]建制派政客必須明確地拒絕他或她，盡一切努力捍衛民主機制——即使要暫時與死對頭合作。

對於二〇一六年參與普選的共和黨人，結論很明顯。如果川普威脅基本的民主原則，他們必須阻止他。不這麼做會讓民主有風險，失去民主比輸掉一次選舉糟糕多了。這表示要做許多人想像不到的事：支持希拉蕊・柯林頓選總統。美國是兩黨制；只有兩個候選人有機會贏得二〇一六大選，而其中一個是煽動者。對共和黨人，這是他們政治勇氣的考驗。他們會為了國家好接受短期的政治犧牲嗎？

如我們先前所說，這種行為有前例的。二〇一六年，奧地利保守派支持綠黨候選人亞歷山大・范德貝倫以防止極右派激進的諾伯特・霍佛當選。在二〇一七年，落敗的法國保守派候選人費雍（François Fillon）呼籲他的黨員投給中間偏左的候選人馬克宏以阻止極右派候選人瑪琳・勒朋（Marine Le Pen）掌權。這兩個案例中，右翼政治人物為意識型態對手背書[36]——激怒許多票源，但是引導可觀數量的選民去防止極端派掌權。

某些共和黨員確實根據唐納・川普不適任到危險程度而支持希拉蕊・柯林頓。如同奧地利與法國的保守派同志，他們認為基於對民主的共同承諾把黨派利益放一邊至關重要。他們三個是這麼說的：

共和黨員一[37]：「這次選舉我們的選擇再清楚不過了——希拉蕊・柯林頓是堅強明顯的美國民主利益支持者……唐納・川普是對我們民主的危害。」

共和黨員二[38]：「是時候了……把國家放在黨派之前投給柯林頓國務卿。川普擔當我國最高公職太危險太不適任了。」

共和黨員三[39]：「這事很嚴重，我不會浪費選票給造反候選人。既然國家的未來可能仰賴防止唐納．川普當上總統，今年十一月我支持她（柯林頓），我也呼籲共和黨員加入我。」

這些話如果是眾院議長保羅．萊恩、參院多數黨領袖米契．麥康納與前總統小布希，又或許是像約翰．麥肯、馬可．盧比歐與泰德．克魯茲等三個大牌參議員說的，二〇一六大選的過程會有劇烈改變。唉，但他們是威廉．皮爾斯，[40]退休緬因州參議員奧林匹雅．史諾的前新聞祕書（共和黨員一）；傑克．麥奎格，賓州的前任州議員（共和黨員二）；以及瑞克．史托達，丹佛市的共和黨銀行家（共和黨員三）。

像萊恩、麥康納、盧比歐和克魯茲等全國性共和黨領頭政治人物都為唐納．川普背書。唯一支持希拉蕊．柯林頓的顯赫共和黨人物都是退休政客或離職政府官員——未來不打算參選的人，在仕途上沒什麼好怕的。選舉前夕，《華盛頓郵報》刊登了公開支持希拉蕊的七十八個共和黨人[41]名單。其中只有紐約州眾議員理查．漢納是民選官員。而且即將退休。名單上沒有共和黨州長。沒有參議員。只有一個（快退休的）眾議員。

一些活躍的共和黨領袖，包括麥肯、馬克・科克、蘇珊・柯林斯、凱莉・艾約特、麥克・李、莉莎・穆考斯基和班・薩斯參議員，約翰・凱希克和查理・貝克州長，傑布・布希和米特・羅姆尼前州長，都拒絕為川普背書。前總統小布希保持沉默。但是，他們沒有人願意支持柯林頓。

簡單說，結果大多數共和黨領袖堅持黨派界線。如果他們果斷地切割川普，大聲清楚地告訴美國人民他對國家重視的制度構成威脅，在此基礎上，如果他們支持希拉蕊・柯林頓，唐納・川普或許永遠無法當上總統。在法國，估計支持費雍的半數[42]保守派共和黨選民服從他的意外背書支持馬克宏；另外約三分之一不投票，剩下約六分之一支持者投了勒朋，似乎對法國選舉造成了關鍵影響。在美國，我們無法得知共和黨選民會怎麼分裂。有些鐵票，或許還是多數，可能還是投給川普。但是夠多人會被兩黨聯手確保川普敗選的景象動搖。

很悲哀，實際發生的大不相同。雖然有所猶豫，大多數共和黨領袖還是一起支持川普，塑造全黨團結的形象。這反過來就讓選舉正常化了。這次選舉從危機時刻變成了標準的兩黨競賽，共和黨支持共和黨候選人，而民主黨支持民主黨候選人。

結果這個轉變造成了嚴重後果。選舉一旦變成正常競爭，基本上就是勝負難料，原因有兩個。第一，近年來黨派兩極化讓選民變堅定了。全國不只逐漸固定成共和黨與民主黨，[43]很少真正獨立或搖擺的中間選民，而且共和黨跟民主黨人對政黨越來越忠誠——對另一黨更加敵意。選民變得不易動搖，讓我們在一九六四或一九七二年看過的那種壓倒性大選不容易重演。在千禧年代無論候選人是誰，總統大選總是差距很小。

第二，由於經濟狀況不順與歐巴馬總統的中等支持度，幾乎所有政治學模型都預測差距甚微。他們大多預測柯林頓在普選中險勝，但有人預測川普險勝。無論如何，模型都預測是毫髮之差。[44]勝負難料的選舉可能倒向任何一邊。取決於偶發事件——就是歷史的意外。在此脈絡中，「十月驚奇」可能非常重要。所以當新出現的影片把某一候選人醜化，或聯邦調查局長的信函讓人懷疑另一個候選人的誠信，都可能翻轉勝負。

要是共和黨領袖們公開反對川普，先前四次大選的激烈競爭、紅藍對抗態勢會被打破。共和黨選民會分裂——有些注意到黨內領袖的警告，有些挺川普到底。不過，打敗川普只需要一小部分共和黨選民倒戈。但是選舉卻被正常化。差距縮小。結果川普贏了。

註釋

1 現在也對真正的局外人開放：我們說局外人，是指從未擔任過公職或內閣職位的候選人。我們涵蓋參與過初選或名字在黨代表大會出現的所有候選人。感謝Fernando Bizzarro協助收集這些資料。

2 跳過「隱形初選」：為何會如此的詳細解釋，參閱卡羅、諾爾和扎勒，《政黨決定》。

3 拉斯維加斯的簽賭組頭：西薩（James Ceaser）、布施（Andrew Busch）和皮特尼（John Pitney Jr.），《跌破眼鏡：二〇一六年大選與美國政治》（*Defying the Odds : The 2016 Elections and American Politics*, Washington DC : Rowman & Littlefield, 2017）, p. 69。

4「遠不及二十%」：西爾弗（Nate Silver），〈親愛的媒體：別再偽造川普的民調〉（Dear Media : Stop Freaking Out About Donald Trump's Polls），FiveThirty Eight網站，二〇一五年十一月二十三日，http://fivethirtyeight.com/features/dear-media-stop-freaking-out-about-donald-trumps-polls/。

5 聯合公民案判決：柯恩、卡羅、諾爾和扎勒，〈改革總統提名制度中黨與派系的對抗〉（Party Versus Faction in the Reformed Presidential Nominating System），《政治科學與政治》（*PS / Political Science & Politics*）（October 2016）, pp. 704–5；斯科波爾（Theda Skocpol）、赫爾脫爾－斐迪南（Alex Hertel-Fernandez），〈柯赫網與共和黨極端主義〉（The Koch Network and Republican Party Extremism），《政治觀點》（*Perspectives on Politics*）14, no. 3（2016）, pp. 681–99。

6 另類媒體大爆發：同前，p. 705。

7 通往全國知名度之路：同前，pp. 703–4。

8「保守娛樂複合體」：弗魯姆（David Frum），〈共和黨大反叛〉（The Great Republican Revolt），《大西洋期刊》（*The Atlantic*），二〇一五年九月九日。

9 激化了保守派選民：參閱李文達斯基（Matthew Levendusky），《黨派媒體如何讓美國兩極化》（*How Partisan Media Polarize America*），（Chicago : University of Chicago Press, 2013）；桑斯坦（Cass R. Sunstein），《共和：社群媒體時代中分裂的民主》（*Republic : Divided Democracy in the Age of Social*

Media）（Princeton, NJ：Princeton University Press, 2017）。

10 雖然許多因素助長：參閱席德斯（John Sides）、泰斯勒（Michael Tesler）和瓦夫瑞克（Lynn Vavreck），《認同危機：二〇一六總統競選與美國的意義之戰》（*Identity Crisis：The 2016 Presidential Campaign and the Battle for the Meaning of America*），（Princeton, NJ：Princeton University Press, 2018）。

11 背書人都比川普多：〈背書的初選〉（The Endorsement Primary），538（FiveThirtyEight網站），二〇一六年六月七日，https://projects.fivethirtyeight.com/2016-endorsement-primary/。

12 沒人為川普背書：同前。

13 初選季結束時：同前。

14 川普獲得……同情：共和黨人之中，川普支持者有超過支持其他共和黨候選人的兩倍，表示布萊巴特新聞網站（Breitbart News）是他們的主要新聞來源。參閱皮尤研究中心（Pew Research Center），〈川普、柯林頓選民在選舉新聞主要來源中分裂〉（Trump, Clinton Voters Divided in Their Main Source for Election News），二〇一七年一月十八日，pp. 3, 5。

15 新方法利用舊媒體：參閱席德斯、泰斯勒和瓦夫瑞克，《認同危機》，第四章。

16「為數位時代量身訂做特質」：佩爾西利（Nathaniel Persily），〈二〇一六美國大選：民主能在網路時代存活嗎？〉（The 2016 U.S. Election：Can Democracy Survive the Internet?），《民主期刊》（*Journal of Democracy*），二〇一七年四月號，p. 67。

17 二十億美元的免費媒體報導：同前。

18「重大的混亂」：〈共和黨全國代表大會的絕不選川普運動為何失敗〉（Why the Never Trump Movement Failed at the Republican National Convention），ABCNews.com，二〇一六年七月二十日。

19 選舉舞弊程度：關於美國的選舉舞弊概況，參閱海森（Richard L. Hasen），《投票戰爭：從二〇〇〇年佛州到下一場選舉災難》（*The Voting Wars：From Florida 2000 to the Next Election Meltdown*）（New Haven, CT：Yale University Press, 2012），與明奈特（Lorraine C. Minnite），《選舉舞弊的迷思》（*The Myth of*

Voter Fraud)(Ithaca, NY：Cornell University Press, 2010)。關於二〇一六大選沒有舞弊，參閱胡斯曼(Jessica Huseman)和克萊恩(Scott Klein)，〈沒有證據顯示大選有舞弊〉(There's No Evidence Our Election Was Rigged)，ProPublica(網路媒體)，二〇一六年十一月二十八日。

20 移民與死人：賽繆爾森(Darren Samuelsohn)，〈唐納．川普的『被操縱』大選指南〉(A Guide to Donald Trump's 'Rigged' Election)，《政客》(*Politico*)，二〇一六年十月二十五日。

21「幫我阻止邪惡的希拉蕊」：同前。

22「我們最好小心」：戴蒙(Jeremy Diamond)，〈川普：『我恐怕大選會被操縱』〉(Trump：'I'm Afraid the Election's Going to Be Rigged')，CNN.com，二〇一六年八月二日。

23「當然有大規模的作票舞弊」：〈二〇一六美國大選：川普說選舉『在投票所被操縱』〉(U.S. Election 2016：Trump Says Election 'Rigged at Polling Places')，BBC.com，二〇一六年十月十七日。

24「推翻體制(選舉結果)」：〈唐納川普民調下滑，警告『選舉被偷走』〉(Donald Trump, Slipping in Polls, Warns of 'Stolen Election')，《紐約時報》，二〇一六年十月十四日。

25 選舉可能作弊：〈民調：四十一%選民表示川普當選可能被做掉〉(Poll：41 Percent of Voters Say Election Could Be Stolen from Trump)，《政客》(*Politico*)，二〇一六年十月十七日。

26「質疑出生地者」：〈川普最離譜的十四個質疑出生地說法——半數出自二〇一一年之後〉(14 of Trump's Most Outrageous Birther Claims–Half from After 2011)，CNN.com，二〇一六年九月十六日。

27「必須坐牢」：哈根(Lisa Hagen)，〈川普：柯林頓『必須坐牢』〉(Trrump：Clinton'Has to Go to Jail')，《國會山莊報》(*The Hill*)，二〇一六年十月十二日。

28 提議負擔訴訟費用：〈川普表示他或許幫集會中被控施暴者付訴訟費〉(Donald Trump Says He May Pay Legal Fees of Accused Attacker from Rally)，《紐約時報》，二〇一六年三月十三日。

29 以下是一些例子：〈不相信川普在集會中煽動暴力?請看此影片〉(Don't Believe Donald Trump Has Incited Violence at Rallies? Watch This Video)，Vox新聞網，二〇一六年三月十二日，https://www.vox.

com/2016/3/12/11211846/donald-trump-violence-rallies。

30「支持第二修正案的人」：〈川普建議『支持第二修正案的人』可以對希拉蕊．柯林頓採取行動〉（Donald Trump Suggests 'Second Amendment People' Could Act Against Hillary Clinton），《紐約時報》，二〇一六年八月九日。

31 特別檢察官調查希拉蕊．柯林頓：〈川普：柯林頓『必須坐牢』〉（Trump：Clinton 'Has to Go to Jail'），CNN.com，二〇一六年十月十三日。

32「我要是當上總統」：〈川普威脅修改誹謗法以便控告媒體〉（Donald Trump Threatens to Rewrite Libel Laws to Make It Easier to Sue the Media），《商業內幕》（*Business Insider*），二〇一六年二月二十六日。

33「翻開我們的誹謗法」：同前。

34「意識型態勾結」：「集體怠忽」的定義和隨後的討論建立在社會學家伊凡．艾馬科夫（Ivan Ermakoff）對兩次大戰之間德國與法國的重要研究，題為《自我排除：集體怠忽的理論》（*Ruling Oneself Out：A Theory of Collective Abdications*）（Durham, NC：Duke University Press, 2008）。

35 面對企圖獨裁者時：林茲（Linz），《民主政權的崩潰》（*The Breakdown of Democratic Regimes*），p. 37。

36 右翼政治人物為意識型態對手背書：關於在二〇一七年法國總統大選中支持此論點的選舉資料，參閱〈法國大選結果：馬克宏的勝利地圖〉（French Election Results：Macron's Victory in Charts），《金融時報》，二〇一七年五月九日。參閱 https://www.ft.com /content/62d782d6-31a7-11e7-9555-23ef563ecf9a。

37 共和黨員一：https://www.hillaryclinton.com/briefing/updates/2016/09/29/number-of-prominent-republicans-and-independents-backing-hillary-clinton-grows/，二〇一七年五月二十日上線。

38 共和黨員二：同前。

39 共和黨員三：同前。

40 威廉．皮爾斯：同前。

41 公開支持希拉蕊的共和黨人：〈支持希拉蕊的七十八位共和黨政治人物、金主和官員〉，《華盛頓郵報》，二

○一六年十一月七日。

42 在法國，估計支持費雍的半數：〈法國大選結果：馬克宏的勝利地圖〉，《金融時報》，二〇一七年五月九日〔參閱數據：〈法國總統大選支持度從第一輪到第二輪投票如何轉變〉（How Allegiances Shifted from the First to the Second Round of Voting in the French Presidential Election）〕。

43 逐漸固定成共和黨和民主黨：阿布拉莫維茲（Alan Abramowitz），《兩極化的大眾？美國政府為何如此失能》（*The Polarized Public? Why American Government Is So Dysfunctional*），（New York：Pearson, 2012）；〈在二〇一六年的黨派和政治敵意〉（Partisanship anc Political Animosity in 2016），皮尤研究中心，二〇一六年六月二十二日，http://www.people-press.org/2016/06/22/partisanship-and-political-animosity-in-2016/。

44 預測是毫髮之差：席德斯、泰斯勒和瓦夫瑞克，〈二〇一六美國大選：川普如何反敗為勝〉（The 2016 U.S. Election：How Trump Lost and Won），《民主期刊》28, no. 2（April 2017），pp. 36–37；泰斯勒和瓦夫瑞克，《認同危機》，第二章。

Chapter 4

Subverting Democracy

顛覆民主

祕魯的藤森並沒有打算當個獨裁者。他根本沒打算當總統。身為日裔的野雞大學校長，藤森在一九九〇年原本希望競選參議員。沒有政黨願意提名他，他就組黨提名自己。[1]因為資金不足，[2]他參加總統競選只是為了選參議員吸引宣傳。但一九九〇是嚴重危機的一年。祕魯的經濟崩潰成超級通膨，有個稱作光明之路的毛派游擊隊集團，一九八〇年成立以來的殘暴作亂已殺害了幾萬人，正逼近首都利馬。祕魯人民厭惡建制派政黨。為了反抗，許多人投向以「像你一樣的總統」為競選口號的政治素人。藤森在民調中意外崛起。他震撼祕魯政壇獲得第二名，有資格和該國最紅的小說家馬力歐．尤薩（Mario Vargas Llosa）進入第二輪投票。祕魯人民欣賞後來贏得諾貝爾文學獎的尤薩。幾乎整個體制——政客、媒體、商界領袖——都支持尤薩，但祕魯平民認為他對似乎不在乎人民的精英階級太客氣了。藤森的民粹言論利用這股憤怒，打動許多人相信他是改變的唯一選擇。結果他贏了。

在就職演說中，藤森警告祕魯面臨「共和史上最深刻的危機」。他說，經濟「正在崩潰邊緣」，祕魯社會被「暴力、腐敗、恐怖主義與毒品販運撕裂了」。藤森誓言「把祕魯從現狀挖出來，導向更好的命運」。他深信國家需要大刀闊斧的經濟改革，也必須加強對抗恐怖主義。但他對怎麼做到這些事只有模糊概念。[3]

他也面臨驚人的各種障礙。身為政治素人，藤森在祕魯的傳統權力掮客之中沒什麼朋友。反對黨控制國會，他們任命的人選占據了最高法院。大多數支持尤薩的傳統媒體不信任他。藤森攻擊政治精英一向毫不留情，[4]說他們是正在毀掉國家的寡頭政治者。這下他發現在選戰中他攻擊與打敗的人仍然控制著許多權力機構。

藤森出師不利。他上任第一個月國會無法通過任何法案，[5]法院似乎也無法回應日益嚴重的恐怖威脅。藤森不只對複雜的議會政治缺乏經驗，也沒什麼耐心。[6]如他的某位助手所說，藤森「無法忍受每次想要國會通過法案就邀請參議院議長[7]到總統府的概念」。有時他會吹噓，他寧可靠他的筆記型電腦獨自統治祕魯。

所以藤森沒有跟國會領袖協商，而是痛批他們，說他們是「毫無建樹的騙子」。[8]他攻擊不合作的法官是「豺狼」和「惡棍」。[9]更傷腦筋的是，他開始繞過國會，[10]改用行政命令。政府官員開始抱怨祕魯的憲法「僵化」又「綁手綁腳」，[11]強化了藤森不太在乎民主機制的恐懼。在對商界領袖演講中，藤森問，「我們真的是民主國家嗎？……我覺得很難說是。老實說我們是向來被掌權少數、寡頭政治、派系、說客統治的國家[12]……」

祕魯的建制派驚醒，開始反擊。當藤森繞過法院釋放幾千個因為微罪定罪的囚犯，以騰出空間關恐怖分子，全國法官協會指控他是「無法接受的反民主專制者」。事實上，法院宣稱藤森有幾項命令違憲。不久，批評者固定譴責他是「獨裁者」，媒體也開始把他描繪成日本天皇。[13]到了一九九一年初，有人談到彈劾。在三月，新聞雜誌《面具》封面刊出藤森被步槍瞄準的圖，問道「可以罷黜藤森嗎？[14]有人已經在研究憲法了。」

藤森感覺四面楚歌，於是變本加厲。在向商界領袖的演講中，他宣稱，「除非打破殘餘的所有禁忌我才會罷手，它們會一個一個倒下；我們會大膽三倍去打倒阻止國家進步的所有舊高牆。」一九九一年十一月他一口氣送出了一百二十六項命令請國會批准。命令很過分，包括一些威脅民權的反恐措施。國會有異議，不只駁回或淡化幾項最重要的命令，還立法限制藤森的權力。於是衝突升高。藤森指控國會被毒販控制，參議院的反應是通過動議以藤森的「道德失能」「撤銷」總統職務。雖然動議在眾議院差了幾票沒過，衝突到了有政府官員擔心「國會會宰掉總統，或總統會宰掉國會」[15]的程度。

結果總統宰了國會。一九九二年四月十五日，藤森上電視宣布他要解散國會、廢止憲法。離他意外當選不到兩年，沒機會的局外人已變成暴君。

雖然某些民選煽動者心懷專制藍圖而上任，某些像藤森並沒有。民主崩潰不需要藍圖。反而如祕魯的經驗所示，可能是一連串意外事件——煽動性、打破規範的領袖與受威脅的政治建制派之間不斷升高以牙還牙的結果。

過程通常從言語開始。煽動者用嚴厲挑釁的話攻擊批評者——當作敵人、顛覆者，甚至恐怖分子。查維茲第一次競選總統時，形容對手是「腐臭豬玀」和「卑劣的寡頭政客」。[16]當上總統後，他稱呼批評者是「敵人」和「叛徒」；[17]藤森把對手和恐怖主義與販毒掛勾；義大利總理貝魯斯柯尼攻擊判決對他不利的法官是「共匪」。[18]記者也成了目標。厄瓜多總統科雷亞稱媒體是「必須打敗」的「嚴重政敵」。[19]土耳其的艾多根指控記者散播「恐怖主義」。[20]這些攻擊都可能有後果：民眾如果逐漸相信對手跟恐怖主義有關，媒體散播謊言，會比較容易出手對付他們。

攻擊很少到此為止。觀察家雖然經常安慰我們煽動者「說說而已」，不必太認真看待他們說啥，但看看全世界的煽動性領袖就知道許多人後來真的化言語為行動。這是因為煽動者崛起容易讓社會兩極化，製造恐慌、敵意與猜忌的氣氛。新領袖的威脅言論經常有迴力鏢效應。如果媒體感覺受威脅，可能放棄自制與專業標準急欲弱化政府。而反對黨可能判定為了國家好，必須以極端手段——彈劾、群眾示威，甚至政變推翻政府。

阿根廷的裴隆在一九四六年初次當選時，許多對手認為他是法西斯分子。反對黨激進公民聯盟的成員自認是在「反納粹鬥爭」，杯葛裴隆就職典禮。從上任第一天起，他在國會的對手就採取「反對、掣肘與挑釁」[21]策略，甚至呼籲最高法院接管政府。同樣地，委內瑞拉反對黨曾要求最高法院指派一批精神醫師去判定能否根據「精神失能」[22]把查維茲解除職務。幾家大報和電視台都支持以非憲法方式推翻他。當然，意圖獨裁者會把這些攻擊解讀為嚴重威脅，反過來變得更加敵意。

他們採取這個步驟也有另一個理由：民主是折騰的工作。家族企業和軍隊或許能靠命令統治，但民主制度需要談判、妥協與讓步。挫折無可避免，勝利永遠是局部的。總統提案可能死在國會或被法院阻擋。所有政治人物都對這些限制感到挫折，但是民主人士知道必須接受它們。他們受得了不斷的批評轟炸。但對素人而言，尤其喜歡煽動的人，民主政治經常令人洩氣到無法忍受。對他們而言，制衡感覺好像拘束衣。就像無法忍受每次想通過法案就得跟參議院領袖吃午餐的藤森總統，企圖專制者對日常的民主政治沒什麼耐心。他們就像藤森，想要掙脫。

民選獨裁者如何打破應該要約束他們的民主機制？有些人一擊致命。但更常見對民主的攻擊是慢慢來。對許多公民來說，起初可能沒什麼感覺。畢竟，一直有在辦選舉。反對黨政治人物仍坐在國會裡。獨立報紙仍在發行。民主的侵蝕逐漸發生，通常很緩慢。每一步似乎微不足道——似乎沒什麼真正威脅到民主。其實，政府顛覆民主的招數經常看似合法：那是國會許可或最高法院判定合憲的。其中許多被採用是偽裝成追求某種正當——甚至值得稱許——的公共目標，像是反貪腐、「淨化」選舉、改善民主體質，或提升國家安全。

要更加了解民選專制者如何溫和地侵蝕制度，想像足球賽會有幫助。為了集中權力，企圖專制者必須有裁判支持，排除至少對方某些明星球員，改寫遊戲規則以對自己有利，實質上讓整個賽局不利於對手。

有裁判支持你永遠是好事。現代國家的各種機構有權威調查並懲罰胡作非為的官員與公民。包括司法體系、執法單位和情報、稅捐、監管機關。在民主國家，這些機構設計成扮演中立仲裁者。所以對企圖專制者，司法與執法單位既是挑戰也是機會。如果他們維持獨立，可能拆穿與懲罰政府濫權。畢竟防止弊端是裁判的工作。但如果這些機構被親信控制，他們可以幫助達成意圖獨裁者的目標，保護政府免於可能導致失去權力的調查和犯罪起訴。總統可能犯法、威脅公民的權利、甚至違憲卻不必擔心這些濫權被調查或譴責。控制法院和執法單位之後，政府可以為所欲為。

搞定裁判給政府的不只是一面盾牌。它也是個強力武器，讓政府能選擇性執法，懲罰對手同時保護盟友。稅捐機關可能被用來瞄準政敵、商人和媒體。警察可以鎮壓反對黨抗議，同時容忍挺政府惡徒的暴力行為。情報單位可以用來監視批評者挖掘可勒索的材料。

最常見的，搞定裁判的做法是悄悄開除公務員與其他非黨派官員，用親信取代他們。例如在匈牙利，奧班總理在二〇一〇年重新掌權之後，往名義上獨立的檢察署、國家稽查局、監察部、中央統計局和憲法法庭安插同黨盟友。[23]

無法輕易清洗的機構可能以其他方法被隱晦地挾持。沒有比藤森的「情報顧問」弗拉迪米洛・蒙特西諾斯（Vladimiro Montesinos）更擅長這種事的人了。在蒙特西諾斯指示下，祕魯的國家情報局盜錄了幾百個行賄或收賄、上妓院或涉及其他違法活動的反對黨政客、法官、國會議員、商人、記者和編輯[24]——然後用影片勒索他們。他也持續賄賂三位最高法院法官、兩位憲法法庭成員，和「多到嚇人的」法官與檢察官，按月送錢[25]到他們家裡。這一切都是私下進行；表面上，祕魯的司法體系運作正常。但在私底下，蒙特西諾斯幫藤森集中權力。

無法收買的法官可能成為彈劾目標。裴隆在一九四六年上台時，阿根廷最高法院的五人中有四個是保守派對手，其中一個說他是法西斯分子。[26]因為擔心法院向來駁回挺勞工的法案，裴隆在國會的盟友以瀆職為由[27]彈劾了三位法官（第四個在被彈劾前辭職）。裴隆隨即指派四個親信，[28]法院再也不會反對他。同樣地，一九九七年當祕魯的憲法法庭威脅阻止藤森總統競選第三任，藤森的國會盟友彈劾了七位法官中的三人——理由是，因為宣稱藤森企圖迴避憲法任期限制「違憲」，[29]他們自己也違反了憲法。

無法除掉獨立法官的政府可能透過安插人馬繞過他們。例如在匈牙利，奧班政府把憲法法院名額從八人擴充到十五人，改變提名規則以便執政的青民盟能一手指定新法官，然後用親信填補新職位。[30]在波蘭，執政的法律與正義黨在二〇〇五到二〇〇七年間有幾項提案被全國最高的憲法事務機構——憲法法庭阻擋。該黨在二〇一五年重新上台後，設法避免未來的類似失敗。當時，十五人的憲法法庭有兩個空缺，有三人是即將屆滿的國會通過但尚未宣誓就職。法律與正義黨新政府以可能違憲的手段，[31]拒絕讓那三人宣誓，改任命自己的五位新法官。安全起見，它又通過法律規定所有拘束性的憲法法庭判決要有三分之二多數同意。這等於給政府盟友在法庭內的否決權，[32]限制了法庭獨立制衡政府權力的能力。

搞定裁判的最極端方法是全面摧毀法院成立新的。一九九九年，查維茲政府召開選舉一個修憲議會，違反先前最高法院裁決，給了自己解散所有其他國家機構的權力，包括法院。最高法院擔心自己的存亡，[33]默許裁定此舉合憲。最高法院主席索沙（Cecilia Sosa）辭職，宣稱法院「為了避免被暗殺而自殺。但是結果一樣。它已經死了。」[34]兩個月後，[35]最高法院被解散，以新的司法最高法院取代。然而，連那樣都不足以確保司法體系服從，所以在二〇〇四年，查維茲政府把最高法院從二十人擴充為三十二人，用「革命派」親信[36]填補新職位。結果有效。接下來的九年間，最高法院沒有任何判決違逆政府。[37]

在每個案例中，民主遊戲的裁判都被政府收編，提供現任者既有對抗違憲質疑的護盾，又有強大而且「合法」的武器用來攻擊對手。

一旦搞定裁判之後，民選獨裁者就能對付他們的敵人。大多數當代獨裁國家並未抹消所有異議的痕跡，就像法西斯義大利的墨索里尼或共產古巴的卡斯楚那樣。但是許多人努力確保關鍵選手——能夠真正傷害政府的任何人——被排擠、阻撓或收買而故意放水。關鍵選手可能包括對手政客、資助反對黨的商界領袖、大型媒體，在某些案例中，還有享有某種公共道德地位的宗教或文化人物。

應付潛在對手最簡單的辦法就是收買他們。大多數民選獨裁者一開始提供頂尖政商媒體人物擔任公職、恩惠、利益或直接賄賂以交換他們的支持，至少要閉嘴保持中立。合作的媒體可能獲得接近總統的特權，而友善的商界領袖可能獲得暴利特許權或承包政府標案。藤森政府很擅長收買批評者，尤其是媒體人。到了九〇年代末期，每家主要電視台、幾家報社，還有流行八卦小報都收政府的錢。蒙特西諾斯付四號頻道老闆大約一千兩百萬美元交換簽訂「契約」讓蒙特西諾斯能控制電視台的新聞節目。[38] 五號頻道的大股東收到蒙特西諾斯的九百萬美元，九號頻道的大股東拿到五萬美元以交換開除兩個知名的調查記者。在一九九九年底的對話影片中，蒙特西諾斯聲稱電視台的大頭們「現在都聽話了……我們讓他們簽了文件之類的……所有人，乖乖的。每天，我會在十二點半開會……我們規畫晚間新聞播什麼。」[39]

媒體人收到蒙特西諾斯最大筆的賄賂，但他也收買政客。一九九八年，反對陣營收集到足夠連署，能夠強行舉辦公投決定藤森二〇〇〇年能否再競選連任，議題被丟到國會，依法需要有四十%議員支持才行。理論上，反對黨有批准公投所需的四十八票。但是蒙特西諾斯賄賂三個議員不出席投票。其中一個路易・朱（Luis Chu）在某公寓收到情報局賄款基金的十三萬美元；另一個米蓋・西西亞（Miguel Ciccia）得到涉及他旗下企業的訴訟協助。第三個蘇西・迪亞茲（Susy Díaz）同意為了「私人理由」留在家裡。[40]結果票數不足，讓藤森得以競選並贏得非法的第三任期。選舉結果無法讓藤森取得國會多數，蒙特西諾斯又賄賂十八個反對陣營議員倒戈。

無法收買的玩家必須用其他手段削弱。老派的獨裁者經常監禁、放逐、甚至殺害他們的對手，當代專制者則傾向以表面合法性掩飾他們的打壓。因此搞定裁判才這麼重要。裴隆時代，反對黨領袖里卡度・巴爾賓（Ricardo Balbín）因為在競選期間「不尊敬」總統被監禁。巴爾賓上訴到最高法院，但是裴隆控制了法院，他毫無勝算。[41]在馬來西亞，九〇年代末期總理馬哈迪（Mahathir Mohamad）以肛交罪名[42]利用政治忠誠的警察與掌控的司法體系去調查、逮捕與囚禁最大的對手安華（Anwar Ibrahim）。在委內瑞拉，反對黨領袖里奧波德・羅培茲（Leopoldo López）被捕，以二〇一四年反政府示威期間「教唆暴力」罪名起訴。政府官員沒提出教唆的證據，一度宣稱那是「潛在的」。[43]

政府也可能利用控制裁判來「合法」排擠反對媒體，經常是靠誹謗或妨害名譽訴訟。厄瓜多總統科雷亞很擅長這招。二〇一一年，因為刊登指稱他是「獨裁者」的社論，他贏得對大報《環球報》（*El Universo*）的老闆兼編輯的誹謗訴訟四千萬美元。科雷亞說該案是「解放我們美洲人擺脫最大最肆無忌憚的強權之一：腐敗媒體的一大步」。後來他特赦了老闆，但是訴訟對媒體有了強大的寒蟬效應。[44]

艾多根與普丁的政府也以破壞性的效果玩弄法律。在土耳其，主要受害者是控制土耳其約五十%的媒體市場，包括該國最多人閱讀的報紙《自由報》與幾家電視台，強大的多安雅音（Do an Yayin）媒體集團。多安集團的許多媒體是世俗化自由派，讓他們槓上了正義與發展黨（AKP）政府。二〇〇九年，政府反擊，以逃稅罪名重罰該集團約二十五億美元——幾乎超過集團的總淨值。重傷的多安集團被迫賣掉旗下資產，包括兩家大報和一家電視台。全被支持政府的商人收購了。[45]在俄國，弗拉迪米爾．古辛斯基（Vladimir Gusinsky）的獨立性NTV電視台贏得「芒刺在背」[46]的美名之後，普丁政府讓稅捐機關對付古辛斯基，以「財務侵占」罪名逮捕他。古辛斯基被告知一個「直接出自黑道爛片[47]的交易：放棄NTV換取自由」。他接受了交易，[48]把NTV交給政府控制的能源大企業Gazprom，並逃離俄國。在委內瑞拉，查維茲政府發動調查Globovisión（環球）電視台老闆吉勒摩．蘇洛阿加（Guillermo Zuloaga）的財務不法，迫使他逃出國以免被捕。在龐大財務壓力下，[49]蘇洛阿加最後把Globovisión賣給了對政府友善的商人。

關鍵媒體被攻擊時，其他媒體也會擔心開始實施自我審查。查維茲政府在二〇〇〇年代中期加強攻擊後，最大電視台之一Venevisión（視訊電視台）決定停播政治新聞。晨間談話秀換成了占星術節目，肥皂劇取代了晚間新聞節目。曾被認定支持反對黨的Venevisión[50]在二〇〇六年選舉期間幾乎不報反對黨新聞，給查維茲總統的時段超過他對手的五倍。

民選專制者也企圖削弱有能力資助反對黨的商業領袖。這是普丁在俄羅斯鞏固權力的關鍵之一。二〇〇〇年七月，當上總統不到三個月，普丁就召集二十一位全國最有錢的商人到克里姆林宮，表示他們在他統治下可以自由賺錢——條件是他們別插手政治。[51]大多數所謂的寡頭企業聽從他的警告。但經營ORT電視台的最大股東，億萬富翁波里斯·貝瑞佐夫斯基（Boris Berezovsky）不聽。ORT的報導轉向批評之後，政府重啟擱置多時的詐欺案，下令逮捕貝瑞佐夫斯基。貝瑞佐夫斯基流亡海外，把媒體資產留給資淺合夥人代管，他把資產「大方地交給普丁處置」。另一個不甩普丁警告的寡頭企業家是Yukos大型石油公司老闆米海爾·霍多爾科夫斯基（Mikhail Khodorkovsky）。霍多爾科夫斯基是俄國最有錢的人（根據《富比士》雜誌，身價一百五十億美元），公認天下無敵。但他玩過頭了。自由派的霍多爾科夫斯基不喜歡普丁，開始慷慨地資助反對陣營，包括親西方的俄羅斯統一民主黨（Yabloko）。一度，有多達百位Duma（國會）議員收他的錢或受他支持。謠傳他打算競選總統。受威脅的普丁在二〇〇三年以逃稅、侵占和詐欺罪名逮捕霍多爾科夫斯基。[52]他被關了將近十年。給寡頭企業家的訊息很清楚：別碰政治。幾乎所有人都聽話。缺乏資源[53]的反對黨弱化，有的甚至滅亡。

艾多根政府也把商人排擠到政壇之外。富裕大亨森姆・烏贊（Cem Uzan）創立與資助的青年黨（GP）在二〇〇四年崛起成為勁敵[54]之後，財政當局扣押烏贊的商業帝國控告他恐嚇取財。烏贊逃到法國，青年黨隨即崩潰。幾年後，土耳其最大的工業財團公羊（Koç）集團被控資助在二〇一三年的旅遊公園大規模示威活動（公羊集團在公園附近的一家飯店在警方鎮壓時被當作庇護所與臨時醫院）。同年，稅務官稽查了幾家公羊的公司，[55]取消其子公司的國防部鉅額合約。公羊家族學到了教訓。二〇一三年之後，它就跟反對黨保持距離。

最後，民選專制者經常企圖讓文化人物——藝術家、知識分子、流行明星、運動員閉嘴，因為他們的人氣或道德地位構成了潛在威脅。阿根廷文學巨星波赫士（Jorge Luis Borges）開始高調批評裴隆之後（有個同儕作家形容波赫士就是「反裴隆的指標」），政府官員把他從市區圖書館職位轉調到波赫士形容的「家禽與兔子檢查員」。[56]波赫士辭職，好幾個月找不到工作。

然而，政府通常偏好拉攏大眾文化人物或跟他們達成相互容忍，只要他們不碰政治就可以繼續工作。玻利瓦交響樂團與洛杉磯愛樂樂團的國際知名指揮家，委內瑞拉的古斯塔沃·杜達美（Gustavo Dudamel）就是一例。杜達美是青少年管弦樂團系統（El Sistema）的明星冠軍，那是世界知名的委內瑞拉音樂教育計畫，造福了幾十萬個委內瑞拉的低收入年輕人。因為「系統」仰賴政府資金，創辦人一向嚴守政治中立。杜達美延續這個做法，即使越來越專制也拒絕批評查維茲政府。二〇一二年杜達美在查維茲葬禮上指揮玻利瓦交響樂團，遲至二〇一五年，反對黨主要人物都入獄了，他向《洛杉磯時報》投稿為中立性辯護，宣示對馬杜羅政府的「尊重」。反過來，「系統」收到政府增加挹注，[57]在二〇一五年照顧了七十萬個孩子，超過三年前的五十萬人。但在二〇一七年五月，情況改變了，維安部隊在反政府示威中殺了一個年輕小提琴家，是「系統」畢業生。杜達美打破政治沉默，投稿《紐約時報》譴責政府鎮壓，委內瑞拉陷入獨裁體制。[58]他付出了代價：[59]次月，政府取消了他計畫的國家青年管弦樂團赴美演出。

私下靠拉攏，有必要的話霸凌，讓有影響力的人閉嘴——對政權反對者可能有嚴重的後果。強大的商人像俄國的霍多爾科夫斯基入獄或破產之後，其他商人判斷最好是完全從政治抽腿。反對黨政客都被捕或流亡之後，例如委內瑞拉，其他政客決定投降退休。許多異議者決定留在家裡而非參政，保持活躍的人也變得士氣低落。這就是政府的目標。一旦關鍵的反對黨、媒體和商界玩家被收買或排除，反對者會洩氣。政府未必要違反規則就能「贏」。

然而為了鞏固自身權力，政府必須做更多——他們也必須改變遊戲規則。想鞏固權力的專制者經常修改憲法、選制和其他制度，用不利或削弱反對者的方式，實質上讓整體賽局不利於對手。這些改革經常以某種公益偽裝進行，其實是作弊以對現任者有利。而且因為涉及修法甚至修憲，可能讓專制者有幾年甚至幾十年都鎖死這些優勢。

想想馬來西亞，選制設計一向對執政的巫統（UMNO）、先天以馬來人為基礎的政黨有利。雖然馬來人占總人口僅約略過半，國會選區劃分不公，[60]讓七十％選區內馬來人占多數，巫統和友黨得以贏得國會的壓倒性多數。但是狀況改變了，九〇年代末期馬來伊斯蘭黨（PAS）崛起成為國內最大反對黨。PAS也是馬來人為主的政黨。所以在二〇〇二年，巫統主宰的選務機關開倒車違背人口統計趨勢，執行選區重劃——減少被視為PAS票倉的鄉村地區國會席次。[61]選區重劃幫助巫統領導的大聯盟在二〇〇四年選舉贏得驚人的九十一％國會席次。

匈牙利的奧班政府也做類似的事。二〇一〇年贏得國會三分之二多數之後，執政的青民盟利用多數優勢修改憲法與選舉法規鞏固它的優勢。它採用有利於最大黨（Fidesz）的新多數決選舉規則，重劃選區把能贏的國會席次最大化。最後，還禁止在民營媒體刊登競選廣告，[62]限制由青民盟親信經營的公立電視台的電視競選。這些新機制優勢的效果在二〇一四年國會大選中很明顯：雖然青民盟選票大幅減少，從二〇一〇年的五十三％掉到一四年的四十四點五％，執政黨仍保有三分之二的多數。[63]

或許改寫規則鞏固專制優勢的最驚人例子出自美國。一八七〇年代的內戰後重建結束，導致每個前南部邦聯州都出現一黨專制政權。[64]一黨獨大可不是什麼無害的歷史意外；那反而是無恥地反民主操縱憲法的產物。

在重建期間，黑人大量取得公民權對白人在南部州的政治控制與民主黨優勢構成了重大威脅。根據一八六七年的重建法案與禁止基於種族限制投票權的憲法第十五修正案，非裔美國人突然在密西西比、南卡州與路易斯安那州構成選民人口多數，[65]在阿拉巴馬、佛羅里達、喬治亞與北卡州則是接近多數。聯邦軍隊監督[66]整個南方的黑人選民大量登記。全國而言，可投票的黑人百分比從一八六六年的零點五％增加到兩年後的八十點五％。在許多南方州，[67]黑人登記率超過九十％。而且黑人會去投票。一八八〇年總統大選中，估計在北卡州、南卡州、田納西、德州和維吉尼亞州黑人投票率是至少六十五％。[68]投票權強化了非裔美國人的權力：兩千多個南方自由人在一八七〇年代當選公職，包括十四個眾議員與兩個參議員。路易斯安那與南卡州的眾議員一度有超過四十%[69]是黑人。因為黑人壓倒性投給共和黨，黑人投票權激勵了共和黨與其他挑戰者對抗曾經獨霸的民主黨。[70]一八八〇到九〇年代民主黨在北卡州、田納西和維吉尼亞失去了優勢，[71]在阿拉巴馬、阿肯色、佛州、喬治亞、密西西比與德州也差點輸掉。如果民主選舉持續，政治學者小凱伊（V. O. Key Jr.）觀察道，這「對黑人帶的白人地位[72]會很要命。」

於是他們改變規則——而且傷害民主。「給我們（合憲的）黨大會，我就會修改成……讓黑鬼永遠不會被聽見，」[73]前喬治亞州參議員土姆斯（Robert Toombs）在重建即將結束時宣稱。一八八五到一九〇八年間，後邦聯的十一個州全部修改州憲法與選制以削弱黑人的選舉權。[74]為了符合第十五修正案的條文規定，[75]有效限制投票權不能提到種族，所以各州採用了號稱「中性的」投票稅、財產門檻、文盲測試與複雜的手寫選票。「這一切限制的最高目標，」[76]歷史家亞歷士·凱瑟（Alex Keyssar）表示，「是讓貧窮與文盲的黑人……無法投票。」因為黑人壓倒性挺共和黨，可想而知削弱他們投票權能恢復民主黨的選舉優勢。目標如同北卡州某參議員所說，就是寫出「永遠能給民主黨優勢的合法又公正的法律。」[77]

南卡州的人口多數是黑人，也是限制投票的先驅。一八八二年的「八箱法」（Eight

Box Law，為八種不同公職設置八個不同票箱，投錯票箱就算廢票）[78]創造了一套複雜選票讓文盲幾乎不可能行使投票權，因為該州大多數黑人居民是文盲，黑人投票率驟降。但那還不夠。一八八八年，約翰・理查遜（John Richardson）州長宣布，[79]「現在我們是四十萬人少數（白人）統治六十萬人多數（黑人）……現今唯一阻止他們統治的就是薄弱的法令——八箱法。」七年後，該州引進了投票稅與文盲測試。在一八七六年高達九十六%的黑人投票率，在一八九八年掉到僅十一%。[80]黑人削權「摧毀了共和黨」，[81]讓共和黨將近一百年進不了州議會。

在田納西州，黑人投票權讓共和黨強大到在一八八八年挺民主黨的《雪崩報》（*Avalanche*）預測下次選舉除非採取什麼辦法，「共和黨將橫掃千軍」。[82]翌年，民主黨議員引進投票稅、嚴格的登記條件，還有多契法（Dortch Law），創造出必須識字的複雜選制。議員辯論時，《雪崩報》宣稱，「不給我們多契法我們就完了。」後來，《孟斐斯呼聲日報》（Memphis Daily Appeal）標題寫著：「終於安全了——再見共和黨，再見了。」民主黨在一八九〇年大勝，而共和黨「崩潰」。《呼聲日報》發表社論說多契法的效果「很美妙。選票確實被悲喜參半地大幅削減，但民主黨多數優勢比率提高了至少四倍。」到了一八九六年，黑人投票率幾乎是零。

在阿拉巴馬，民主黨一八九二年州長選舉差點輸給民粹者，他們「轉而限制投票權以迴避困難」。[83]州議會通過法案壓抑黑人投票之後，據報湯瑪斯·瓊斯州長說，「咱們趕快簽署法案吧，[84]免得我的手癱瘓，因為這會永遠消滅（民粹者）……和所有黑鬼。」同樣的事也在阿肯色、佛羅里達、喬治亞、路易斯安那、密西西比、北卡州、德州和維吉尼亞重演。

這些「改革」手段有效地扼殺了美國南方的民主。即使許多州的黑人人口構成多數或接近多數，即使黑人投票權已經載入憲法，「合法」或聽似中性手段仍被用來「確保南方選民……幾乎全是白人。」[85]南方的黑人投票率[86]從一八八〇年的六十一％掉到一九一二年的二％。黑人削權消滅了共和黨，鎖死白人優勢與一黨獨大將近一世紀。如同某位南方黑人觀察道，「整個南方[87]——南方每個州——都落入了當初奴役我們的那些人手中。」

民選領袖靠搞定裁判、收買或削弱對手、改寫遊戲規則，可以建立決定性而且永久的優勢凌駕對手。因為這些手段一點一滴地執行又看似合法，陷入專制未必會觸動警鐘。公民經常太晚發現他們的民主被解體了——甚至就發生在他們眼前。

民主如何死亡的重大反諷之一，就是民主的防禦經常被用來當作顛覆的掩飾。企圖專制者經常利用經濟危機、天災，尤其是安全威脅——戰爭、武裝叛亂或恐怖攻擊——來合理化反民主手段。一九六九年，菲律賓的馬可仕總統連任勝選之後，開始考慮如何利用緊急事態延長任期。[88]馬可仕在一九七三年第二任期滿時不想照憲法規定下台，於是擬定計畫宣布戒嚴並且修憲。但他需要理由。一九七二年七月機會來了，馬尼拉發生一連串神祕爆炸案。國防部長安瑞烈（Juan Ponce Enrile）看似遇刺倖存之後，馬可仕指責共黨恐怖分子，執行了他的計畫。他在全國電視頻道宣布戒嚴，嚴肅地堅稱，「各位同胞……（這）不是軍事接管。」他主張「民主形式的政府不是無助的政府」，而他即將擱置的憲法面臨叛亂之類危險[89]時「睿智地提供了保護的手段」。馬可仕藉此鞏固了自己在未來十四年的權力。

危機很難預測，但是政治後果不難。危機促使集權也經常濫權。戰爭和恐怖攻擊會造成「鞏固領導中心」[90]效應，民眾更加支持政府——經常是大幅提升；九一一事件之後，小布希總統的支持率從五十三％飆到九十％——是蓋洛普民調史上最高的數字。[91]（之前的最高紀錄八十九％是老布希在一九九一年波灣戰爭過後。）因為很少政客願意在國安危機時反對九十％支持度的總統，總統幾乎無人制衡。若非剛發生過九一一事件，小布希在二〇〇一年十月簽署實施的美國愛國者法案絕對不會通過。

民眾在安全危機時也比較可能容忍——甚至支持——專制手段，尤其他們擔憂自身安全時。[92]九一一事件後，[93]五十五%受訪美國人表示他們相信有必要放棄部分公民自由[94]去壓制恐怖主義，高過一九九七年的二十九%。同樣地，若非珍珠港事變引發民眾恐懼，實在難以想像小羅斯福拘留日裔美國人。珍珠港事變後，[95]超過六十%受訪美國人支持把日裔驅逐出境，一年過後，拘留日裔美國人仍有可觀的支持度。

大多數憲法允許[96]在危機時擴張行政權。結果，即使民主選舉的總統都能在戰時輕易擴權並威脅公民自由。在企圖專制者手中，集權更加危險。對於感覺被批評者圍攻、被民主機制桎梏的煽動者，危機開啟了壓制批評、削弱對手的機會之窗。其實，民選專制者經常需要危機——外部威脅提供了他們既快速又經常「合法」掙脫的機會。

所以，企圖專制者與重大危機的結合可能對民主很致命。某些領袖在危機中上台。例如，藤森在超級通膨與游擊隊叛亂惡化中上任，所以當他把一九九二年的總統政變合理化是必要之惡，大多數祕魯人同意他。政變之後[97]藤森的支持度上升到八十一%。

也有其他領袖會發明危機。馬可仕在一九七二年宣布戒嚴有個內幕：他的「危機」大半是捏造的。馬可仕深知必須合理化繞過憲法總統兩任限制的計畫，決定製造一個「共產黨威脅」。[98]實際只有幾十個叛軍，[99]但馬可仕總統挑起民眾歇斯底里[100]以合理化應變措施。馬可仕早在一九七一年就想宣布戒嚴，[101]但是計畫得逞需要產生普遍恐懼的暴力行為——恐怖攻擊。翌年就發生了馬尼拉連環爆，美國情報官員認為是那是政府幹的，[102]還有行刺國防部長安瑞烈——後來安瑞烈承認是「騙局」。其實，他說他距離報導的攻擊現場「遠得很」。[103]

無論真假，企圖專制者都會利用危機合法化擴權。或許最知名例子是希特勒宣誓就任總理僅一個月後，對一九三三年二月二十七日國會大火的回應。究竟是同情共產黨的荷蘭年輕人放火燒柏林的國會大樓，還是納粹首腦自導自演，[104]至今仍是歷史學者辯論話題。無論如何，希特勒、戈林與戈培爾抵達燃燒中的國會大樓，立刻利用這個事件發布限制公民自由的緊急命令。這招加上一個月後的授權法案，摧毀了所有反對者，鞏固了納粹權力直到二次大戰結束。

安全危機也促成了普丁的專制轉折。一九九九年九月，普丁被任命為總理後不久，莫斯科等城市發生了一連串爆炸案——推測是車臣恐怖分子所為——殺害了將近三百人。普丁的回應是在車臣開戰大規模鎮壓。如同納粹德國的例子，爆炸是車臣恐怖分子還是俄羅斯政府情報單位幹的仍有爭議。[105]不過很清楚的是，普丁的支持度隨著爆炸案大幅提升。[106]俄國民眾集會支持普丁，[107]在隨後幾年間容忍甚至支持攻擊反對陣營。

最近，土耳其的艾多根政府利用安全危機合理化集權。正義與發展黨（AKP）在二〇一五年六月喪失國會多數之後，一連串伊斯蘭國（ISIS）恐攻[108]讓艾多根得以利用鞏固領導中心效應停辦選舉，在短短五個月後重新控制國會。後果更嚴重的是二〇一六年七月的失敗政變，提供了全面性鎮壓的正當理由。艾多根對政變的回應是宣布進入緊急狀態，發動一波大規模鎮壓，包括肅清大約十萬名官員，關閉幾家報社，逮捕了五萬多人——包括幾百位法官與檢察官，一百四十四個記者，甚至有兩位憲法法庭成員。[109]艾多根也用失敗政變當作機會去主張新的行政權。集權的終點[110]是在二〇一七年四月通過修憲案，摧毀了對總統權威的制衡。

對於被憲法規制約束的煽動者，危機代表有機會開始拆解伴隨民主政治而來、礙事又有時具威脅性的制衡。危機允許專制者擴張權術空間，保護自己對抗認定的敵人。但是問題仍然存在：民主機制有這麼容易掃除嗎？

註釋

1 提名自己：施密特（Gregory Schmidt），〈一九九〇年藤森在祕魯的顛覆性勝利：規則、意外和因應策略〉（Fujimori's 1990 Upset Victory in Peru : Rules, Contingencies, and Adaptive Strategies），《比較政治學》（*Comparative Politics*）28, no. 3（1990）, pp. 321–55。

2 資金不足：拿莫維茲（Luis Jochamowitz），《藤森：政治的結構》（*Ciudadano Fujimori : La Construcción de un Político*）（Lima : Peisa, 1993）, pp. 259–63。

3 但他只有模糊的概念：肯尼（Charles Kenney），《藤森的政變與拉丁美洲民主的崩潰》（*Fujimori's Coup and the Breakdown of Democracy in Latin America*）（Notre Dame, IN : University of Notre Dame Press, 2004）, pp. 126–27；還有史托克斯（Susan C. Stokes），《授權與民主：拉丁美洲意外的新自由主義》（*Mandates and Democracy : Neoliberalism by Surprise in Latin America*）（New York : Cambridge University Press, 2001）, pp. 69–71。

4 藤森毫不留情：參閱羅伯茲（Kenneth Roberts），〈新自由主義與拉丁美洲的民粹轉變〉（Neoliberalism and the Transformation of Populism in Latin America），《世界政治》（*World Politics*）48, no. 1（January 1995）, pp. 82–116。

5 國會無法通過任何法案：施密特，〈總統越權或國會偏見？祕魯行政命令權威的演變〉（Presidential Usurpation or Congressional Preference? The Evolution of Executive Decree Authority in Peru），出自《行政命令權威》（*Executive Decree Authority*），凱里（John M. Carey）和舒格特（Matthew S. Shugart）編輯，（New York : Cambridge University Press, 1998）, p. 124；肯尼，《藤森的政變與拉丁美洲民主的崩潰》, pp. 131–32。

6 也沒什麼耐心：Yusuke Murakami，《中國時代的祕魯：非制度化的政治和尋求救世主的人》（*Perú en la era del Chino : La política no institucionalizada y el pueblo en busca de un salvador*）（Lima : Instituto de Estudios Peruanos, 2012）, p. 282；卡麥隆（Maxwell A. Cameron），〈藤森的霧月十八日〉（The

Eighteenth Brumaire of Alberto Fujimori），出自《祕魯迷宮：政策、社會、經濟》（*The Peruvian Labyrinth : Policy, Society, Economy*），卡麥隆和馬切利（Philip Mauceri）編輯，（University Park : Pennsylvania State University Press, 1997）, pp. 54–58；麥克林托克（Cynthia McClintock），〈一九九二年總統政治意志與祕魯憲法破裂〉（La Voluntad Política Presidencial y la Ruptura Constitucional de 1992 en el Perú），出自《權力的謎團：藤森》（*Los Enigmas del Poder : Fujimori 1990–1996*），Fernando Tuesta Soldevilla編輯，（Lima : Fundación Friedrich Ebert, 1996）。

7「邀請參議院議長」：麥克林托克，《總統的政治意志與憲法破壞》（*La Voluntad Política Presidencial y la Ruptura Constitucional*）, p. 65。

8「毫無建樹的騙子」：康納漢（Catherine Conaghan），《藤森的祕魯：公共領域的欺騙》（*Fujimori's Peru : Deception in the Public Sphere*）（Pittsburgh : University of Pittsburgh Press, 2005）, p. 30。

9「豺狼」和「惡棍」：肯尼，《藤森的政變與拉丁美洲民主的崩潰》，p. 132。

10 他開始繞過國會：施密特，〈總統越權或國會偏見？〉，pp. 118–19。

11「僵化」和「綁手綁腳」：卡麥隆，〈藤森的霧月十八日〉，p. 55。

12「我們的國家」：康納漢，《藤森的祕魯》，p. 30。

13 日本天皇：麥克林托克，《總統的政治意志與憲法破壞》，p. 65。

14「可以罷黜藤森嗎？」：肯尼，《藤森的政變與拉丁美洲民主的崩潰》，p. 146。

15「總統會宰掉國會」：卡麥隆，〈藤森的霧月十八日〉，p. 55；肯尼，《藤森的政變與拉丁美洲民主的崩潰》，pp. 56–57, 172–76, 186。

16「腐臭豬玀」和「卑劣的寡頭政客」：瓊斯（Jones），《烏戈！》（*Hugo!*），p.1。

17「敵人」和「叛徒」：霍金斯（Kirk Hawkins），《比較觀點下委內瑞拉的查維茲派與民粹》（*Venezuela's Chavismo and Populism in Comparative Perspective*）（New York : Cambridge University Press, 2010）, p. 61。

18 判決對他不利的法官是「共匪」：〈貝魯斯柯尼表示共產黨法官要搞垮他〉（Silvio Berlusconi Says Communist Judges Out to Destroy Him），路透社，二〇〇九年十月二十日。

19 稱媒體是「嚴重的政敵」：〈對媒體的攻擊讓厄瓜多無處避難〉（Assaults on Media Make Ecuador an Odd Refuge），《世紀報》（*The Age*），二〇一二年六月二十一日，http://www.theage.com.au/federal-politics/political-news/assaults-on-media-make-Ecuador-an-odd-refuge-20120620-20okw.html?deviceType=text。

20 指控記者散播「恐怖主義」：錫克（Ahmet Sik），〈被圍攻的新聞業〉（Journalism Under Siege），English Pen, 2016, https://www.englishpen.org/wp-content/uploads/2016/03/Journalism Under Siege_FINAL.pdf。

21 「反對、掣肘與挑釁」：佩吉（Joseph Page），《裴隆》（*Perón*）（New York：Random House, 1983），pp. 162–65。

22 「精神失能」：瓊斯，《烏戈！》，p. 309。

23 安插盟友到名義上獨立的各單位：János Kornai，〈匈牙利的急轉彎：遠離民主〉（Hungary's U-Turn：Retreating from Democracy），《民主期刊》（*Journal of Democracy*）26, no. 43（July 2015），p. 35。

24 盜錄數百個反對黨政治人物：卡麥隆，〈內生的政權崩潰：弗拉迪視頻與祕魯藤森的倒臺〉（Endogenous Regime Breakdown：The Vladivideo and the Fall of Peru's Fujimori），出自《藤森遺產：祕魯民選專制主義的興起》（*The Fujimori Legacy：The Rise of Electoral Authoritarianism in Peru*），Julio F. Carrión編輯（University Park：Pennsylvania State University Press, 2006）。

25 按月送錢：康納漢，《藤森的祕魯》，p. 167；卡麥隆，〈內生的政權崩潰〉，p. 180。

26 說他是法西斯分子：佩吉，《裴隆》，p. 165。

27 以瀆職為由：希爾姆克（Gretchen Helmke），《束縛下的法院：阿根廷的法官、將軍與總統》（*Courts Under Constraints：Judges, Generals, and Presidents in Argentina*）（New York：Cambridge University

Press, 2005），p. 64。

28 裴隆隨即指派四個親信：佩吉，《裴隆》，p. 165；希爾姆克，《束縛下的法院》，p. 64。

29 企圖迴避憲法任期限制「違憲」：康納漢，《藤森的祕魯》，pp. 126–31。

30 青民盟親信：布加里克（Bojan Bugaric）和金斯柏格（Tom Ginsburg），〈對後共產時代法院的攻擊〉（The Assault on Postcommunist Courts），《民主期刊》27, no. 3（July 2016），p. 73。

31 以可能違憲的手段：同前，pp. 73–74。

32 法庭的否決權：福米納（Joanna Fomina）和庫查奇克（Jacek Kucharczyk），〈波蘭的民粹與抗爭〉（Populism and Protest in Poland），《民主期刊》27, no. 4（October 2016），pp. 62–63。法院宣布二〇一六年初的修憲不合法，但是政府無視判決，法律與正義黨領袖卡辛斯基宣稱他的黨不會「允許波蘭出現無政府狀態，即使是法院造成的。」（布加里克和金斯伯格，〈對後共產時代法院的攻擊〉，p. 74。）

33 擔心自己的存亡：布魯爾－卡里亞斯（Allan R. Brewer–Carías），《委內瑞拉的拆解民主：查維茲的威權實驗》（*Dismantling Democracy in Venezuela : The Chávez Authoritarian Experiment*）（New York : Cambridge University Press, 2010）, pp. 58–59；瓊斯，《烏戈！》，pp. 241–42。

34「它已經死了」：瓊斯，《烏戈！》，p. 242。

35 兩個月後：布魯爾－卡里亞斯，《委內瑞拉的拆解民主》，p. 59。

36「革命派」親信：柯拉萊斯（Javier Corrales）和潘福（Michael Penfold），《熱帶惡龍：查維茲與委內瑞拉革命的政治經濟》（*Dragon in the Tropics : Hugo Chavez and the Political Economy of Revolution in Venezuela*）（Washington, DC : The Brookings Institution, 2011）, p. 27；還有布魯爾－卡里亞斯，《委內瑞拉的拆解民主》，pp. 236–38。

37 最高法院沒有任何判決違逆：〈查維茲主義在委內瑞拉至尊中永遠不會失敗〉（El chavismo nunca pierde en el Supremo Venezolano），《國家報》（*El Pais*），二〇一四年十二月十二日，http://internacional.elpais.com/internacional/2014/12/12/actualidad/1418373177_159073.html；還有柯拉萊斯，〈委內瑞拉的專制法

條主義〉（Autocratic Legalism in Venezuela），《民主期刊》26, no. 2（April 2011），p. 44。

38 規畫晚間新聞：康納漢，《藤森的祕魯》，pp. 154–62。

39 「我們規畫晚間新聞」：同前。

40 為了「私人理由」留在家裡：同前，p.137。

41 他毫無勝算：希爾姆克，《束縛下的法院》，p.64。

42 以肛交罪名：斯萊特（Dan Slater），〈鐵拳中的鐵籠：馬來西亞的威權機制與權力私人化〉（Iron Cage in an Iron Fist：Authoritarian Institutions and the Personalization of Power in Malaysia），《比較政治學》36, no. 1（October 2003）, pp. 94–95。安華定罪在二〇〇四年，馬哈迪下台一年後被推翻。

43 那是「潛在的」：柯拉萊斯，〈委內瑞拉的專制法條主義〉，pp. 44–45；〈委內瑞拉反對黨領袖羅培茲因抗爭被判入獄〉（Venezuelan Opposition Leader Leopoldo López Sentenced to Prison Over Protest），《紐約時報》，二〇一五年九月十日。

44 對媒體的寒蟬效應：〈記者保護委員會警告：環球報判決為美洲新聞自由立下惡例〉（El Universo Verdict Bad Precedent for Free Press in Americas, Committee to Protect Reporters Alert），二〇一二年二月十六日，https://cpj.org/2012/02/el-universo-sentence-a-dark-p recedent-for-free-pre.php。

45 被支持政府的商人收購：恰普塔伊（Soner Cagaptay），《新史達林：艾多根與現代土耳其的危機》（*The New Sultan：Erdogan and the Crisis of Modern Turkey*）（London：I. B. Tauris, 2017）, p.124；還有康奈爾（Svante E. Cornell），〈公羊屈服，土耳其媒體自由重挫〉（As Dogan Yields, Turkish Media Freedom Plummets），《土耳其分析師》（*Turkey Analyst*），二〇一〇年一月十八日，https://www.turkeyanalyst.org/publications/turkey-analyst-articles/item/196-as-dogan-yields-turkish-media-freedom-plummets.html。

46 「芒刺在背」：高曼（Marshall Goldman），《石油國家：普丁、權力與新俄羅斯》（*PetroState：Putin, Power, and the New Russia*）（Oxford：Oxford University Press, 2008）, p.102。

47 「直接出自黑道爛片」：貝克（Peter Baker）和葛拉瑟（Susan Glasser），《克里姆林崛起：普丁的俄羅斯與革命的終結》（*Kremlin Rising : Vladimir Putin's Russia and the End of the Revolution*）修訂版，（Dulles, VA : Potomac Books, 2007）, p. 83。

48 他接受了交易：同前，p. 482。

49 在龐大財務壓力下：〈Venden TV Venezolana Globovisión y Anuncian Nueva Línea Editorial de 'Centro'〉，《新先驅報》（*El Nuevo Herald*），二〇一三年五月十三日，http://www.elnuevoherald.com/noticias/mundo/america-latina/Venezuela-es/article2023054.html。

50 曾被認定支持反對黨：〈媒體大亨學習忍受查維茲〉（Media Mogul Learns to Live with Chavez），《紐約時報》，二〇〇七年七月五日。

51 條件是他們別插手政治：貝克和葛拉瑟，《克里姆林崛起》，pp. 86–87；高曼，《石油國家》，p.102。

52 普丁逮捕霍多爾科夫斯基：高曼，《石油國家》，pp. 103, 106, 113–16。還有貝克和葛拉瑟，《克里姆林崛起》，pp. 286–92。

53 缺乏資源：李維茲基和盧肯．魏，《競爭式威權主義》，p 198。

54 崛起成為勁敵：〈我們的對手烏贊〉（Rakibimiz Uzan），《沙巴》（*Sabah*），二〇〇三年六月四日，http://arsiv.sabah.com.tr/2003/06/04/p01.html。

55 稅務官稽查了幾家公羊的公司：康奈爾，〈艾多根對公羊控股：土耳其的新獵巫〉（Erdogan Versus KoÇ Holding : Turkey's New Witch Hunt），《土耳其分析師》，二〇一三年十月九日，http://www.turkeyanalyst.org/publications/turkey-analyst-articles/item/64-erdogan-vs-ko。

56「家禽與兔子檢查員」：威爾森（Edwin Williamson），《波赫士傳》（*Borges : A Life*）（New York : Penguin, 2004）, pp. 292–95。

57 系統收到政府增加挹注：杜達美（Gustavo Dudamel），〈我為何不談委內瑞拉政治〉（Why I Don't Talk Venezuelan Politics），《洛杉磯時報》，二〇一五年九月二十九日。

58 陷入獨裁體制：杜達美，〈委內瑞拉的好出路〉（A Better Way for Venezuela），《紐約時報》，二〇一七年七月十九日。

59 他付出了代價：〈杜達美批評後遭委內瑞拉取消巡演〉（Venezuela Cancels Gustavo Dudamel Tour After His Criticisms），《紐約時報》，二〇一七年八月二十一日。

60 國會選區劃分不公：克魯希（Harold Crouch），《馬來西亞的政府與社會》（*Government and Society in Malaysia*）（Ithaca, NY：Cornell University Press, 1996）, pp. 58–59, 74。

61 減少國會席次：凱斯（William Case），〈老牌假民主國家的新變數：馬來西亞〉（New Uncertainties for an Old Pseudo-Democracy：The Case of Malaysia），《比較政治學》37, no. 1（October 2004），p. 101。

62 禁止競選廣告：Kim Lane Scheppele，〈了解匈牙利的憲法革命〉（Understanding Hungary's Constitutional Revolution），出自《歐洲憲政區域的憲法危機》（*Constitutional Crisis in the European Constitutional Area*），Armin von Bogdandy、Pal Sonnevend編輯，（London：Hart/Beck, 2015）, pp. 120–21；還有托卡（Gabor Toka），〈匈牙利的憲政原則與民選民主〉（Constitutional Principles and Electoral Democracy in Hungary），出自《僵固民主國家的憲法建構》（*Constitution Building in Consolidated Democracies：A New Beginning or Decay of a Political System?*），Ellen Bos、Kálmán Pocza編輯，（Baden-Baden：Nomos-Verlag, 2014）。

63 保有三分之二多數：穆德（Cas Mudde），〈二〇一四年匈牙利國會大選，或如何打造合憲多數〉（The 2014 Hungarian Parliamentary Elections, or How to Craft a Constitutional Majority），《華盛頓郵報》，二〇一四年四月十四日。

64 出現一黨專制政權：參閱凱伊（V. O. Key Jr.），《州與國家的南方政治》（*Southern Politics in State and Nation*）（Knoxville：University of Tennessee Press, 1984）；以及米奇（Robert Mickey），《走出邦聯之路：美國南方專制飛地的民主化》（*Paths out of Dixie：The Democratization of Authoritarian Enclaves in America's Deep South, 1944–1972*）（Princeton, NJ：Princeton University Press, 2015）。

65 非裔美國人突然構成選民人口多數：凱伊，《州與國家的南方政治》，p. 537；瓦拉利（Richard Vallely），

《兩次重建：為了黑人投票權的奮鬥》（*The Two Reconstructions : The Struggle for Black Enfranchisement*）（Chicago : University of Chicago Press, 2004）, p. 122。

66 聯邦軍隊監督：米奇，《走出邦聯之路》，p. 38。

67 在許多南方州：瓦拉利，《兩次重建》，pp. 24, 33；米奇，《走出邦聯之路》，p. 38。

68 估計黑人投票率是至少六十五%：庫瑟（J. Morgan Kousser），《南方政治的形成：投票權限制與建立一黨獨大的南方》（*The Shaping of Southern Politics : Suffrage Restriction and the Establishment of the One-Party South, 1880–1910*）（New Haven, CT : Yale University Press, 1974）, pp. 15, 28–29。

69 超過四十%：米奇，《走出邦聯之路》，pp. 38, 73；瓦拉利，《兩次重建》，pp. 3, 78–79。

70 對曾經獨霸的民主黨：瓦拉利，《兩次重建》，p. 77；還有庫瑟，《南方政治的形成》，p. 31。

71 民主黨失去了優勢：庫瑟，《南方政治的形成》，pp. 26–27, 41。

72「黑人帶的白人地位」：凱伊，《州與國家的南方政治》，p. 8。

73「黑鬼永遠不會被聽見」：引述自庫瑟，《南方政治的形成》，p. 209。土姆斯說過他願意「面對三十年戰爭以去除南方的黑人投票權」。引述自福納（Eric Foner），《重建：美國未完的革命》（*Reconstruction : America's Unfinished Revolution*）（New York : HarperCollins, 1988）, pp. 590–91。

74 廢除黑人投票權：凱伊，《州與國家的南方政治》，pp. 535–39；庫瑟，《南方政治的形成》；瓦拉利，《兩次重建》，pp. 121–48。德拉瓦和奧克拉荷馬這兩個非南部邦聯州也廢除了黑人投票權（瓦拉利，《兩次重建》，pp.122–23）。

75 為了符合憲法條文：米奇，《走出邦聯之路》，pp. 42–43；庫瑟，《南方政治的形成》。

76「最高目標」：凱瑟（Alexander Keyssar），《投票權：美國民主的爭議歷史》（*The Right to Vote : The Contested History of Democracy in the United States*）（New York : Basic Books, 2000）, p. 89。

77「合法又公正的法律」：庫瑟，《南方政治的形成》，p. 190。

78「八箱法」：米奇，《走出邦聯之路》，pp. 72–73。

79 一八八八年，理查遜州長宣布：庫瑟，《南方政治的形成》，p. 145。

80 掉到僅十一%：庫瑟，《南方政治的形成》，p. 92。

81「摧毀了共和黨」：米奇，《走出邦聯之路》，p. 73。共和黨直到一九七四年才贏得南卡州長職位。

82「共和黨橫掃千軍」：庫瑟，《南方政治的形成》，pp. 103, 113。這一段摘自庫瑟，《南方政治的形成》，pp. 104–121。

83「以迴避困難」：庫瑟，《南方政治的形成》，pp. 131–32。

84「咱們趕快簽署法案吧」：八年後，憲法大會增設了投票稅，文盲測試和財產門檻。參閱庫瑟，《南方政治的形成》，p. 137。

85「幾乎全是白人」：庫瑟，《南方政治的形成》，p. 224。

86 南方的黑人投票率：塔克（Stephen Tuck），〈重建後黑人投票權的逆轉〉（The Reversal of Black Voting Rights After Reconstruction），出自《美國民主化：比較歷史分析》（*Democratization in America：A Comparative-Historical Analysis*），Desmond King、Robert C. Lieberman、Gretchen Ritter、Laurence Whitehead編輯（Baltimore：Johns Hopkins University Press, 2009），p. 140。

87「整個南方」：福納，《重建》，p. 582。

88 緊急狀態以延長任期：倫佩爾（William C. Rempel），《獨裁者的妄想：馬可仕祕密日記透露的心思》（*Delusions of a Dictator：The Mind of Marcos as Revealed in His Secret Diaries*），（Boston：Little, Brown and Company, 1993），pp. 32、101–3。

89 叛亂之類的危險：馬可仕完整演講影片，一九七二年九月二十三日，ABS-CBN News, https://www.youtube.com/watch?v=bDCHIIXEXes。

90「鞏固領導中心」：參閱穆勒（John Mueller），《戰爭、總統和輿論》（*War, Presidents, and Public Opinion*）（New York：Wiley, 1973）。對美國的鞏固領導中心效應較近期的實證研究包括歐尼爾（John R. Oneal）和布萊恩（Anna Lillian Bryan），〈美國外交政策危機中的「團結在國旗周圍效應」〉（The Rally 'Round the Flag Effect in U.S. Foreign Policy Crises, 1950–1985），《政治行為學》（*Political Behavior*）17, no. 4（1995）, pp. 379–401；包姆（Matthew A. Baum），〈「團結在國旗周圍」現象的憲法基礎〉（The Constituent Foundations of the Rally-Round-the-Flag Phenomenon），《國際研究季刊》（*International Studies Quarterly*）46（2002）, pp. 263–98；還有查塔尼耶（J. Tyson Chatagnier），〈以「團結在國旗周圍」的信任政府效應〉（The Effect of Trust in Government on Rallies 'Round the Flag），《和平研究期刊》（*Journal of Peace Research*）49, no. 5（2012）, pp. 631–45。

91 蓋洛普民調史上最高數字：穆爾（David W. Moore），〈布希達到蓋洛普史上最高支持率〉（Bush Approval Rating Highest in Gallup History），蓋洛普新聞服務公司（Gallup News Service），二〇〇一年九月二十一日。參閱 http://www.gallup.com/poll/4924/bush-job-approval-highest-gallup-history.aspx

92 他們擔憂自身安全：哈蒂（Leonie Huddy）、海特（Nadia Khatib）和卡佩洛思（Theresa Capelos），〈投票——趨勢，對二〇〇一年九一一恐怖攻擊的反應〉（The Polls—Trends, Reactions to the Terrorist Attacks of September 11, 2001），《輿論季刊》（*Public Opinion Quarterly*）66（2002）, pp. 418–50；戴維斯（Darren W. Davis）和希爾弗（Brian D. Silver），〈公民自由對安全：美國恐攻情境中的輿論〉（Civil Liberties vs. Security：Public Opinion in the Context of the Terrorist Attacks on America），《美國政治學期刊》（*American Journal of Political Science*）48, no. 1（2004）, pp. 28–46；哈蒂、費爾德曼（Stanley Feldman）和韋伯（Christopher Weber），〈認知威脅與不安全感的政治後果〉（The Political Consequences of Perceived Threat and Felt Insecurity），《美國政治與社會科學院年鑑》（*The Annals of the American Academy of Political and Social Science*）614（2007）, pp. 131–53；還有貝林斯基（Adam J. Berinsky），《戰爭時期：了解美國從二戰到伊拉克的輿論》（*In Time of War：Understanding American Public Opinion from World War II to Iraq*）（Chicago：University of Chicago Press, 2009），第七章。

93 九一一事件後：穆爾，〈布希達到蓋洛普史上最高支持率〉。

94 有必要放棄部分公民自由：〈線上犯罪司法百科〉（Sourcebook of Criminal Justice Online）。參閱 http://

www.albany.edu/sourcebook/ind/TERRORISM.Public_opinion.Civil_liberties.2.html。

95 珍珠港事變後：〈蓋洛普檔案：二戰時期對拘禁日裔的支持〉（Gallup Vault：World War II-Era Support for Japanese Internment），二〇一六年八月三十一日，http://www.gallup.com/vault/195257/gallup-vault-wwii-era-support-japanese -internment.aspx。

96 大多數憲法允許：關於拉丁美洲憲法的「例外狀態」，請參閱洛夫曼（Brian Loveman），《暴政的憲法：拉丁美洲的例外政權》（*The Constitution of Tyranny：Regimes of Exception in Spanish America*）（Pittsburgh：University of Pittsburgh Press, 1994）。關於美國憲法，參閱哈克和金斯柏格，〈憲政民主如何丟失〉，pp. 29–31。

97 政變之後：卡里翁（Julio F. Carrion），〈藤森時代祕魯的輿論、市場改革與民主〉（Public Opinion, Market Reforms, and Democracy in Fujimori's Peru），出自《藤森遺產》，Julio F. Carrion編輯，（University Park：Pennsylvania State University Press, 2005），p. 129。

98「共產黨威脅」：西格拉夫（Sterling Seagrave），《馬可仕王朝》（*The Marcos Dynasty*）（New York：Harper and Row, 1988），pp. 243–44；倫佩爾，《獨裁者的妄想》，pp. 52–55。一九七〇年二月，馬可仕在日記寫道，「我很難過被趕到反共的庇護下」（倫佩爾，《獨裁者的妄想》，p. 53。

99 幾十個叛軍：倫佩爾，《獨裁者的妄想》，pp. 61, 122, 172–73。

100 挑豈民眾歇斯底里：西格拉夫，《馬可仕王朝》，p. 244。

101 馬可仕想要宣布戒嚴：倫佩爾，《獨裁者的妄想》，pp. 105–7。

102 政府幹的：〈菲律賓：馬可仕豪賭實施戒嚴〉（Philippines：Marcos Gambles on Martial Law），美國國務院解密情報筆記，情報研究局，一九七二年十月六日。以及西格拉夫，《馬可仕王朝》，p. 242。

103「遠得很」：卡爾諾（Stanley Karnow），《依我們的形象：菲律賓的美式帝國》（*In Our Image：America's Empire in the Philippines*）（New York：Ballantine Books, 1989），p. 359。以及西格拉夫，《馬可仕王朝》，p. 262。

104 是否有荷蘭年輕人放火：參閱艾文斯（Richard Evans）的歷史編纂學紀錄〈陰謀者〉（The Conspiracists），《倫敦書評》（*London Review of Books*）36, no. 9（2014）, pp. 3–9。

105 政府自己的情報機構：參閱約翰・鄧路普（John B. Dunlop），《莫斯科爆炸案：檢視普丁統治下的俄羅斯恐攻事件》（*The Moscow Bombings : Examinations of Russian Terrorist Attacks at the Onset of Vladimir Putin's Rule*）（London : Ibidem, 2014）。以及貝克和葛拉瑟，《克里姆林崛起》，p. 55。

106 支持度隨著爆炸案大幅提升：貝克和葛拉瑟，《克里姆林崛起》，p. 55。

107 俄國民眾集會：薩克瓦（Richard Sakwa），《普丁：俄羅斯的選擇》（*Putin : Russia's Choice*）（New York : Routledge, 2007）第二版，pp. 20–22；蓋森（Masha Gessen），《無臉人：普丁的意外崛起》（*Man Without a Face : The Unlikely Rise of Vladimir Putin*），（London : Penguin, 2012）, pp. 23–42；鄧路普，〈莫斯科爆炸案〉。

108 一連串伊斯蘭國（ISIS）恐怖攻擊：恰普塔伊，《新蘇丹》（*The New Sultan*），pp. 181–82。

109 甚至有兩位憲法法庭成員：「土耳其二〇一六年大事記」（Turkey : Events of 2016），二〇一七年人權觀察世界報告（Human Rights Watch World Report 2017），https://www.hrw. org/world-report/2017/country-chapters/ turkey。還有〈土耳其政變失敗：鎮壓總數超過五萬人〉（Turkey Coup Attempt : Crackdown Toll Passes 50000），BBC.com，二〇一六年七月二十日。

110 集權的終點：改革給了總統解散國會、片面任命憲法法庭五分之四法官的權力。參閱the Turkish Bar Association對修憲的評估，詳見http://anayasadegisikligi.barobirlik.org.tr/Anayasa_ Degisikligi.aspx。

Chapter 5

The Guardrails of Democracy

民主的護欄

世世代代以來，美國人對憲法一直有強烈的信心，以此為核心認為美國是天選的國家，有神意指引，是全世界希望與機會的燈塔。[1]雖然這個世界觀可能褪色了，對憲法的信賴度仍然很高。一九九九年的民調發現八十五%美國人相信憲法是「美國在近一百年來成功」的主要理由。[2]確實，我們的憲法制衡體制是設計來防止領袖集權濫權的，在美國史上多數時候，真的有效。林肯總統在內戰期間的擴權在戰後被最高法院逆轉了。尼克森總統的非法竊聽在一九七二年水門案之後被揭發，引發了國會大舉調查與兩黨施壓設置特別檢察官，最後在確定面臨彈劾時迫使他辭職。在這類例子裡，我們的政治機制扮演了對抗專制傾向的重要堡壘。

但是憲法的護欄本身足以確保民主嗎？我們認為答案是否定的。即使設計良好的憲法有時也會失靈。德國的一九一九年威瑪憲法是國內最偉大的法學家設計的。它長期備受推崇的Rechtsstaat（「法治」）是公認足以防止政府濫權的。但在一九三三年面對阿道夫・希特勒奪權，[3]憲法和法治都迅速崩潰了。

或者想想後殖民拉丁美洲的經驗。該區域許多新獨立的共和國直接以美國當模範，採用美式總統制、兩院制國會、最高法院，有的還採用選舉人團跟聯邦制。有的國家寫出的憲法幾乎照抄美國版。[4]但是區域內幾乎每個新生共和國都陷入內戰與獨裁體制。例如，阿根廷一八五三年制定的憲法[5]很像美國的：三分之二的本文[6]直接照抄美國憲法。但這些憲政安排沒什麼能力防止十九世紀末的選舉舞弊、一九三〇與四三年的軍事政變，以及裴隆的民粹專制。

同樣地，菲律賓一九三五年的憲法向來被形容為「忠實拷貝美國憲法」。在美國殖民監督下起草，經過美國國會批准，這份憲章「提供了自由派民主制的典型範例」，[7]權力分立、權利法案、總統限任兩屆。但是費迪南・馬可仕總統不願意在任滿後下台，一九七二年宣布戒嚴後相當輕易地過關。

如果憲政規則足夠，那麼裴隆、馬可仕或巴西的瓦加斯這種人——都在字面上包含大量制衡機制的美式憲法下就職——就會是一或兩任總統而非惡名昭彰的專制者。

即使設計良好的憲法也無法靠自己保障民主。舉例，憲法永遠不周延。就像任何規則，總有無數漏洞和模糊處。無論多詳細，沒有操作手冊能預料到所有可能的意外狀況或診斷在所有情境下該怎麼做。

憲政規則也總是要靠各方面的解釋。說到美國參議院任命最高法院法官的角色，具體來說，「建議與同意」是什麼意思？「犯罪與行為不檢」一詞建立的彈劾門檻是什麼？美國人辯論這些憲政問題幾百年了。如果憲法權力有多種解讀方式，就可能被用在創造者沒料到的方式。

最後，憲法的條文可以用侵蝕立法精神的方式在表面上遵守。勞工抗議最具破壞性的形式之一就是「照規則工作」活動，工人們只做契約或職務說明上要求他們做的事，絲毫不多。換言之，他們嚴格遵守書面的規則。幾乎毫無例外，職場會立刻癱瘓。

因為所有法律系統先天必然有漏洞和模糊，我們不能只依賴憲法來捍衛民主反抗企圖專制者。「上帝從未賦與[8]任何政治家、哲學家或任何人足夠的智慧，」美國前總統哈里遜寫道，「去坑騙一個人人都可以被取代的政府體制。」

那也包括我們自己的政治體制。美國憲法在大多數時候，是份高明的文件。但是原版的憲法——只有四頁——可以用很多不同甚至矛盾的方式[9]來解釋。例如，我們沒什麼憲法機制防止[10]在名義上獨立的機構（例如聯邦調查局）安插效忠自己的人馬。據憲法學者阿濟茲．哈克（Aziz Huq）和湯姆．金斯柏格（Tom Ginsburg）說，防止歷代美國總統搞定裁判讓他們對付政敵的只有「薄弱的傳統」。[11]同樣地，憲法對總統有權透過公告或行政命令採取片面行動沒有規定，也沒有定義危機時期行政權的界線。[12]所以，哈克與金斯柏格最近示警說「（美國）民主的憲法與法律護欄……在真正的反民主領袖[13]面前，終將被證明相當容易操弄。」

如果一七八七年在費城制定的憲法不是確保美國民主這麼久的東西，那又是什麼呢？許多因素都很重要，包括美國的龐大財富、廣大的中產階級，還有活躍的公民社會。但我們認為答案也大多在於強力民主規範的發展。所有成功的民主國家都仰賴不成文規則，[14]雖然憲法或任何法律沒寫，但眾所周知又被尊重。在美國民主制度中，這一直很重要。

如同社會的各個層面，從家庭生活到企業與大學的運作，不成文規則[15]對政治也有很大影響。要了解它如何運作，請想想鬥牛籃球賽的例子。街頭籃球不受NBA、NCAA或任何聯盟制定的規則管轄。也沒有裁判負責執法。只有對什麼事可以接受什麼不可以的共同理解，能防止這類比賽陷入大亂鬥。鬥牛籃球半場賽的不成文規則對有打球的人都耳熟能詳。以下是一些基礎：

- 得分是一分一分算，而非正規籃球賽的兩分，勝隊必須贏兩分。
- 進球的隊負責控球（「進籃者拿球」）。得分的隊把球帶到罰球區頂端，為了確保防守隊準備好了，把球傳給最接近的對手球員「檢查」。
- 持球開始的球員不能直接投籃；必須把球傳出去。
- 球員自己抓犯規但是有限制；只有嚴重犯規才算數（「沒見血，不算犯規」）。但是有人叫犯規時，必須尊重其意見。

當然，民主不是街頭籃球。民主國家確實有明文規則（憲法）和裁判（法院）。但在明文憲法有自己的不成文遊戲規則[16]強化的國家，才能運作得最好，維持得最久。這些規則或規範扮演民主的緩衝護欄，防止日常的政治競爭惡化成毫無保留的衝突。

規範不只是個人特質。它不是單純仰賴政治領袖的善良品德，而是在特定社群或社會裡成為常識的共同行為守則——被成員們接受、尊重與奉行。因為沒有明文規定，通常難以看見，尤其運作良好的時候。我們可能誤以為那是不必要的。但是這麼想就錯得離譜了。就像氧氣與乾淨水，規範的重要性在缺乏時最感受得到。規範夠強時，違規會讓人表示不以為然，從搖頭嘲弄到公開批評與直接排斥。違反規範的政客可想而知要付出代價。

不成文規則在美國政壇到處都是，[17]從參議院與選舉人團的運作到總統記者會的規格。但特別有兩項是民主制度運作的基礎：互相容忍與制度性自制。

互相容忍是指只要我們的對手照憲法規則走，我們接受他們有存在、競逐權力與統治的平等權利的概念。我們或許不同意，甚至很討厭對手，但我們還是承認他們的正當性。這表示承認我們的政治對手是正派、愛國、守法的公民——像我們一樣熱愛國家也尊重憲法。這表示即使我們認為對手的觀念很愚蠢或頑固，並不把他們看成存在的威脅。我們也不把他們當成叛賊、亂黨或無法接受。對手獲勝時我們可能在開票夜掉淚，但我們不認為這種事就是世界末日。換個說法，互相容忍是政治人物承認歧異的集體意願。

這聽起來或許只是常識，[18]政治對手不是敵人的觀念是個傑出又深奧的發明。整個歷史上，反對當權者一向被視為叛國，事實上，正當反對黨的概念在美國成立時仍幾乎是異端邪說。美國早期黨派爭戰的雙方——約翰．亞當斯的聯邦黨和湯瑪斯．傑佛遜的共和黨，互相把對方看成共和制的威脅。聯邦黨自認是憲法的化身；在他們看來，反對聯邦黨就是反對整個美國的計畫。所以傑佛遜和麥迪遜籌組後來的共和黨時，聯邦黨把他們當叛徒，[19]甚至懷疑他們窩藏差點跟美國開戰的法國革命軍親信。至於傑佛遜的信徒，則指控聯邦黨是托利黨，受英國支持陰謀恢復君主制。[20]兩邊都希望打敗對方，[21]採取步驟（例如一七九八年的客籍法和懲治叛亂法案）以合法懲罰區區的政治異議。黨派衝突激烈到很多人害怕新共和會崩潰。在幾十年的過程中，敵對的美國兩黨才逐漸辛苦地認知他們可以當對手而非敵人，輪流執政而非互相毀滅。[22]這個認知是美國民主的重要基礎。

但互相容忍不是所有民主國家與生俱來的。例如西班牙在一九三一年進行第一次真正的民主轉變時，期望很高。由曼紐埃・阿薩尼亞（Manuel Azaña）總理領導的左傾共和黨新政府[23]決定實施議會民主。但是政府跟兩極化的社會有所衝突，民間從左派的無政府主義者與馬克思主義者到右派的君主擁護者和法西斯主義者都有。敵對陣營不是互相視為黨派對手而是死敵。一方面，右翼天主教徒與君主擁護者驚恐地看著他們最重視的社會機構——教會、軍隊和君主——被剝奪特權，不接受新共和國的正當性。依某位歷史家的說法，他們自認是在對抗「布爾什維克化的外國勢力」。[24]鄉下的騷亂和針對教堂、修院等天主教機構的幾百次縱火行為讓保守派感覺四面楚歌，陷入陰謀論的怒火。宗教權威人士陰沉地警告，「我們現在被捲入漩渦[25]……我們必須準備好面對任何事。」

另一方面，許多社會主義者和左派共和黨人認為右派，例如天主教右翼自治組織聯合會（CEDA）的領袖吉爾羅伯斯（José María Gil-Robles），就是君主擁護者或法西斯反革命分子。[26]頂多，許多左派把組織良好的CEDA看成只是陰謀以暴力推翻共和的超保守君主擁護者的幌子。雖然CEDA顯然願意以選舉競爭參與民主賽局，[27]領導階層卻拒絕無條件效忠新政權。所以他們仍受到極度懷疑。簡單說，左派共和黨和右派天主教徒、君主擁護者都不完全接受對方是正當的對手。

互相容忍的規範薄弱時，民主很難維持。如果我們把對手看成危險的威脅，他們當選我們會很恐懼。我們可能決定不擇手段打敗他們——潛藏著專制手段正當化的危險。被貼上罪犯或叛徒標籤的政治人物可能入獄；被認定對國家構成威脅的政府可能被推翻。

因為缺乏互相容忍的強力規範，西班牙共和迅速崩潰。新共和在右翼的CEDA贏得一九三三年選舉成為國會最大黨之後陷入危機。執政的中間偏左共和黨大聯盟崩潰，被排除社會主義者的少數中間派政府取代。因為許多社會主義者和左派共和黨人認為最初的（一九三一到三三年）中間偏左政府是共和國的化身，企圖撤銷或改變政策被他們視為從基本上對共和國「不忠」。[28]包含一批法西斯傾向年輕黨員的CEDA翌年加入

政府之後，許多共和黨人把它當作深刻的威脅。[29]左派共和黨宣稱

> 把共和國的政府交給敵人的可怕事實就是叛國。〔我們〕與政權的現有機構不再合作，[30]重申〔我們的〕決定以所有手段捍衛共和國。

面對他們視為向法西斯主義沉淪，左派和無政府主義者在加泰隆尼亞和阿斯圖里亞斯叛亂，呼籲大罷工並組成平行政府。右派政府殘酷地鎮壓反抗行動。[31]然後試圖把整個共和黨反對陣營和叛亂掛勾，[32]甚至囚禁（沒有參與暴動的）前總理阿薩尼亞。國家逐漸陷入暴力衝突，街頭鬥毆、放炸彈、燒教堂、政治暗殺與政變陰謀取代了政治競爭。到了一九三六年，西班牙的新生民主轉變為內戰。

我們研究過的幾乎每個民主崩潰案例，企圖專制者——從歐洲兩場大戰之間的佛朗哥、希特勒、墨索里尼到冷戰時代的馬可仕、卡斯楚、皮諾契特到最近的普丁、查維茲和艾多根——都把對手貼上存亡威脅的標籤來合理化他們的集權。

民主存續的第二個重要規範就是我們所謂的制度性自制（institutional forbearance）。[33]自制

意味著「耐心的自我控制；[34]克制與容忍」，或是「保留不行使合法權利的行為」。方便我們解說，制度性自制可以想成避免雖然符合法律條文卻明顯違反其精神的行為。自制規範強大時，即使這麼做嚴格來說是合法的，政治人物不會用盡他們的制度特權，[35]因為這種行為可能危害現有制度。

制度性自制的來源是比民主本身更古老的傳統。在君權神授[36]的時代——宗教的認可提供君主權威的基礎——沒有世俗法律能夠限制國王的權力。但是歐洲許多民主時代之前的君主仍然表現克制。畢竟為了顯得「神聖」，[37]需要智慧與自制。當理查二世之類的人物，在莎翁出名的歷史劇被描繪為暴君，為了徵稅與掠奪濫用他的王室特權，他沒有違法；只是違反了習俗。但是這種違反有嚴重後果，因為引發了血腥的內戰。如同莎翁角色卡萊爾在劇中警告同胞，放棄自制意味著「英國人的鮮血將會灌溉土地……而未來世代為此惡行呻吟苦惱。」[38]

如同神聖權利的君主國家需要克制，民主國家也是。不妨把民主想成我們想要永遠玩下去的遊戲。為了確保遊戲的未來回合，玩家必須克制不能淘汰敵隊或把敵隊抹黑到他們拒絕明天再玩的程度。如果對手不玩了，未來就沒有遊戲了。這表示雖然個人玩遊戲就是想贏，但也要有某個程度的克制。在鬥牛籃球賽中，我們玩得很猛，但是知道犯規不能太過份——而且只抓嚴重的犯規。畢竟，你來到球場是打球，不是來打架的。政治上，這通常表示基於文明和公平競爭，不出爛招或狠招。

民主國家的制度性自制應該是怎樣？想想英國的政府組成。如同憲法學者兼作家基斯·惠廷頓（Keith Whittington）提醒我們，挑選英國首相是「王室特權事務」。[39] 理論上，國王可以挑選任何人來扮演這個角色籌組政府。」實務上，首相是能夠在下議院贏得多數支持的國會議員——通常是國會最大黨的黨魁。現在我們把這制度視為理所當然，但國王有好幾百年自願遵守。至今還是沒有成文憲法。

或以總統任期限制為例。美國的大半個歷史上，兩任限制不是法律而是自制規範。[40] 一九五一年通過第二十二修正案之前，憲法並沒有規定總統做兩任之後要下台。但是一七九七年喬治·華盛頓做滿兩任之後退休設定了強力的先例。如同第一位遵守此規範的在位總統湯瑪斯·傑佛遜觀察道，

如果〔總統〕的職務終結沒靠憲法指定，或有實務支持，他名義上四年的任期實際上會變成終身……萬一有人成為第一個延長任期超過兩任者，我不得不[41]成為無視傑佛出前任者設下的明確先例那個人*。

＊譯註：亞當斯只做一任就下台，傑佛遜做滿兩任才下台，成為第一個遵守華盛頓先例的總統。

就這樣建立的非正式兩任限制後來證明非常有效。連傑佛遜、安德魯・傑克遜和格蘭特等有野心又受歡迎的總統也克制不去打破。格蘭特的友人鼓勵他尋求第三任時，引發了眾怒，眾議院通過了一項決議宣稱：

華盛頓與其他總統建立的先例……在第二任之後……卸任已成為……我們共和體制的一部分……任何偏離這項經過時間考驗的習俗[42]實乃極不明智，不愛國，也隱藏著對我們自由制度的危害。

同樣地，一八九二年民主黨也拒絕提名克里夫蘭（Grover Cleveland）競選不連續的第三任，警告這樣的候選人會違反「不成文法」。[43]只有小羅斯福在一九四〇年連任[44]明顯違反了這個規範——這才引發後來通過憲法第二十二修正案。

自制的規範在總統制民主國家尤其重要。[45]如同林茲主張，分裂的政府很容易形成僵局、[46]失能與憲政危機。不受約束的總統可能控制最高法院或以行政命令施政繞過國會。而不受約束的國會可能阻擋總統的每一步，杯葛政府預算威脅把國家打入混亂，或憑可疑的根據彈劾總統。

自制的相反就是以不受約束的方式用盡制度性特權。法學家馬克・圖施奈（Mark Tushnet）稱之為「合憲狠招」：照規則走但是逼到極限而且「志在必得」。[47]這是以永久性打趴黨派對手為目標的某種制度戰爭——不在乎民主遊戲能否持續。

阿根廷歷任總統一向是合憲狠招的高手。一九四〇年代，裴隆總統用他的國會多數彈劾五位最高法院法官其中三人，占盡定義模糊的憲法條文的「最大便宜」，列舉「瀆職」為彈劾依據。[48]將近半世紀後，卡洛斯・梅南（Carlos Menem）總統展現出權術極限的類似天賦。一八五三年的阿根廷憲法中定義總統發布命令的職權[49]很模糊。歷史上，民選總統很少動用這個權力，一八五三到一九八九年間只發布過二十五次行政命令。梅南毫不客氣，[50]不到一屆總統任期就發布三百三十六項行政命令。

司法也可能被當作合憲狠招。二〇一五年十二月反對黨在壓倒性選舉贏得委內瑞拉國會控制權之後，他們希望用立法權制衡專制總統馬杜羅的權力。所以，新國會通過打算釋放一百二十名政治犯的特赦法，[51]也投票制止馬杜羅宣布進入經濟緊急狀態（那會給他龐大的權力用行政命令統治）。馬杜羅為了反擊挑戰，轉向安插了親信的最高法院。查維茲人馬的法院[52]有效地癱瘓立法權，判決國會幾乎所有法案違憲——包括特赦法、修改國家預算與拒絕緊急狀態。據哥倫比亞的《時代報》說法，法院在六個月內作出二十四次不利國會的判決，駁回「它通過的所有法案」。[53]

立法部門也可能過度濫用他們的憲法特權。例如巴拉圭在二〇一二年彈劾總統費南多・盧戈（Fernando Lugo）。盧戈是左派神父出身，二〇〇八年當選，結束了紅黨的六十一年執政。身為在國會沒什麼朋友[54]的素人，盧戈整個任期內都有人想彈劾他。總統的支持度下滑、被先前自由黨盟友拋棄之後，他們在二〇一二年成功了。觸媒是警方與抗議農民發生暴力衝突殺了十七個人。雖然前任政府也發生過類似暴力，反對黨利用此事扳倒盧戈。六月二十一日，殺人事件六天後，眾議院投票通過根據「職務表現不良」彈劾盧戈。一天後，經過總統只有兩小時準備辯護陳述的倉促審判之後，盧戈被參議院解除職務。[55]據一名觀察家說，審判「顯然是鬧劇[56]……盧戈的彈劾比審判秀水準幾乎更低。」但嚴格來說，是合法的。[57]

厄瓜多在九〇年代也發生過類似的事。民粹的阿布達拉・布卡蘭總統（Abdalá Bucaram）靠攻擊厄瓜多建制派政客當選。綽號「狂人」（El Loco）[58]的布卡蘭靠爭議崛起，考驗對手們的自制力。上任後第一個月，在許多人眼中，他開始明目張膽任用親信，罵前總統波亞（Rodrigo Borja）「驢子」，分發以自己命名的政府補貼牛奶。[59]雖然難看，這幾乎確定不到彈劾的程度。然而，就職幾週後就有人開始嘗試彈劾布卡蘭。反對黨擺明沒有彈劾所需的三分之二席次，於是找個可疑但是合憲的替代案：厄瓜多一九七九年的憲法允許國會以簡單多數根據「精神失能」推翻總統。一九九七年二月六日，國會就這麼做了。雖然明顯違反[60]憲法精神，根本未經辯論布卡蘭是否真的精神失常，還是投票推翻了他。

美國也有過合憲狠招。我們發現到，憲法第十四與第十五修正案正式確立男性普遍投票權之後，民主黨控制的南方立法機構想出了否決黑人投票權的新辦法。大多數新增投票稅與文盲測試可以算是合憲，但顯然設計用意違反憲法精神。如同阿拉巴馬州議員安東尼・賽爾（Anthony D. Sayre）介紹這些新法時宣稱，他的法案會「消滅政壇的黑鬼，而且完全合法。」[61]

相互容忍與制度性自制密切相關。有時候兩者相輔相成。政治人物互相接納為正當對手的話比較可能自制，不把對手看成顛覆者的政治人物比較不會被誘惑打破規範阻止他們掌權。自制的行為——例如，共和黨控制的參議院通過民主黨總統的最高法院人選——會強化兩黨認為對方可以容忍的信念，促成良性循環。

但相反狀況也可能發生。互相容忍被侵蝕可能促使政治人物浮濫行使他們的制度權力。當政黨互相視為死敵，有政治競爭激烈化的風險。敗選不再是政治過程可接受的例行公事，變成全面的大災難。如果認知到的敗選代價夠高，政客會忍不住放棄自制。接著合憲狠招的行為可能進一步侵蝕相互容忍，強化對手是個危險威脅的信念。

結果就是沒有護欄的政治——政治理論家尼爾遜（Eric Nelson）形容的「升高合憲戰爭邊緣策略的循環」。[62]這一來政局會變怎樣？尼爾遜提供一個例子：一六四〇年代英國查理一世的君權崩潰。王室、英國聖公會與國會裡的清教徒之間的宗教衝突導致互控為異端與叛國，維持英國王權的規範崩潰。英國的憲政傳統賦與國會為了資助政府所須課稅的特權。但是國會認為查理一世跟教皇國親密到危險程度，除非國王滿足一些過分的要求否則拒絕資助國王，包括近乎解散英國聖公會。即使英國被蘇格蘭入侵急需軍費財源，國會仍堅持立場。查理以自己的特殊方式回應違反規範：他解散國會獨自統治了十一年。照尼爾遜的觀察，「查理從未……宣稱有權不經國會制定法律」。他反而「乾脆不通過任何新法律湊和著過」。最後，缺錢促使查理繞過國會的獨家徵稅權，國會在一六四〇年重新成立時，他的憤怒對手更加強硬了。尼爾遜的結論是，「國會掣肘與王室取巧妄為的循環[63]持續到只能用戰爭解決。」內戰結果是英國王權崩解，查理也因此喪命。

某些史上最悲劇的民主崩潰都有忽視基本規範的前兆。智利也有個案例。一九七三年政變之前，智利是拉丁美洲歷史最久最成功的民主國家，靠堅強的民主規範[64]維持。雖然智利各政黨從馬克思主義左派到反動右派都有，「妥協文化」[65]在大半個二十世紀很穩固。如同記者康斯塔伯（Pamela Constable）和智利政治學者瓦倫瑞拉（Arturo Valenzuela）所說：

> 智利堅強的守法傳統讓競爭侷限於某些規則與儀式之內，緩和了階級敵意與意識型態衝突。據說，沒有不能靠一瓶智利葡萄酒解決的爭議。[66]

不過從一九六〇年代起，智利的妥協文化因冷戰兩極化而變得緊繃。[67]某些左派受到古巴革命啟發，開始指稱國內的妥協政治傳統是中產階級不合時宜的東西。[68]許多右派開始害怕如果左派的人民團結聯盟掌權，會把智利變成另一個古巴。[69]到了一九七〇年總統大選，張力達到了極點。人民團結聯盟候選人阿言德在「系統性促進右派恐懼」的媒體上面對了基督民主黨對手托米克（Radomiro Tomic）形容的「鋪天蓋地的仇恨競選」。[70]

阿言德贏了，他雖然奉行民主，[71]即將當上總統還是引發了保守派恐慌。極右派的祖國與自由黨要求不擇手段[72]阻止阿言德上任，而美國中央情報局（CIA）資助的右翼國家黨在他宣誓前就採取狠招戰術。智利憲法規定若無總統候選人贏得過半選票，選舉結果由國會決定；阿言德只拿到三十六％。雖然既有規範是國會選擇最高票候選人，但沒有明文規定。國家黨放棄自制，[73]企圖說服中間派基督教民主黨支持它的候選人亞歷山德里（Jorge Alessandri），差距微小的第二名。基督教民主黨拒絕，但為了交換支持，他們強迫阿言德簽署憲法保障條款，[74]規定總統要尊重自由選舉與新聞自由等民權。這個要求算是合理，但是瓦倫瑞拉觀察到，這代表了「理應懂得尊重遊戲規則」的領袖之間「互相諒解的崩潰」。[75]

阿言德的任期中民主規範不斷被侵蝕。因為缺乏國會多數，[76]他的政府無法完全落實社會主義計畫。於是阿言德利用總統權力，威脅國會如果阻撓將藉由全國公投通過法律，並利用「法律漏洞」[77]繞過國會推行他的計畫。反對黨以牙還牙。阿言德上任第二個月，右翼參議員莫拉雷斯（Raúl Morales）在社交聚會發表的演說中提出他所謂的「制度性死棋」[78]策略。雖然反對黨在參議院缺乏彈劾阿言德必須的三分之二席次，參議院多數還是可以用不信任投票拉下部長。從一八三三年以來的紀錄，設計為特殊情境專用的不信任投票在一九七〇年以前很罕見。但是這下子，它變成武器了。[79]一九七二年一月，參議院彈劾阿言德的親近盟友，內政部長托哈（José Tohá）。阿言德的回應是重新任命[80]托哈改當國防部長。

阿言德任期內黨派敵意持續強化。他的左派盟友[81]開始把對手說成法西斯分子和「人民公敵」，同時右派罵政府極權主義。激化的互不容忍抵銷了阿言德和基民黨談判出任何權宜妥協的努力：阿言德的激進盟友把這種談判視為「向法西斯開門」，[82]右翼團體則批評基民黨沒有抵抗共產黨威脅。為了通過立法，政府需要基民黨支持，但是到了一九七三年初基民黨決定，用黨魁派崔奇歐・艾爾文（Patricio Aylwin）的說法，「不讓阿言德有任何得分。」[83]

兩極化可能摧毀民主規範。當社會經濟、種族或宗教差異造成極端黨派崛起，社會自我分類成世界觀不僅不同、還互相排斥的政治陣營，容忍越來越難維持。溫和兩極化對民主是健康——甚至有必要的。事實上，西歐民主國家的歷史經驗告訴我們，即使黨派間有相當的意識型態差異，規範還是可以維持的。但是當社會變得深度分化，各黨派採取互不相容的世界觀，尤其黨員們的社會區隔導致很少互動時，穩定的政黨對抗最終會變成互相威脅的認知。隨著互相容忍消失，政治人物會忍不住放棄自制企圖不計代價求勝。這可能鼓勵完全拒絕民主規則的反體制團體興起。若是如此，民主就有麻煩了。

沒有護欄的政治害死了智利的民主。政府和反對黨都把一九七三年三月的國會期中選舉視為永遠贏得戰爭的機會。阿言德尋求合法推行社會主義計畫所需的國會多數，反對黨則尋求透過彈劾「合憲推翻」[84]阿言德所需的三分之二多數。但雙方都無法達到想要的多數。智利各黨無法永遠打趴對方又不願意妥協，把他們的民主丟進了死亡循環。強硬派接管了基督教民主黨，誓言不擇手段阻止前總統愛德瓦多・弗雷（Eduardo

Frei）所說的阿言德「在智利實施極權的企圖」。而阿言德與反對黨重新建立對話的迫切努力又被自己的盟友抵銷，他們呼籲他拒絕「與反動政黨的……所有對話」並且解散國會。阿言德拒絕，但是更用力施壓對手以安撫盟友。司法當局阻止接收罷工工人占領的四十家公司之後，阿言德以憲法上可疑的「堅持命令」回應，刺激了反對黨呼籲彈劾他。一位右翼參議員在全國性電視上宣稱阿言德現在是「不正當的國家元首」，[85]在一九七三年八月，眾議院通過決議宣稱政府違憲。[86]

不到一個月後，軍方奪權。一向以南美洲最穩定民主國家自豪的智利人民屈服於獨裁制。接下來十七年智利被將軍們統治。

註釋

1 希望與機會的燈塔：歐倫（Karen Orren）和斯科夫羅內克（Stephen Skowronek），《美國政治發展的探尋》（*The Search for American Political Development*）（Cambridge：Cambridge University Press, 2004）, p. 36。

2 憲法是主要理由：來源請參閱歐唐納（Guillermo O'Donnell）和懷海德（Laurence Whitehead），〈兩種比較性的民主化觀點〉（Two Comparative Democratization Perspectives：'Brown Areas' and 'Immanence'），出自《美國的民主化：比較歷史的觀點》（*Democratization in America：A Comparative-Historical Perspective*）, eds. Desmond King, Robert C. Lieberman, Gretchen Ritter, and Laurence Whitehead, p. 48。

3 希特勒奪權：蘭德佛德（Kenneth F. Ledford），〈德國律師和威瑪共和國的州〉〈German Lawyers and the State in the Weimar Republic〉，《法律與歷史評論》（*Law and History Review*）13, no. 2（1995）, pp. 317–49。

4 憲法幾乎照抄美國版：比利亞斯（George Athan Billias），《美國憲政被全世界知曉》（*American Constitutionalism Heard Round the World, 1776–1989*）（New York：New York University Press, 2009）, pp. 124–25；艾爾金斯（Zachary Elkins）、金斯柏格（Tom Ginsburgc）和梅爾頓（James Melton），《國家憲法的耐久性》（*The Endurance of National Constitutions*）（New York：Cambridge University Press, 2009）, p. 26。

5 阿根廷一八五三年制定的憲法：米勒（Jonathan M. Miller），〈外國護身符的效力〉（The Authority of a Foreign Talisman：A Study of U.S. Constitutional Practice as Authority in Nineteenth Century Argentine and the Argentine Elite's Leap of Faith），《美國大學法律評論》（*The American University Law Review*）46, no. 5（1997）, pp. 1464–572。比利亞斯，《美國憲政被全世界知曉》，pp. 132–35。

6 三分之二的本文：米勒，〈外國護身符的效力〉，pp. 1510–11。

7 「提供典型範例」：潘格拉根（Raul C. Pangalangan），〈以宗教虔誠加持權力〉〈Anointing Power with Piety：People Power, Democracy, and the Rule of Law〉，《法律及新組織之民主國家》（*Law and Newly Restored*

Democracies :The Philippines Experience in Restoring Political Participation and Accountability），ed. Raul C. Pangalangan（Tokyo : Institute of Developing Economies, 2002）, p.3。

8 「上帝從未賦予」：哈里森（Benjamin Harrison），《我們的這個國家》（*This Country of Ours*）（New York : Charles Scribner's Sons, 1897）, p. ix。

9 甚至矛盾的方式：哈克和金斯柏格，〈憲政民主如何丟失〉，p.72；以及霍爾（William G. Howell），《不具說服力的權力》（*Power Without Persuasion : The Politics of Direct Presidential Action*）（Princeton, NJ : Princeton University Press, 2003）, pp. 13–16。

10 沒有什麼憲政機制防止：哈克和金斯柏格，〈憲政民主如何丟失〉，pp. 61–63；艾克曼（Bruce Ackerman），《美國共和的衰亡》（*The Decline and Fall of the American Republic*）（Cambridge, MA : Harvard University Press, 2010）, p. 183。

11 「薄弱的傳統」：〈憲政民主如何丟失〉，p. 70。

12 沒有定義行政權的界線：哈克和金斯柏格，〈憲政民主如何丟失〉, pp. 29, 31。霍爾，《不具說服力的權力》，pp. 13–14, 183–87；艾克曼《美國共和國的衰退與沉淪》，pp. 67–85。

13 「真正的反民主領袖」：哈克及金斯柏格，〈憲政民主如何丟失〉，pp. 60, 75。耶魯大學憲法學者艾克曼也作出類似的結論。參閱艾克曼，《美國共和的衰亡》。

14 所有成功的民主國家都仰賴不成文規則：參閱霍姆克（Gretchen Helmke）和李維茲基編輯，《非正式制度與民主》（*Informal Institutions and Democracy : Lessons from Latin America*）（Baltimore : Johns Hopkins University Press, 2006）。

15 不成文規則：普林斯頓憲法學者惠廷頓稱這些是「傳統」。參閱惠廷頓（Keith E. Whittington），〈美國不成文憲政傳統之狀態〉（The Status of Unwritten Constitutional Conventions in the United States），《伊利諾大學法律評論》（*University of Illinois Law Review*）5（2013）, pp.1847–70。

16 被自己的不成文規則強化：緬瓦倫（Scott Mainwaring）及裴瑞茲－林安（Aníbal Pérez-Liñan），參閱《拉丁美洲民主國家及獨裁統治國家》（*Democracies and Dictatorships in Latin America : Emergence, Survival, and Fall*）（New York : Cambridge University Press, 2013）。

17 到處都有不成文規則：關於美國參議院的規範或「習俗」之經典介紹，參閱馬修斯（Donald R. Matthews），《美國參議員及他們的世界》（*U.S. Senators and Their World*）（Chapel Hill : University of North Carolina Press, 1960）。

18 這聽起來或許只是常識：哈斯塔德（Richard Hofstadter），《政黨制度的理念：美國合法反對派的崛起》（*The Idea of a Party System : The Rise of Legitimate Opposition in the United States, 1780–1840*）（Berkeley : University of California Press, 1969）, p. 8。

19 聯邦黨把他們當叛徒：艾利斯（Joseph J. Ellis），《美國的人面獅身》（*American Sphinx : The Character of Thomas Jefferson*）（New York : Alfred A. Knopf, 1997）, p.122；伍德（Gordon S. Wood），《美國概念：對美國誕生的反思》（*The Idea of America : Reflections on the Birth of the United States*）（New York : Penguin Books, 2011），p.114；哈斯塔德，《政黨制度的理念》，pp. 105, 111。

20 受英國支持陰謀恢復君主制：伍德，《美國概念》，pp.244–45；哈斯塔德，《政黨制度的理念》，p. 94。

21 兩邊都希望打敗對方：伍德，《美國概念》，p.245。

22 而非互相毀滅：哈斯塔德，《政黨制度的理念》。

23 左傾的共和黨新政府：傑克森（Gabriel Jackson），《西班牙共和國及內戰，一九三一年至三九年》（*The Spanish Republic and the Civil War, 1931–1939*）（Princeton, NJ : Princeton University Press, 1965）, p. 52。

24「布爾什維克化的外國勢力」：班–阿密（Shlomo Ben-Ami），〈共和式接管〉（The Republican 'Take-Over' : Prelude to Inevitable Catastrophe），《西班牙革命與戰爭，一九三一年至三九年》（*Revolution and War in Spain, 1931–1939*），ed. Paul Preston（London : Routledge, 2001），pp. 58–60。

25「我們被捲入了漩渦」：亞歷山大（Gerard Alexander），《民主鞏固的根源》（*The Sources of Democratic*

Consolidation）（Ithaca, NY：Cornell University Press, 2002）, p.111。

26 君主擁護者或法西斯反革命分子：卡爾（Raymond Carr），《一八〇八年至一九三九年的西班牙》（*Spain 1808–1939*）（Oxford：Oxford University Press, 1966）, p. 621。

27 願意參與民主賽局：曼（Michael Mann），《法西斯主義者》（*Fascists*）（Cambridge：Cambridge University Press, 2004）, p. 330。

28 從基本上對共和國「不忠」：林茲（Juan J. Linz），〈從遠大夢想至內戰〉（From Great Hopes to Civil War：The Breakdown of Democracy in Spain），《民主政體的崩潰：歐洲》（*The Breakdown of Democratic Regimes：Europe*）, eds. Juan J. Linz and Alfred Stepan（Baltimore：Johns Hopkins University Press, 1978）, p. 162。

29 深刻的威脅：傑克森，《西班牙共和國及內戰》，pp. 147–48。

30 「與現有機構不再合作」：引述自林茲，〈從遠大夢想至內戰〉，p. 161。

31 殘暴地鎮壓反抗行動：鎮壓中多達兩千名工人被殺，並估計有兩萬名左派人士入獄。參閱湯瑪斯（Hugh Thomas），《西班牙內戰》（*The Spanish Civil War*）（London：Penguin Books, 2001）, p.136；潘恩（Stanley Payne），《一九三六至一九七四年佛朗哥政體》（*The Franco Regime 1936–1974*）（Madison：University of Wisconsin Press, 1987）, p.43。

32 把整個共和黨反對陣營和叛亂掛勾：傑克森，《西班牙共和國及內戰》，pp. 165–68。

33 制度性自制：我們從霍蘭德（Alisha Holland）借用了自制一詞。參閱霍蘭德，〈寬容〉（Forbearance），《美國政治科學評論》（*American Political Science Review*）110, no. 2（May 2016）, pp. 232–46；霍蘭德，《以寬容為再分配》（*Forbearance as Redistribution：The Politics of Informal Welfare in Latin America*）（New York：Cambridge University Press, 2017）；以及尼爾遜（Eric Nelson），〈我們正貼近造成一六四二年至四九年之英國革命的死亡螺旋嗎？〉（Are We on the Verge of the Death Spiral That Produced the English Revolution of 1642–1649?），歷史新聞網（History News Network），二〇一四年十二月十四日，http://

historynewsnetwork.org/article/157822。

34「耐心的自我控制」：《牛津字典》，參閱 https://en.oxforddictionaries.com/definition/forbearance。

35 用盡權力：惠廷頓，〈美國不成文憲政傳統之狀態〉，p. 106。

36 君權神授：班迪克斯（Reinhard Bendix），《國王或人民》（*Kings or People：Power and the Mandate to Rule*）（Berkeley：University of California Press, 1978），p.7。

37 為了顯得「神聖」：摩根（Edmund Morgan），《創造人民：英美人民主權的興起》（*Inventing the People：The Rise of Popular Sovereignty in England and America*）（New York：W. W. Norton, 1988），p. 21；班迪克斯，《國王或人民》，p. 234。

38「未來世代為此惡行呻吟苦惱」：道森（Anthony Dawson）及雅其寧（Paul Yachnin）編輯，《理查二世，牛津莎士比亞》（*Richard II, The Oxford Shakespeare*）（Oxford：Oxford University Press, 2011），p. 241。

39「王室特權事務」：惠廷頓，《美國不成文憲政傳統之狀態》，p. 107。

40 不是法律而是自制規範：雅查瑞（Julia R. Azari）和史密斯（Jennifer K. Smith），〈不成文規定〉（Unwritten Rules：Informal Institutions in Established Democracies），《政治觀點》（*Perspectives on Politics*）10, no. 1（March 2012）；惠廷頓，《美國不成文憲政傳統之狀態》，pp. 109–12。

41「我不得不」：傑佛森（Thomas Jefferson），〈致佛蒙特州立法機構的信〉（Letter to the Vermont State Legislature），一八〇七年十二月十日，引述自尼爾（Thomas H. Neale）的《總統任期及終身職》（*Presidential Terms and Tenure：Perspectives and Proposals for Change*）（Washington, DC：Congressional Research Service, 2004），p. 5。

42「偏離了這項經過時間考驗的習俗」：皮博迪（Bruce Peabody），〈喬治．華盛頓、總統任期限制，以及非自願性政治領導的問題〉（George Washington, Presidential Term Limits, and the Problem of Reluctant Political Leadership），《總統制研究季刊》（*Presidential Studies Quarterly*）31, no. 3（2001），p. 442。

43 違反「不成文法」：惠廷頓，《美國不成文憲政傳統之狀態》，p. 110。當老羅斯福在一九一二年尋求不連續的第三任期，他無法贏得共和黨提名，後來他獨立參選，在競選途中遭到自稱捍衛兩任限制的人槍擊。參閱艾金斯、金斯柏格及莫爾頓，《國家憲法的存續》（*The Endurance of National Constitutions*），p.47。

44 小羅斯福在一九四〇年連任：雅查瑞及史密斯，〈不成文規定〉，p. 44。

45 在總統制民主國家尤其重要：參閱尼爾森，〈我們正貼近造成一六四二年至四九年之英國革命的死亡螺旋嗎？〉。

46 很容易形成僵局：林茲（Juan J. Linz），〈總統制的危險〉（The Perils of Presidentialism），《民主期刊》（*Journal of Democracy*）1, no. 1（January 1990）, pp. 51–69；亦請參閱霍姆克，《制度邊緣》（*Institutions on the Edge : The Origins and Consequences of Inter-Branch Crises in Latin America*）（New York : Cambridge University Press, 2017）。

47 「志在必得」：圖施奈（Mark Tushnet），〈憲政強硬派〉（Constitutional Hardball），《約翰．馬歇爾法律評論》（*The John Marshall Law Review*）37（2004）, pp. 550, 523–53。

48 列舉「瀆職」為彈劾根據：《裴隆》，p. 165。

49 發布命令的職權：魯比歐（Delia Ferreira Rubio）和高瑞提（Matteo Goretti），〈當總統僅憑己意治理國家〉（When the President Governs Alone : The Decretazo in Argentine, 1989–1993），《行政命令當局》（*Executive Decree Authority*）, eds. John M. Carey and Matthew Soberg Shugart（New York : Cambridge University Press, 1998）。

50 梅南毫不客氣：魯比歐和高瑞提，〈當總統僅憑己意治理國家〉，pp. 33, 50。

51 國會通過一項特赦法：〈委內瑞拉最高法院確立總統尼可拉斯．馬德若的職權〉（Venezuela's Supreme Court Consolidates President Nicolás Maduro's Power），《紐約時報》，二〇一六年十月十二日；〈委內瑞拉最高法院宣布具憲法性的經濟緊急法令〉（Supremo de Venezuela declara constitucional el Decreto de Emergencia Económica），《國家報》（*El País*），二〇一六年一月二十一日。參閱 http://internacional.elpais.com/internacional /2016/01/21/america/1453346802_377399.html。

52 查維茲人馬的法院：〈委內瑞拉為獨裁統治辯護〉（Venezuela Leaps Towards Dictatorship），《經濟學人》，二〇一七年三月三十一日；〈馬杜羅可能會批准議會背後的預算〉（Maduro podrá aprobar el presupuesto a espaldas del Parlamento），《國家報》，二〇一六年十月十三日。參閱 http://internacional.elpais.com/internacional/2016/10/13 /america/1476370249_347078.html；〈委內瑞拉最高法院鞏固總統尼古拉斯．馬杜羅的權力〉（Venezuela's Supreme Court Consolidates President Nicolás Maduro's Power），《紐約時報》，二〇一六年十月十二日；〈委內瑞拉最高法院宣布具憲法性的經濟緊急法令〉，《國家報》，二〇一六年一月二十一日。參閱 http://internacional.elpais.com/internacional /2016/01/21/america/1453346802_377899.html。

53「它通過的所有法案」：〈Radiografía de los chavistas que controlan el TSJ en Venezuela〉，《時代報》（*El Tiempo*），二〇一六年八月二十九日。參閱 http://www.eltiempo.com/mundo/latinoamerica/perfil-de-los-jueces-del-tribunal-supremo-de-justicia-de-Venezuela-44143。

54 在國會沒什麼朋友：瑪斯坦德（Leiv Marsteintredet）、雅諾斯（Mariana Llanos）和德烈夫．諾特（Detlef Nolte），〈巴拉圭及彈劾鬥爭〉（Paraguay and the Politics of Impeachment），《民主期刊》42, no. 4（2013）, p. 113。

55 被參議院解除職務：瑪斯坦德、雅諾斯和德烈夫．諾特，〈巴拉圭及彈劾鬥爭〉，pp. 112–14。

56「顯然是鬧劇」：多羅（Francisco Toro），〈一場政變中包含什麼?〉（What's in a Coup?），《紐約時報》，二〇一二年六月二十九日。

57 是合法的：巴拉圭的一九九二年憲法第二二五條允許國會以「職責表現不良」彈劾總統，這個「刻意含糊的陳述幾乎可以指三分之二現任參議員想要的任何事情」。參閱多羅，〈一場政變中包含什麼?〉。

58「狂人」：裴瑞茲－林安，《總統彈劾及拉丁美洲新政治動盪》（*Presidential Impeachment and the New Political Instability in Latin America*）（New York : Cambridge University Press, 2007）, p. 26。

59 以自己命名的政府補貼牛奶：托爾（Carlos De la Torre），《拉丁美洲的民粹主義誘惑》（*Populist Seduction*

in Latin America）第二版，（Athens, OH：Ohio University Press, 2010），p. 106；裴瑞茲－林安，《總統彈劾及拉丁美洲新政治動盪》，p. 155。

60 很明顯違反：參閱托爾，《拉丁美洲的民粹主義誘惑》，p.102；索沙（Ximena Sosa），〈厄瓜多的民粹主義〉（Populism in Ecuador：From José M. Velasco to Rafael Correa），《拉丁美洲的民粹主義》（*Populism in Latin America*）第二版，ed. Michael L. Conniff（Tuscaloosa, AL：University of Alabama Press, 2012），pp. 172–73；裴瑞茲－林安，《總統彈劾及拉丁美洲新政治動盪》，p. 26。

61「以完全合法」：庫瑟爾（Kousser），《南方政治塑形》（*The Shaping of Southern Politics*），pp. 134–36。

62「升高合憲戰爭邊緣策略的循環」：尼爾遜，〈我們正貼近造成一六四二年至四九年之英國革命的死亡螺旋嗎？〉；林茲，〈總統制的危險〉；還有霍姆克，《制度邊緣》。

63「國會掣肘……的循環」：尼爾遜，〈我們正貼近造成一六四二年至四九年之英國革命的死亡螺旋嗎？〉。

64 堅強的民主規範：參閱瓦倫瑞拉（Arturo Valenzuela），《民主政體的崩潰：智利》（*The Breakdown of Democratic Regimes：Chile*）（Baltimore：Johns Hopkins University Press, 1978），pp. 13–20。

65「妥協文化」：康斯坦堡（Pamela Constable）和瓦倫瑞拉，《敵人的國家》（*A Nation of Enemies：Chile Under Pinochet*）（New York：W. W. Norton, 1991），pp. 21–22；以及瑪拉（Luis Maira），〈智利在政治制度間的反革命策略與戰術〉〈The Strategy and Tactics of the Chilean Counterrevolution in the Area of Political Institutions〉，出自《一九七〇年至七三年，轉捩點上的智利》（*Chile at the Turning Point：Lessons of the Socialist Years, 1970–1973*），吉爾（Federico Gil）、拉戈斯（Ricardo Lagos）及蘭斯伯格（Henry Landsberger）編輯（Philadelphia：Institute for the Study of Human Issues, 1979），p. 247。

66「沒有……的爭議」：康斯坦堡及瓦倫瑞拉，《敵人的國家》，p. 21。

67 因冷戰兩極化而變得緊繃：瓦倫瑞拉，《民主政體的崩潰》，pp. 22–39。

68 中產階級不合時宜的東西：康斯坦堡及瓦倫瑞拉，《敵人的國家》，p. 25。

69 變成另一個古巴：柯恩（Youssef Cohen），《拉丁美洲的激進分子、改革者及保守人士》（*Radicals,*

Reformers, and Reactionaries : The Prisoner's Dilemma and the Collapse of Democracy in Latin America）（Chicago : University of Chicago Press, 1994）, p.100。

70「鋪天蓋地的仇恨競選」：多米克（Rodrigo Tomic），〈基督教民主黨及人民團結聯盟的治理〉〈Christian Democracy and the Government of the Unidad Popular〉，出自《一九七〇年至七三年，轉捩點上的智利》，吉爾、拉戈斯及蘭斯伯格編輯，p. 232。

71 奉行民主：席格蒙德（Paul Sigmund），《一九六四年至七六年，阿言德的傾覆及智利政治》（*The Overthrow of Allende and the Politics of Chile, 1964–1976*）（Pittsburgh : University of Pittsburgh Press, 1977）, p. 18；瓦倫瑞拉，《民主政體的崩潰》，p. 45。

72 不擇手段：佛德茲，（Julio Faúndez）《智利的馬克思主義及民主》（*Marxism and Democracy in Chile : From 1932 to the Fall of Allende*）（New Haven, CT : Yale University Press, 1988）, p. 181。

73 放棄自制：瓦倫瑞拉，《民主政體的崩潰》，p. 48；席格蒙德，《阿言德的傾覆及智利政治》，p. 111。

74 保障條款：席格蒙德，《阿言德的傾覆及智利政治》，pp. 118–20；佛德茲，《智利的馬克思主義及民主》，pp. 188–90。

75「相互諒解的崩潰」：瓦倫瑞拉，《民主政體的崩潰》，p. 49。

76 缺乏國會多數：瓦倫瑞拉，《民主政體的崩潰》，pp. 50–60, 81；依斯瑞（Ricardo Israel），《阿言德式的智利政治與意識型態》（*Politics and Ideology in Allende's Chile*）（Tempe : Arizona State University Center for Latin American Studies, 1989），pp. 210–16。

77「法律漏洞」：席格蒙德，《阿言德的傾覆及智利政治》，p. 133；柯恩，《拉丁美洲的激進分子、改革者及保守人士》，pp. 104–5。

78「制度性死棋」：瑪拉，〈智利在政治制度間的反革命策略與戰術〉，pp. 249–56。

79 它變成武器：瑪拉，〈智利在政治制度間的反革命策略與戰術〉，pp. 249–56；依斯瑞，《阿言德式的智利政治與意識型態》，p. 216。

80 阿言德的回應是重新任命：席格蒙德，《阿言德的傾覆及智利政治》，p. 164。

81 他的左派盟友：瓦倫瑞拉，《民主政體的崩潰》，p. 67；康斯坦堡和瓦倫瑞拉，《敵人的國家》，p. 28。

82「向法西斯主義開門」：瓦倫瑞拉，《民主政體的崩潰》，pp. 67–77。

83「不讓阿言德有任何得分」：依斯瑞，《阿言德式的智利政治與意識型態》，p. 80。

84「合憲推翻」：維德拉（Jorge Tapia Videla），〈前進社會主義之險途〉（The Difficult Road to Socialism：The Chilean Case from a Historical Perspective），《轉捩點的智利》，吉爾、拉戈斯及蘭斯伯格編輯，p. 56；席格蒙德，《阿言德的傾覆及智利政治》，p. 282；瓦倫瑞拉，《民主政體的崩潰》，pp. 83–85。

85「不正當的國家元首」：瓦倫瑞拉，《民主政體的崩潰》，pp. 89–94。

86 政府違憲：柯恩，《拉丁美洲的激進分子、改革者及保守人士》，p. 117。

Chapter 6

The Unwritten Rules of American Politics

美國政治的不成文規則

一九三三年三月四日，大蕭條最黑暗的時期中，美國各家庭聚集在收音機旁聆聽小羅斯福第一次就職演講，聽到他刻意聲如洪鐘地宣布，「我會向國會要求[1]應付危機剩下的一項工具：在緊急事故時宣戰的廣泛行政權，如果我們真的被外敵入侵，能夠賦與我的最大權力。」羅斯福乞求的是憲法明文賦與他作為總統最難以估計的權力——戰爭權力——來應付國內危機。

羅斯福的結論是這樣還不夠。一九三六年十一月，他以六十一%選票連任，是美國史上最高得票率的總統。但他發現他的野心政策目標被一個意外來源綁住了手腳：保守（而且在他看來，退步）的最高法院——完全由在十九世紀受法學教育的人組成的機構。最高法院從未像在一九三五到三六年間這麼積極阻擋立法。法院認為新政計畫有一大部分[2]違憲，立論基礎薄弱。羅斯福的目標吉凶難料。

於是一九三七年二月，第二任任期開始兩週後，羅斯福發表提案擴大最高法院的規模。他的對手稱之為「法院塞人計畫」，利用一個憲法漏洞：第三條並未指定最高法院大法官人數。羅斯福的提案[3]讓他能夠每當有人超過七十歲就添加一位新法官，最多可到十五人。因為有六位法官已經年過七十，羅斯福能夠立刻任命六位法官。或許總統的動機不難理解——他想要更穩固的法律基礎去達成新政的目標。但是如果通過，會立下一個危險的先例。法院會變得非常政治化，成員、規模和挑選規則都可能不斷被操縱，很像裴隆時代的阿根廷或查維茲時代的委內瑞拉。羅斯福如果通過了他的司法法案，「總統不該干擾三權分立」的關鍵規範會被破壞。

但是規範守住了。羅斯福的法院塞人計畫[4]遭到任期內最大的反彈，超過任何其他倡議。反對的除了共和黨，還有媒體、知名律師與法官，以及多到意外的黨內同志。幾個月內，提案胎死腹中——被羅斯福同黨控制的國會封殺。即使在大蕭條這麼嚴重的危機中，制衡制度仍發揮了作用。

美國共和誕生時並沒有強力的民主規範。其實，早年簡直是沒有護欄的政治的經典案例。如我們所見，相互容忍的規範在一七八〇到九〇年代頂多還在萌芽期：聯邦黨與共和黨起初都懷疑對方叛國，一點兒也沒有彼此接納為正當的對手。

這種黨派敵對與猜忌的氣氛鼓勵了我們現今所謂的合憲狠招。一七九八年，聯邦黨通過[5]煽動法，意欲把不利政府的不實言論入罪，但是模糊到形同批評政府就犯罪。此法案被用來[6]瞄準共和黨報紙和運動人士。一八〇〇年的大選中，聯邦黨的亞當斯總統對上在野的共和黨黨魁傑佛遜，兩邊都想要永遠勝利——把對方永久逐出政壇。聯邦黨領袖漢密爾頓大談找個「合法合憲的辦法」[7]阻止傑佛遜選上總統，而傑佛遜形容這次選舉是拯救美國免於君主制的最後機會。傑佛遜勝選並未終結黨派惡鬥。聯邦黨的跛鴨國會把最高法院規模從六人減到五人以限制傑佛遜對法院的影響力。新獲多數的共和黨國會撤銷這個動作，幾年後，又把最高法院擴充到七人，給傑佛遜一個任命機會。

這種強硬手段追求永久勝利花了數十年才退燒。日常政治的要求與新生代職業政客的興起協助降低了競爭的風險。後革命世代習慣了政治上有時候贏有時候輸——而且對手不必是敵人的觀念。這個觀點的典型是現代民主黨創始人與美國前總統馬丁·范布倫（Martin Van Buren）。據歷史學家理查·霍夫史塔特（Richard Hofstadter）說法，范布倫

> 是親切鄉下法院律師轉戰政壇的精神典範，[8]這位律師或許在許多年間經歷與對手

的一連串精采的法庭對決，但在法庭外維持專業人士同僚的相互尊重甚至溫暖友誼。

某傳記作者寫道，雖然范布倫職涯中有「很多對手」，[9]他「敵人很少」。開國元老們很不情願地接受了黨派對立，但范布倫的世代視為理所當然。[10]全面對抗的政治變成了相互容忍的政治。

然而，美國萌芽的規範很快在先賢們嘗試壓抑的一個議題上開展：蓄奴。一八五〇年代，針對蓄奴制度存廢的衝突公開惡化令國家分裂，讓政治添加了某歷史家所謂的新「情緒強度」。[11]對南方白人農場主人與民主黨盟友而言，廢奴——跟新共和黨有關的目標——是生存上的威脅。奴隸制最有影響力的擁護者之一，南卡州參議員約翰・考宏（John C. Calhoun）用近乎世界末日的措辭形容解放後的南方，先前的奴隸將會

> 在政治與社會的層面……爬到白人頭上。[12]簡單說，我們會跟他們易地而處——是一個自由與啟蒙的民族從未遭遇過的嚴重沉淪，而且我們無法逃避……除非逃離我們自己和祖先的家園，放棄我們的國家交給先前的奴隸，永遠成為混亂、無政府、貧窮、悲慘和不幸之地。

蓄奴問題的兩極化粉碎了美國仍很脆弱的互相容忍規範。民主黨眾議員亨利．蕭（Henry Shaw）攻擊共和黨是「憲法與聯邦的叛徒」，[13]而喬治亞州參議員羅伯．土姆斯（Robert Toombs）誓言「絕不允許聯邦政府落入叛國的黑人共和黨手裡」。至於反蓄奴政治人物[14]也指控支持蓄奴的政治人物「叛國」和「煽動暴亂」。

基本規範的腐蝕擴大了可接受的政治行為的範圍。在南北戰爭起點的桑特堡事件的幾年前，國會已經充斥黨派暴力。耶魯歷史學者瓊安．傅里曼（Joanne Freeman）[15]估計在一八三〇到一八六〇年間的參眾兩院裡有一百二十五次暴力事件——包括捅刀、杖擊和拔槍。不久，美國就發生數十萬人傷亡規模的自相殘殺。

內戰打破了美國的民主。美國三分之一的州沒有參加一八六四年的大選；參議院五十席的二十二席和眾議院超過四分之一席次懸缺。眾所周知林肯總統擱置了人身保護令（habeas corpus，由法官受理申請所簽發的手令，命令將被拘押之人交送至法庭審查，以決定該人的拘押是否合法，為法律程序保障基本人權及個人自由的重要手段），[16]發布憲法根據很可疑的行政命令，不過，這當然就是解放奴隸的重大行政命令。在北軍勝利之後，許多前南部邦聯的地方被納入軍事統治。

內戰的創傷留給美國人對於哪裡出了差錯的灼痛疑問。慘重的破壞[17]——包括六十多萬人死亡——粉碎了許多北方知識分子對他們民主形式優越性的信念。美國憲法不是大家以為受神意啟發的文件嗎？這一波自我檢驗引發了對不成文規則的新關注。一八八五年，當時南部邦聯家庭出身的政治學教授威爾遜（Woodrow Wilson）[18]出書探討國會在恪遵憲法的承諾與機構實際運作方式之間的不一致。除了好的法律，美國還需要有效的規範。

內戰之後重建民主規範向來不容易，美國也不例外。戰爭創傷復原得很慢；民主黨與共和黨只是不情願地互相接受為正當的對手。一八七六年共和黨候選人魯瑟佛·海斯（Rutherford B. Hayes）的競選活動中，政治人物英格索（Robert Ingersoll）以可怕的措辭反對民主黨：

> 企圖摧毀這個國家的每個人[19]都是民主黨。二十年來這個偉大共和國遭遇的每個敵人都是民主黨……每個淪為北方聯軍戰俘甚至饑荒餓死被蟲吃的人的人，當某個貧窮衰弱的北方愛國者，被饑荒逼瘋，在瘋狂的夢中看到他母親的臉，她問候他然後他回禮，希望再次感受她的唇吻在他發燒的臉上，當他跨過死亡的界線，用子彈射穿他充滿愛心、跳動的心臟的混蛋也是——現在還是——民主黨員。

稱作「揮舞血襯衫」的這種措辭持續了許多年。

長期的政黨敵對帶來了合憲狠招。一八六六年，共和黨國會把最高法院法官規模從十人減到七人[20]以防止被共和黨視為破壞重建的民主黨安德魯・強森（Andrew Johnson）總統有機會任命任何人，一年後，又通過任期法案（Tenure of Office Act），禁止強森未經參議院同意撤換林肯的閣員。強森視之為違反他的憲法職權，置之不理——這個「嚴重行為不檢」[21]讓他在一八六八年遭到彈劾。

不過漸漸地，隨著內戰世代凋零，民主黨和共和黨學會了和平共存。他們注意到了前眾院議長詹姆斯・布萊恩（James Blaine）在一八八〇年勸告共和黨同志的話，「收起血襯衫」，[22]把辯論轉移到經濟議題。

不過，治療黨派創傷的不只是時間。互相容忍是在種族平等議題從政治重點退出之後才建立的。這方面有兩件事很重要。第一個是惡名昭彰的一八七七年妥協，它終結了一八七六年總統大選的爭議，讓共和黨的海斯當上總統以交換撤除南方的聯邦駐軍。這個協約實質上終止了重建，[23]剝奪了黑人辛苦贏來的聯邦保護，允許南方民主黨取消基本民主權利，鞏固一黨獨大。第二個事件是麻州參議員亨利・洛奇（Henry Cabot Lodge）在一八九〇年提出的聯邦選舉法案（Federal Elections Bill）失敗，原本法案允許聯邦監督國會選舉以確保黑人投票權實踐。法案失敗結束了聯邦保護南方非裔美國人投票權的努力，導致投票權衰亡。

這兩件事的悲劇重要性怎麼說都不嫌誇大。因為民權與投票權被許多南方民主黨人視為基本威脅，兩黨協議放棄這些議題提供了恢復互相容忍的基礎。黑人失去投票權，保障了白人優越性與民主黨獨霸南方，幫助維持民主黨的全國存活力。種族平等退出議題之後，南方民主黨的恐懼消除。這時黨派敵意才開始軟化。接著很諷刺的是，後來成為美式民主基礎的規範出自一個極不民主的安排：種族排斥與鞏固南方一黨獨大。

民主黨與共和黨互相接受為正當對手之後，兩極化逐漸緩解，[24]讓隨後幾十年成為美國民主特徵的另一種政治興起。兩黨合作得以實現[25]一連串重要的改革，包括第十六修正案（一九一三年），允許聯邦徵收所得稅，第十七修正案（一九一三年），建立美國參議員直選制，還有第十九修正案（一九一九年），賦與女性投票權。

回過來，相互容忍鼓勵了自制。到了十九世紀末，權變措施或非正式對話已經開始普及到政府各部門，讓我們的制衡制度得以運作得還不錯。外部觀察家也看到了這些規範的重要性。英國學者布萊斯（James Bryce）在兩大冊的傑作《美利堅聯邦》（*The American Commonwealth*，一八八八年）中寫道，[26]不是美國憲法本身，而是他所謂的

「用法」：不成文的規則讓美國政治體系能運作。

接著，進入二十世紀之後，互相容忍與制度性自制的規範已經相當穩固。其實，這變成了我們高度推崇的制衡制度的基礎。我們的憲政體制若要照我們預期的運作，行政、國會和司法部門必須取得微妙的平衡。一方面，國會和法院必須監督，在必要時抑制總統的權力。兩者必須扮演民主的看門狗。另一方面，國會和法院必須允許政府運作。這時就需要自制了。總統制民主國家要成功，強到足以抑制總統的機構必須隨時節制行使這個權力。

若沒有這些規範，就很難維持平衡。當黨派仇恨壓倒政客對憲法精神的承諾，制衡制度就有被兩種方式顛覆的風險。在分裂政府下，立法或司法機構在反對黨手中，風險在於合憲狠招，反對黨使用制度特權到極限——癱瘓政府，阻擋總統的所有司法任命，或許還表決推翻總統。在此情況，立法和司法看門狗變成了黨派的鷹犬。

在統一的政府下，立法和司法機構在總統的政黨手中，風險不是合憲狠招而是失職。如果黨派敵意凌駕了相互容忍，控制國會的人可能會護航總統優先於履行憲法職務。為了防止反對黨獲勝，他們可能拋棄監督角色，讓總統作出濫權、非法甚至專制行為不受懲罰。從看門狗變成寵物的轉變——想想阿根廷裴隆的聽話國會或委內瑞拉查維茲人馬的最高法院——都可能是專制統治的重要幫兇。

所以，美式制衡體制必須要官員審慎使用制度特權。美國總統、國會領袖和最高法院大法官享有的權力程度，如果不克制使用就可能傷害制度。想想這六種權力。有三種屬於總統：行政命令、總統特赦和任命法官。另外三種在於國會：冗長發言杯葛、參議院的建議與同意權、彈劾權。這些特權無論是憲法正式規定或只是憲法允許，當作武器都可能輕易造成僵局、癱瘓，甚至民主崩潰。不過大半個二十世紀，美國政治人物都很克制地使用。

我們從總統權開始談。美國總統是個強大又有潛在支配性的機構，部分因為憲法中的漏洞。列舉總統正式權力的憲法第二條沒有明定其限制。它對總統透過行政命令或公告片面行動的權力幾乎沒說什麼。[27]此外，總統權在一百年以來膨脹了。受到戰爭或經濟衰退的迫切驅使，行政部門建立了[28]龐大的法律、管理、預算、情報與開戰能力，把自己轉變成歷史學家小史列辛格（Arthur Schlesinger Jr.）聞名的所謂「帝國總統制」。戰後美國總統控制了世界上最龐大的軍隊。統治一個全球霸主兼複雜的工業經濟社會的挑戰，產生了不斷更加集中管理行為的需求。到了二十一世紀初，行政部門掌握的管理資源龐大到法律學者布魯斯・艾克曼（Bruce Ackerman）形容總統職位是「符合憲法的攻城錘」。[29]

行政部門的巨大權力讓總統很容易忍不住一意孤行——繞過國會和司法。認為自己的目標被拖延的總統[30]可能以行政命令、宣言、指令、行政協議或總統備忘錄繞過立法部門，不經國會背書就可以有法律的效力。憲法並沒有禁止這麼做。

同樣地，總統可能繞過司法，[31]拒絕遵守法院判決，像最高法院拒絕他擱置人身保護令時林肯的做法，或使用總統特赦的權力。漢密爾頓在《聯邦黨人文集》第七十四篇主張因為特赦權影響太廣大，會「自然令人嚴謹與慎重」。[32]但在思慮不周或不慎重的總統手中，特赦可以用來徹底保護政府免受司法制衡。總統甚至可以特赦自己。這種行為雖然合憲，卻會傷害司法的獨立性。

因為片面行為的潛力無窮，幾乎所有都是憲法規定或允許的，必須極度強調行政自制的重要性。喬治・華盛頓在這方面是重要的樹立典範人物。華盛頓知道他的任期會建立未來行政權的範圍；照他的說法，「我走在無人所到之地。[33]我的一舉一動幾乎都會成為日後的先例。」許多人擔心他這個職位會變成君王制的新形式，所以華盛頓很努力建立能夠填補——與強化——憲法規則的規範和作法。他極力捍衛[34]他的指定權限範圍，也小心不去侵犯國會的管轄領域。他克制使用否決權，[35]僅用於他認為憲法依據可疑之法案，八年間只用過兩次，寫道他基於「尊重立法權的動機，簽署了許多我評價各有不同的法案」。[36]華盛頓也不太願意發布[37]可能被視為侵犯國會管轄權的公告。八年之間，他只發布過八次行政命令。

終其一生，華盛頓學到了他「因為準備好放棄權力才得到權力」[38]。多虧他的強大威望，這份自制影響了美國共和的許多其他早期政治機構。照歷史學家戈登・伍德（Gordon Wood）的說法，「如果有任何人[39]堪稱建立了新共和的堅實基礎，那就是華盛頓。」

總統自制的規範留下來了。雖然偶爾受到考驗，尤其在戰時，它還是強到足以抑制幾位最有野心的總統。想想威廉・麥金萊（William McKinley）總統遇刺後在一九〇一年上台的老羅斯福吧。老羅斯福對總統職位採取他所謂的忠僕理論（stewardship theory），[40]主張除非法律明文禁止，所有行政作為都可以。這種總統權力的擴張性觀點，羅斯福對民粹式訴求「人民」的喜愛，和他「無窮的精力與野心」，[41]令當時觀察家心生警惕，包括他自己的共和黨大老們。麥金萊總統的有力顧問馬克・漢納（Mark Hanna）曾警告過反對選羅斯福當他的副總統，據說原話是，「你沒發現只有一個人擋在那瘋子和白宮之間嗎？」[42]但是當上總統後，老羅斯福意外地表現克制。[43]例如，他很小心避免直接向人民講話或在辯論重要事務時攻擊個別國會議員，[44]看起來好像在霸凌國會。結果，羅斯福的操作完全在我們憲政制衡的界限內。[45]

即使行政部門的法律、管理、軍事和情報能力在二十世紀大幅擴張，總統們跟國會與法院互動時仍遵守既有的自制規範。[46]除非在戰時，他們使用行政命令很審慎。他們從不用特赦保護自己或狹隘的政治利益，[47]行使之前大多數會諮詢司法部意見。而且很重要的，二十世紀的總統很少像十九世紀的林肯和強森那樣違抗政府的其他部門。一九五二年哈利・杜魯門總統服從最高法院阻擋他面臨他視為國家緊急狀態的罷工，把鋼鐵業國有化的行政命令。艾森豪即使自己不滿，仍然執行最高法院的布朗對托皮卡教育局案判決。連尼克森都在最高法院判決對國會有利之後，答應國會交出祕密錄音帶。

所以雖然美國總統職權在二十世紀強化了，美國總統們行使權力時表現出相當的克制。即使沒有憲法阻礙，片面行政作為大致仍是戰時的例外，而非常態。

關於總統的法院任命有個類似故事可說。任命法官可能有兩種形式：彈劾不友善的最高法院法官用黨派盟友取代，或改變法院規模用親信填補新職位。嚴格來說，這兩種手段都合法；憲法允許彈劾也沒規定最高法院的人數。總統有可能不必違法行事就清洗法院再塞人。但是一個多世紀來，他們沒有這麼做。

美國史上最高法院被彈劾的唯一例子發生在一八〇四年，共和黨主導的眾議院投票彈劾「狂熱聯邦黨人」[48]山繆・蔡斯（Samuel Chase）大法官，他幫傑佛遜對手助選又在任期內批評傑佛遜。傑佛遜認為蔡斯的行為形同叛亂，推動彈劾他。[49]雖然共和黨人努力以合法性包裝此舉，彈劾再怎麼說仍是「從頭到尾的政治迫害」。[50]最後參議院宣告蔡斯無罪，[51]設下了反對彈劾的強力先例。

最高法院的規模在建國的前一百年比較常成為黨派陰謀的目標。起點是聯邦黨出手[52]縮編法院以防止總統當選人傑佛遜任命新人，美國最高法院在一八〇〇到一八六九年間人數變動了七次——每次都是政治理由。但是到了十九世紀末，法院塞人被普遍視為不可接受。在一八九三年關於美國政治制度的書中，未來總統威爾遜寫道「如此過分行為」[53]是「違反憲法精神」的。前總統哈里遜（Benjamin Harrison）大致同時間也寫道，雖然擴張法院「對黨性堅強者很誘人」，[54]會「有毀滅性，對我們的憲政團結更是要命」。到了一九二〇年代，英國記者霍威爾（H. W. Horwill）總結說有一種非正式規範「強到足以阻止最有權力的總統和國會，[55]無論受什麼刺激，也不會做出讓最高法院淪為黨派政治玩物的事。」

當然，小羅斯福總統在一九三七年企圖任命法官違反了這個規範。依憲法學者艾普斯坦（Lee Epstein）和席格（Jeffrey Segal）寫法，羅斯福違反規範的提案「特別狂妄自大」。[56]然而同樣特殊的是它引發的抗拒。在當年，小羅斯福很受支持——他剛以史上最高得票率連任，而他的民主黨盟友在國會兩院占有穩定多數。很少美國總統有這麼大的政治權力。但任命法官引發了跨黨派的反對。媒體批評得很兇——《舊金山紀事報》形容該計畫是「向最高法院公開宣戰」。[57]國會也立刻反對，不只共和黨，也有很多民主黨人。密蘇里州參議員里德（James A, Reed）說羅斯福的提案「讓他自己往實質獨裁者邁進了一步」。[58]喬治亞州民主黨眾議員考克斯（Edward Cox）警告，這會「改變我們基本法律的意義和整個政府體系」[59]以致代表著「整個美國史上出現過對憲法政府最可怕的威脅」。連忠誠的新政支持者也轉向反對羅斯福。懷俄明州參議員奧馬洪尼（Joseph O'Mahoney）短短兩週前，還跟總統親近到就職前的白宮晚宴上，坐在羅斯福夫人旁邊。但奧馬洪尼反對法院塞人計畫，寫信給朋友說，「這個爛攤子有馬基維利的味道，他是個爛人！」[60]

值得一提的是最高法院本身也扮演重要角色，反對羅斯福的計畫。以被形容為「高明撤退」[61]的招數保存最高法院的公正性，先前反對新政的法院在一連串判決中迅速轉向。一九三七年春天，法院快速連續地作出判決有利於幾項新政立法，包括《全國勞資關係法》與羅斯福的社會安全制度法案。新政計畫有了更穩固的憲法基礎之後，國會的自由派民主黨員比較能夠反對總統的法院任命。一九三七年七月，計畫在參議院陣亡。位居支持度與權力高峰的總統想要突破憲法職權限制仍被阻擋。之後再也沒有美國總統嘗試往最高法院安插人馬。

自制的規範也適用於國會。以美國參議院為例。這個機構的原始目的是保護少數派免於多數派霸凌（開國先賢認為，那會由眾議院代表），打從一開始，參議院的設計就允許慎重。它發展出各種工具[62]——許多是不成文方式——讓立法部門的少數派，甚至個別參議員，可以拖延或阻擋多數派提出的計畫。一九一七年之前，參議院沒有任何限制討論的規則，[63]這表示任何參議員都能光靠延長辯論無限期阻止表決（或者「冗長發言杯葛」）任何法案。

這些非正式特權基本上是制衡，作為少數黨派的保護並限制有可能擴權的總統。但是少了自制，就可能輕易導致僵局與衝突。如同政治學者唐納・馬修斯（Donald Matthews）寫道：

〔每位參議員〕對全院的決議有強大的權力。[64]例如，單一參議員可以系統性反對所有共識決同意的要求，讓議事緩慢到幾乎停頓。幾個人一起行使他們的冗長發言權，可以阻擋所有法案通過。

美國歷史上大多數時候，沒有發生這類癱瘓，[65]部分是因為現行規範不鼓勵參議員過度使用他們的政治職權。照馬修斯的觀察，雖然冗長發言之類工具「作為一種潛在威脅而存在，[66]神奇的是很少用到。互惠的精神導致許多、甚至大多數參議員的實際權力沒有行使到。」

馬修斯對五〇年代末期美國參議院的前瞻性研究[67]凸顯出非正式規範，或他所謂的「習俗」，如何幫助機構運作。有兩項習俗跟自制有密切關係：禮貌與互惠。禮貌的意思，[68]最先也最重要的，是避免對同僚參議員人身攻擊或羞辱。馬修斯觀察，主要規則是參議員們不能讓「政治歧見影響私人情感」。這很困難，因為如同某參議員的說法，「當你知道某人是騙子，很難不叫他騙子。」[69]但是參議員們認為禮貌對成功很重要，因為就像某參議員說過，「你在這個議題的敵人可能是下一個議題的朋友。」[70]用另一位參議員的話說，政治自保「要求至少在外表保持友善。[71]然後不知不覺間，你們真的成了朋友。」

互惠的規範表示克制使用你的權力，以免過度引起其他參議員對抗，危及未來的合作。馬修斯在他的研究中總結，「如果有參議員把他的正式權力用到極限，[72]就打破了默契，可想而知同僚不會合作，只會以牙還牙，」讓立法工作困難得多。有位參議員形容規範，「這不是友誼問題；[73]而只是『如果你別太混蛋，我就不會』。」

沒有比冗長發言更能清楚說明這些規範重要性的制度工具了。[74]一九一七年之前，同樣，任何參議員都能用冗長發言無限期拖延表決阻擋立法。但是很少發生。[75]雖然每個人隨時可以用，大多數參議員把冗長發言當作「最後手段的程序武器」。[76]根據統計，整個十九世紀只發生過二十三次明顯的冗長發言。[77]二十世紀初期的冗長發言略有增加，[78]引發了一九一七年的終結辯論規則，三分之二（現在是五分之三）的參議員可以表決以終結辯論。但即使如此，據政治學者賓德（Sarah Binder）和史密斯（Steven Smith）的資料，[79]一八八〇到一九一七年間只發生過三十次冗長發言。直到六〇年代末期冗長發言仍很少見[80]——其實，一九一七到一九五九年間，參議院每個國會會期平均只發生一次。

另一個對制衡制度很重要的國會特權，就是參議員對總統任命最高法院大法官與其他重要職位有「建議與同意」[81]的權力。憲法雖有明定，參議院建議與同意角色的實際範圍仍有解讀與辯論空間。理論上，參議院可以阻擋總統任命他偏好的任何內閣官員或法官——這個行為雖然名義上合憲，卻會掣肘政府。這沒有發生，[82]一部分是因為既有的眾議院規範是尊重總統填補他的內閣和最高法院空缺。一八〇〇到二〇〇五年間只有九次總統的內閣提名被阻擋；[83]一九二五年參議院阻擋柯立芝（Calvin Coolidge）總統挑選的檢察總長，柯立芝憤怒地指控參議院違反「三個世代以來允許總統自選內閣的慣例作法」。[84]

參議院向來保留否決個別最高法院法官提名的權力。連華盛頓總統在一七九五年都有一次提名被擋掉。但參議院在歷史上一向審慎使用這個權力。一八八〇到一九八〇年間，超過九十%[85]的最高法院提名被通過，只有三位總統——克里夫蘭、胡佛和尼克森——的人選被拒絕過。即使參議員不同意他們的意識型態，很夠資格的被提名人必然會通過。[86]超保守派的安東寧．史卡利亞[87]是雷根任命的，在一九八六年以九十八票比零過關，即使民主黨的票數（四十七票）足以冗長發言杯葛。

無論個別被提名人是否通過，參議院早就接受了總統任命法官的終極職權。在一八六六到二〇一六年的一百五十年間，參議院一次也沒有阻止總統填補最高法院空缺。這段期間有七十四次，總統在繼任者選出之前想要填補法院空缺。雖然未必第一次就成功，這七十四次終究都實現了。[88]

最後，憲法賦與國會最具潛在爆炸性的特權之一就是以彈劾拉下現任總統。英國學者布萊斯（James Bryce）在一百多年前指出，這是「國會軍火庫裡最強的重砲」。[89]但是布萊斯又說，「因為它太沉重，不適合日常使用」。憲法學者惠廷頓警告，如果輕易動用，彈劾可能變成「傷害民選官員與推翻選舉結果的黨派工具。」[90]

這真的發生了，我們已經注意到，二〇一二年在巴拉圭的兩天內「火速」彈劾盧戈總統，還有一九九七年在厄瓜多以「精神失能」的不實根據推翻布卡蘭。這兩個案例中，彈劾變成了武器——被國會領袖用來拉下他們不喜歡的總統。

理論上，美國總統也可能遭遇盧戈或布卡蘭的命運。在美國彈劾的法律障礙其實相當低。[91]憲法上，只需要眾議院的簡單多數。雖然確認與解除總統職務需要參議院的三分之二選票，未能確認的彈劾仍是個可能削弱總統變成跛鴨的創傷事件——就像一八六八年之後安德魯·強森總統的例子。

然而跟巴拉圭或厄瓜多不同的是，美國的彈劾一向受到自制的規範。憲法學者圖施奈形容此規範：「眾議院不該積極進行彈劾，[92]除非……有合理機率顯示彈劾結果會是目標人物去職。」因為去職需要參議院的三分之二票數，表示彈劾至少應該具有跨黨派的支持。一八六八年強森被彈劾之後，國會就不曾認真彈劾總統，直到一百多年後的尼克森醜聞。

美國的制衡制度在二十世紀有效，是因為它深植在互相容忍與自制的強力規範中。並不是說美國經歷過什麼純粹的黃金時代，有某種紳士又合乎運動家精神的昆斯貝里拳擊規則（強制戴拳擊手套避免傷人）的版本主宰全國政壇。在許多時候，民主規範被挑戰甚至違反過。其中三個事件值得一提。

第一個我們已經談過了：羅斯福在大蕭條與二戰期間史無前例的集權。除了安插人馬進法院，羅斯福仰賴片面行動，對制衡的傳統造成了嚴重的挑戰。他使用行政命令[93]——在他任內超過三千次，平均每年三百多次——堪稱空前絕後。他決定尋求第三屆（後來還要第四屆）任期，[94]粉碎了將近一百五十年來總統只限兩任的規範。

然而，羅斯福的任內沒有陷入專制。這有很多原因，但其中一個是羅斯福的許多行政逾矩引發了跨黨派反抗。法院塞人計畫被兩黨拒絕，雖然羅斯福摧毀了總統限兩任的不成文規則，對舊規範的支持強到在他死後不到兩年的一九四七年，國會的兩黨聯合通過了第二十二修正案，載明於憲法中。護欄在羅斯福時代受到考驗，但是撐住了。

麥卡錫主義則是在一九五〇年代初期對美國的制度造成第二次重大挑戰，威脅到相互容忍的規範。共產主義崛起嚇到了許多美國人，尤其是蘇聯在四〇年代末期成為核武霸權之後。反共歇斯底里症可以為了黨派目的被利用：政治人物可以扣人紅帽子，或把對手打成共產主義者或共產主義同路人以爭取選票。

一九四六到一九五四年間，反共滲入了黨派政治。冷戰來臨造成了對國家安全的狂熱，[95]將近二十年沒掌握國家權力的共和黨也急切地尋找新的選舉訴求。

威斯康辛州參議員約瑟夫．麥卡錫（Joseph McCarthy）找到了這個訴求。麥卡錫最初在一九四七年選上參議員，在一九五〇年二月九日，西維吉尼亞州惠靈市的俄亥俄郡共和黨婦女俱樂部面前發表一篇惡名昭彰的演講，躍上全國舞台。[96]麥卡錫大罵共產主義和內部有「叛徒」，然後冒出一句瞬間變經典的台詞：「我手上有一份國務卿也知情的兩百零五人名單，[97]但他們仍在國務院裡工作、制定政策。」各界反應非常迅速。媒體都瘋掉了。喜歡受矚目的煽動者麥卡錫開始重複這篇演講，發現自己挖到政治金礦了。民主黨氣壞了。溫和共和黨人心生警覺，[98]但保守共和黨人看出其中的潛在政治利益，支持麥卡錫。共和黨參議員塔夫特（Robert Taft）傳話給他，「繼續講」。[99]三天後，麥卡錫發電報給杜魯門總統說，「拿起電話問（國務卿）艾奇遜他沒能開除的共產黨員有多少[100]……你的失職會讓民主黨貼上國際共產主義同路人的標籤。」

扣紅帽子變成了五〇年代初期共和黨候選人常用的戰術。尼克森在一九五〇年競選參議員用過，抹黑他的民主黨對手海倫．道格拉斯（Helen Gahagan Douglas）是「追隨共產黨陣線」的「粉紅女士」。[101]在佛羅里達，共和黨員史馬瑟斯（George Smathers）發動惡毒競選對付現任的克勞德．比柏（Claude Pepper），把民主黨對手貼上「紅辣椒」[102]標籤。

到了一九五二年總統大選時，顯然麥卡錫的惡性反共是用來痛打民主黨的有用武器。麥卡錫受邀到全國各地的競選活動演講。即使溫和派共和黨總統候選人艾森豪，雖對麥卡錫感覺矛盾，仍仰賴他產生的政治活力。麥卡錫反覆攻擊民主黨候選人阿德萊．史蒂文生（Adlai Stevenson）是叛徒，[103]故意混淆他和被控是蘇聯間諜的希斯（Alger Hiss）的名字。艾森豪起初排斥[104]跟麥卡錫同台，但在共和黨全國委員會的堅持下，選前一個月這兩人一起在威斯康辛競選。

麥卡錫黨羽在一九五二年對相互容忍的攻擊達到巔峰。艾森豪入主白宮之後，共和黨領袖們認為麥卡錫的戰術沒那麼有用了。而麥卡錫對艾森豪政府，尤其是對美國陸軍的攻擊，讓他很沒面子。轉捩點發生在一九五四年陸軍—麥卡錫聽證會的電視實況轉播，麥卡錫氣焰被陸軍的總律師威爾許（Joseph Welch）壓倒，他回應麥卡錫毫無根據的指控說，「先生，你沒有羞恥心嗎？經過這麼久，你已經不剩任何羞恥心了？」麥卡錫的支持度下滑，六個月後參議院表決譴責他，實質上終結了他的仕途。

麥卡錫失勢讓扣紅帽行為失去公信力，新的貶抑標籤興起：「麥卡錫主義」。一九五四年之後，很少共和黨人公然使用這招，敢用的人也被批評。連永遠務實的尼克森也開始重新考慮使用麥卡錫黨羽的措辭。[105]根據某傳記作者，連副總統在一九五六年連任競選中也「用心盡力承認民主黨的國家忠誠度」。[106]雖然有像柏奇協會（John Birch Society）等極端團體「維繫麥卡錫主義的精神」，[107]但只能在共和黨外圍運作。不過互相容忍的規範在兩黨的主流派系裡完整無缺，直到二十世紀末期。

美國民主機制的第三個重大考驗是尼克森政府的專制行為。雖然在五〇年代公開表態接受，尼克森從未完全接受互相容忍的規範。他把對手和媒體視為敵人，[108]而且和幕僚合理化違法活動，宣稱他們的國內對手──通常被描述為無政府主義者和共產黨[109]──對國家或憲政秩序造成威脅。尼克森一九七一年下令哈德曼（H. R. Haldeman，白宮幕僚長）策畫侵入布魯金斯研究所（但是從未實行），跟他的助手說，「我們在對抗一個敵人，[110]一個陰謀。我們會用任何手段……懂了嗎？」同樣地，水門案共謀里迪（G. Gordon Liddy）合理化一九七二年闖入民主黨全國委員會總部，宣稱白宮「對國內與海外，都在戰爭」。[111]

尼克森政府偏離民主規範的道路[112]始於浮濫監聽與用其他方式監視記者、反對活動人士、民主黨全國委員會和愛德華・甘迺迪參議員等知名民主黨人。一九七〇年十一月，尼克森發出備忘錄給哈德曼命令他整理政府對手的名單以研發一項「情報計畫……對抗他們。」幾百個人名，包括「數十個民主黨人」[113]被列入名單。政府也把國稅局當作政治武器，[114]稽查民主黨全國委員會主席奧布萊恩（Larry O'Brien）等關鍵對手。不過更重要的是，尼克森在一九七二年大選中企圖破壞民主黨對手，在搞砸水門大廈闖入案後告終。

眾所周知，尼克森對民主機制的犯罪攻擊被抑制了。[115]一九七三年二月，參議院成立了跨黨派的總統競選活動遴選委員會，主席是北卡州的民主黨參議員山姆・厄文（Sam Ervin）。厄文委員會兩黨皆有：副主席田納西州共和黨的霍華・貝克（Howard Baker）形容它的任務是「跨黨派尋找未經粉飾的真相」。[116]委員會開始運作時，有十來個共和黨參議員[117]加入民主黨員呼籲設立獨立特別檢察官。阿奇博・考克斯（Archibald Cox）在五月被任命。到了一九七三年中期，調查焦點逼近尼克森。參院聽證會揭露白宮祕密錄音帶的存在，可能讓總統入罪。考克斯要求尼克森交出錄音帶[118]——兩黨領袖都呼應這個要求。尼克森使出狠招，拒絕交出錄音帶而且後來開除考克斯，但沒有成功。

這個舉動引發各界呼籲尼克森辭職，同時紐澤西州的羅迪諾（Peter Rodino）擔任主席的眾議院司法委員會跨出通往彈劾程序的第一步。一九七四年七月二十四日，最高法院裁定尼克森必須交出錄音帶。這時候，羅迪諾已獲得足夠的共和黨支持司法委員會推動彈劾。[119] 雖然尼克森抱著希望能夠號召避免參議院確認所需的共和黨三十四席，[120] 但參議院共和黨團派高華德（Barry Goldwater）去通知他，彈劾已無可避免。尼克森問高華德他有多少票，據說高華德回答，「頂多十票，或許更少。」[121] 兩天後，尼克森辭職。一部分因為兩黨合作，國會和法院制衡了總統權力的濫用。

美國的民主機制在二十世紀遭到了幾次挑戰，但每次都被有效壓制。護欄維持住，因為兩黨的政治人物——通常還有整個社會——會反制可能威脅民主的違規。結果，不容忍與黨派惡鬥的戲碼從未升高成三〇年代毀掉歐洲民主和六〇到七〇年代拉丁美洲那種「死亡螺旋」。

不過，我們必須以惱人的警告總結。維繫我們政治體制的規範在相當程度上依賴種族排斥。重建結束到一九八〇年代這段期間的穩定立基於一項原罪：一八七七年的妥協跟後續效應，允許南方去民主化與鞏固吉姆·克勞法（一八七六至一九六五年間美國南方以及邊境各州對有色人種實行種族隔離制度的法律）。種族排斥直接貢獻了成為二十世紀美國政治特徵的黨派文明化與合作。「穩固的南方」成為民主黨內部的強大保守力量，同時否決民權與充當聯絡共和黨的橋樑。南方民主黨的意識型態接近保守派共和黨，減輕了兩極化促進兩黨合作。但這麼做的重大代價是讓民權與美國的完全民主化脫離了政治焦點。[122]

所以，美國的民主規範誕生於排斥的脈絡中。只要政壇大致仍由白人主導，民主黨與共和黨就有很多共通點。兩黨都不太可能把對方當作存在的威脅。始於二戰之後，以一九六四年民權法案和一九六五年投票權法案終結的種族融合過程，終究會把美國完全民主化。但也會讓國家兩極化，對重建以來建立的互相容忍與自制模式造成最大的挑戰。[123]

註釋

1「我會向國會要求」：小羅斯福，第一任就職演說，一九三三年三月四日，〈艾瓦隆計畫：法律、歷史與外交文件〉（The Avalon Project：Documents in Law, History, and Diplomacy），耶魯法學院，http:/avalon .law.yale.edu/20th_century/froos1.asp。

2 法院認為……大部分：莫里森（Samuel Eliot Morison）和康馬傑（Henry Steele Commager），《美國共和的成長》（*The Growth of the American Republic*）（New York, Oxford University Press, 1953）, pp. 615–16。

3 羅斯福的提案：米爾基斯（Sidney Milkis）和尼爾森（Michael Nelson），《美國總統職務：起源與沿革》（*The American Presidency：Origins and Development, 1776–2014*）第七版，（Washington, DC：Congressional Quarterly Press, 2016），pp. 378–79。

4 羅斯福的法院塞人計畫：費爾德曼（Noah Feldman），《蠍子：小羅斯福的最高法院大法官的戰鬥與勝利》（*Scorpions：The Battles and Triumphs of FDR's Great Supreme Court Justices*）（New York：Twelve, 2010）, p.108。

5 聯邦黨人通過：霍夫史塔特（Hofstadter），《政黨制度的概念》（*The Idea of a Party System*），p.107。

6 此法案被用來：克倫森（Matthew Crenson）和金斯柏格（Benjamin Ginsberg），《總統的權力：沒有制衡》（*Presidential Power：Unchecked and Unbalanced*）（New York：W. W. Norton, 2007）, pp.49–50；霍夫斯塔德，《政黨制度的概念》，pp.107–11。

7「合法合憲的步驟」：霍夫史塔特，《政黨制度的概念》，pp.136, 140；伍德（Wood），《美國的概念》（*he Idea of America*），p. 246。

8「精神典範」：同前，p. 216。

9「很多對手」：柯爾（Donald B. Cole），《馬丁．范布倫與美國政治體制》（*Martin Van Buren and the American Political System*）（Princeton, NJ：Princeton University Press, 1984）, pp.39, 430。

10 范布倫的世代：參閱霍夫史塔特，《政黨制度的概念》，pp.216–31。

11「情緒強度」：費倫巴赫爾（Donald Fehrenbacher），《南方與三個區域危機》（*The South and the Three Sectional Crises*）（Baton Rouge：Louisiana State University Press, 1980），p. 27。

12「爬到白人頭上」：引述自尼文（John Niven），《約翰．考宏傳記：聯邦的代價》（John C. Calhoun and the Price of Union：A Biography）（Baton Rouge：Louisiana State University Press, 1988），p. 325。

13「憲法與聯邦的叛徒」：蕭（Henry M. Shaw）議員，美國眾議院，一八五八年四月二十日。參閱 https://archive.org/details/kansasquestionsp00shaw；菲利浦斯（Ulrich Bonnell Phillips），《羅伯．土姆斯的生涯》（*The Life of Robert Toombs*）（New York：The MacMillan Company, 1913），p. 183。

14 反蓄奴政治人物：史蒂文斯（Thaddeus Stevens）議員，美國眾議院，一八五〇年二月二十日。參閱 https://catalog.hathitrust.org/Record/009570624。

15 耶魯歷史學家傅里曼：傅里曼（Joanne B. Freeman），〈對國會議員施暴有悠久不祥的歷史〉（Violence Against Members of Congress Has a Long, and Ominous, History），《華盛頓郵報》，二〇一七年六月十五日。亦參閱傅里曼，《血腥戰場：國會暴力與通往內戰之路》（*The Field of Blood：Congressional Violence and the Road to Civil War*）（New York：Farrar, Straus and Giroux, 2018）。

16 眾所周知林肯總統擱置了人身保護令：米爾基斯和尼爾森，《美國總統職務》，pp. 212–13。

17 慘重的破壞：梅南（Louis Menand），《形而上學俱樂部：美國觀念史》（*The Metaphysical Club：A Story of Ideas in America*）（New York：Farrar, Straus and Giroux, 2001），p. 61。

18 當時的政治學教授威爾遜：威爾遜（Woodrow Wilson），《國會政府：美國政治研究》（*Congressional Government：A Study in American Politics*）（Boston：Houghton Mifflin Company, 1885）。

19「企圖摧毀……的每個人」：英格索（Robert Green Ingersoll），《五十次重大選擇、演講、致敬與晚宴後演說》（*Fifty Great Selections, Lectures, Tributes, After Dinner Speeches*）（New York：C. P. Farrell, 1920），pp. 157–58。

20 共和黨國會刪減法官人數：霍威爾（Horwill），《美國憲法的用途》（*The Usages of the American*

Constitution），p. 188。

21「嚴重行為不檢」：惠廷頓（Keith Whittington），〈比爾・柯林頓不是安德魯・強森：兩次彈劾比較〉（Bill Clinton Was No Andrew Johnson : Comparing Two Impeachments），《*University of Pennsylvania Journal of Constitutional Law*》2 no. 2（May 2000）, pp. 438–39。

22「收起血襯衫」：卡爾霍恩（Charles Calhoun），《從血襯衫到晚宴：鍍金時代政治與治理的轉變》（*From Bloody Shirt to Full Dinner Pail : The Transformation of Politics and Governance in the Gilded Age*）（New York : Hill and Wang , 2010）, p. 88。

23 協議實質上終止了重建：伍德沃德（C. Vann Woodward），《統一與反應：一八七七年的妥協與重建的結束》（*Reunion and Reaction : The Compromise of 1877 and the End of Reconstruction*）（Boston : Little, Brown and Company）, 1966。

24 兩極化逐漸減緩：麥卡蒂（McCarty）、普爾（Keith Poole）和羅森塔爾（Howard Rosenthal），《兩極化的美國：意識型態與不平等財富之舞》（*Polarized America : The Dance of Ideology and Unequal Riches*）（Cambridge, MA : MIT Press, 2008）, p. 10。

25 兩黨合作得以實現：摩根（Kimberly Morgan）和普拉薩德（Monica Prasad），〈稅制的起源：法美兩國比較〉（The Origins of Tax Systems : A French American Comparison），《美國社會學期刊》（*American Journal of Sociology*）114，no. 5（2009）, p.1366。

26 在他兩大冊的傑作中：布萊斯（James Bryce），《美利堅聯邦》（*The American Commonwealth*）vol. 1，（New York : Macmillan and Company, 1896）, pp. 393–94。

27 幾乎沒說什麼：霍威爾（Howell），《不須說服的權力》（*Power Without Persuasion*），pp. 13–14。

28 行政部門建立了：史列辛格（Arthur M. Schlesinger Jr.），《帝國總統職務》（*The Imperial Presidency, Boston : Houghton Mifflin, [1973] 2004*）：克倫森和金斯柏格，《總統的權力》（*Presidential Power*）：艾克曼（Ackerman），《美國共和的衰亡》（*The Decline and Fall of the American Republic*）：米爾基斯和尼爾

森，《美國總統職務》；艾德爾森（Chris Edelson），《不受限的權力：後九一一時代的總統職務與國家安全》（*Power Without Constraint : The Post-9 /11 Presidency and National Security*）（Madison : University of Wisconsin Press, 2016）。

29「符合憲法的攻城錘」：艾克曼，《美國共和的衰亡》，pp. 87–119；克倫森和金斯柏格，《總統的權力》，pp. 180–351；艾德爾森，《不受限的權力》。

30 認為自己的目標被拖延的總統：霍威爾（William Howell），〈中央集權的權力：概觀〉（Unitary Powers : A Brief Overview），《總統研究季刊》（*Presidential Studies Quarterly*）35, no. 3（2005）, p. 417。

31 總統可能繞過司法：參閱賽門（James F. Simon），《林肯與坦尼大法官：奴隸制、分裂與總統的戰爭權力》（*Lincoln and Chief Justice Taney : Slavery, Secession, and the President's War Powers*）（New York : Simon & Schuster, 2007）。

32「自然令人嚴謹與慎重」：漢密爾頓，《聯邦黨人文集》第七十四篇。

33「我走在無人所到之地」：引述於格林斯坦（Fred Greenstein），《發明總統職位：從喬治．華盛頓到安德魯．傑克遜領導風格》（*Inventing the Job of President : Leadership Style from George Washington to Andrew Jackson*）（Princeton, NJ : Princeton University Press, 2009）, p.9。

34 他極力捍衛：米爾基斯和尼爾森，《美國總統職務》，p. 91。

35 他克制使用否決權：同前，p. 82。

36「簽署許多法案」：引述自同前，p. 82。

37 華盛頓也不太願意發布：彼得斯（Gerhard Peters）和伍利（G John T. Woolley），〈行政命令〉（Executive Orders），「美國總統職務計畫」（The American Presidency Project），伍利和彼得斯編輯，Santa Barbara, CA, 1999–2017。詳見http://www.presidency.ucsb.edu/data/orders.php。

38「因準備好放棄權力才得到權力」：威爾斯（Garry Wills），《辛辛納圖斯：喬治．華盛頓與啟蒙》（*Cincinnatus : George Washington and the Enlightenment*）（Garden City, NY : Doubleday, 1984）, p. 23。

39「如果有任何人」：伍德（Gordon Wood），《革命要角：開國先賢為什麼特殊》（*Revolutionary Characters : What Made the Founders Different*），（New York : Penguin, 2006）, pp. 30–31。亦請參閱李普賽特（Seymour Martin Lipset），〈喬治．華盛頓與民主的創建〉（George Washington and the Founding of Democracy），《民主期刊》9，no. 4（October 1999）, pp. 24–36。

40 忠僕理論：斯科夫羅內克（Stephen Skowronek），《總統們創造的政治：從約翰．亞當斯到比爾．柯林頓》（*The Politics Presidents Make : Leadership from John Adams to Bill Clinton*）（Cambridge, MA : Harvard University Press, 1993）, pp. 243–44。

41「無窮的精力與野心」：引述於米爾基斯和尼爾森，《美國總統職務》，pp.125–27。

42「你沒發現」：引述於同前，p. 125。

43 羅斯福意外地表現出克制：同前，p.128。

44 他很小心：米爾基斯和尼爾森，《美國總統職務》第五版，（Washington, DC : Congressional Quarterly Press, 2008）, p. 217。

45 羅斯福的操作：同前，pp. 289–90。

46 總統遵守既有規範：克倫森和金斯柏格，《總統的權力》，p. 211；艾克曼，《美國共和的衰亡》，p. 87。

47 他們從不使用特赦保護：斯科爾（Lauren Schorr），〈打破特赦權：國會與特赦檢察署〉（Breaking the Pardon Power : Congress and the Office of the Pardon Attorney），《美國刑法評論》（*American Criminal Law Review*）46（2009）, pp. 1535–62。

48「狂熱聯邦黨人」：漢弗利（Alexander Pope Humphrey），〈山繆．蔡斯的彈劾〉（The Impeachment of Samuel Chase），《維吉尼亞法律紀錄》（*The Virginia Law Register*）5，no. 5（September 1889）, pp. 283–89。

49 傑佛遜推動彈劾他：埃利斯（Ellis），《美國獅身人面像》（*American Sphinx*），p. 225。

50「從頭到尾的政治迫害」：漢弗利，〈山繆．蔡斯的彈劾〉，p. 289。歷史學家霍夫史塔特形容蔡斯的彈劾是

「黨派戰爭的行為，簡單明瞭」（霍夫史塔特，《政黨制度的概念》，p. 163）。

51 參議院宣告蔡斯無罪：艾普斯坦（Lee Epstein）和席爾（Jeffrey A. Segal），《建議與同意：司法任命的政治》（*Advice and Consent : The Politics of Judicial Appointments*）（New York : Oxford University Press, 2005）, p. 31。

52 起點是聯邦黨人出手：以下是七個例子：1. 一八〇〇年，跛鴨（lame-duck，指因任期快滿而失去政治影響力的公職人員）的聯邦黨國會把最高法院從六人減到五人以限制傑佛遜塑造司法的能力；2. 一八〇一年，新上任的傑佛遜派國會把法院規模從五人恢復到六人；3. 一八〇七年，國會把最高法院擴編到七人給傑佛遜額外任命權；4. 一八三七年，國會把法院擴張到九人給安德魯．傑克遜兩個額外任命；5. 一八六三年，國會把法院擴張到十人給林肯多一個反蓄奴法官；6. 一八六六年，共和黨控制的國會把法院減到七人以限制民主黨總統傑克遜塑造法院的能力；7. 一八六九年，國會把法院擴張到九人給新當選的共和黨總統格蘭特兩個額外任命權。參閱史密斯（Jean Edward Smith），〈往法院塞人〉（Stacking the Court），《紐約時報》，二〇〇七年七月二十六日。

53「如此過分行為」：威爾遜（Woodrow Wilson），《老大師與其他政治論述》（*An Old Master and Other Political Essays*）（New York : Charles Scribner's Sons, 1893）, p. 151。

54「對黨性堅強者很誘人」：哈里遜（Benjamin Harrison），《我們這個國家》（*This Country of Ours*）（New York : Charles Scribner's Sons, 1897）, p. 317。

55「強到足以阻止」：霍威爾，《美國憲法的用途》，p. 190。

56「特別狂妄自大」：艾普斯坦和席格，《建議與同意》，p. 46。

57「公開宣戰」：引述於白蘭茲（H. W. Brands），《階級的叛徒：小羅斯福的特權人生與激進執政》（*Traitor to His Class : The Privileged Life and Radical Presidency of Franklin Delano Roosevelt*）（New York : Doubleday, 2008）, pp. 470–71。

58「讓他自己往實質獨裁者邁進了一步」：引述於費爾德曼，《蠍子》，p. 108。

59「改變意義」：白蘭茲，《階級的叛徒》，p. 472。

60「這個爛攤子有馬基維利的味道」：格雷斯利（Gene Gressley），〈奧馬洪尼、小羅斯福與最高法院〉（Joseph C. O'Mahoney, FDR, and the Supreme Court），《太平洋歷史評論》（*Pacific Historical Review*）40, no. 2（1971）, p. 191。

61「高明撤退」：莫里森和康馬傑，《美國共和的成長》，p. 618。

62 發展出各種工具：科格爾（Gregory Koger），《冗長發言：參眾兩院阻擋的政治史》（*Filibustering：A Political History of Obstruction in the House and Senate*）（Chicago：University of Chicago Press, 2010）；瓦羅（Gregory J. Wawro）和席克勒（Eric Schickler），《冗長發言：美國參議院的阻擋與立法》（*Filibuster：Obstruction and Lawmaking in the U.S. Senate*）（Princeton, NJ：Princeton University Press, 2006）。

63 參議院沒有任何限制討論的規則：瓦羅和席克勒，《冗長發言》，p. 6。

64「每個參議員都有龐大權力」：馬修斯（Matthews），《美國參議員與他們的世界》（*U.S. Senators and Their World*），p.100。

65 沒有發生這類癱瘓：同前，p.101；瓦羅和席克勒，《冗長發言》，p. 41。

66「作為潛在威脅而存在」：馬修斯，《美國參議員與他們的世界》，p. 101。

67 馬修斯的前瞻性研究：同前；以及馬修斯，〈美國參議院的習俗：集體規範的整合與立法有效性〉（The Folkways of the United States Senate：Conformity to Group Norms and Legislative Effectiveness），《美國政治科學評論》（*American Political Science Review*）53，no. 4（Decenber 1959）, pp.1064–89。

68 禮貌的意思：馬修斯，《美國參議員與他們的世界》，pp.98–99。

69「很難不叫他騙子」：引述於馬修斯，〈美國參議院的習俗〉，p.1069。

70「你在這個議題的敵人」：馬修斯，《美國參議員與他們的世界》，p. 98。

71「要求至少在外表」：同前，p.99。

72「如果參議員……用到極限」：馬修斯，〈美國參議院的習俗〉，p. 1072。

73「這不是友誼問題」：引述於馬修斯，《美國參議員與他們的世界》，p.100。

74 沒有此……的制度性工具了：關於參議院冗長發言的起源和演變，參閱賓德（Sarah Binder）和史密斯（Steven Smith），《政治或原則？美國參議院的冗長發言》（*Politics or Principle ? Filibustering in the United States Senate*）（Washington, DC : Brookings Institution Press, 1997）；瓦羅和席克勒，《冗長發言》；以及科格爾，《冗長發言》。

75 但是很少發生：瓦羅和席克勒，《冗長發言》，pp. 25–28。

76「最後手段的程序武器」：賓德和史密斯，《政治或原則？》，p. 114。

77 只發生過二十三次明顯的冗長發言：同前，p. 11。

78 冗長發言略有增加：瓦羅和席克勒，《冗長發言》，p. 41。

79 賓德和史密斯：賓德和史密斯，《政治或原則？》，p. 60。

80 冗長發言仍很少見：同前，p. 9。

81「建議與同意」：霍威爾，《美國憲法的用途》，pp. 126–28；艾普斯坦和席格，《建議與同意》（New York : Oxford University Press, 2007）；卡爾（Robin Bradley Kar）和馬佐尼（Jason Mazzone），〈賈蘭德事件：歷史與憲法中對歐巴馬總統任命史卡利亞大法官繼任者之權力的真正說法〉（The Garland Affair : What History and the Constitution Really Say About President Obama's Powers to Appoint a Replacement for Justice Scalia），《紐約大學法律評論》（*New York University Law Review*）91（May 2016），pp. 58–61。

82 這沒有發生：霍威爾，《美國憲法的用途》，pp. 137–38；卡爾和馬佐尼，〈賈蘭德事件〉，pp. 59–60。

83 只有九次總統的內閣提名被阻擋：艾普斯坦和席格，《建議與同意》，p. 21。

84「三個世代以來……作法」：霍威爾，《美國憲法的用途》，pp. 137–38。

85 超過九十%：根據卡爾和馬佐尼，〈賈蘭德事件〉，pp. 107–14。

86 很夠資格的提名人：艾普斯坦和席格，《建議與同意》，p. 106。

87 超保守派的安東寧．史卡利亞：同前，p. 107。

88 這七十四次：根據卡爾和馬佐尼，〈賈蘭德事件〉，pp. 107–14。
89「最強的重砲」：布萊斯，《美利堅聯邦》（New York : Macmillan and Company,〔1888〕1896），p. 211。
90「傷害民選官員的黨派工具」：惠廷頓，〈彈劾不該是黨派事務〉（An Impeachment Should Not Be a Partisan Affair），《法律戰》網站，二〇一七年五月十六日。
91 彈劾的法律障礙：同前。
92「眾議院不該」：圖施奈（Tushnet），〈合憲狠招〉（Constitutional Hardball），p. 528。
93 他使用行政命令：資料出自彼得斯（Gerhard Peters）和伍利（John T. Woolley），〈美國總統職務計畫〉（2017），http://www.presidency.ucsb.edu/executive_orders.php?year=2017。
94 他決定尋求：憲法學者費爾德曼形容法院塞人計畫是「史上發生過最厲害的合憲高招之一」。參閱費爾德曼，《蠍子》，p. 108。
95 冷戰來臨：希爾斯（Edward Shils），《保密的折磨》（*The Torment of Secrecy*），（Glencoe : Free Press, 1956），p. 140。
96 麥卡錫躍上全國舞台：佛萊德（Richard Fried），《紅色噩夢：透視麥卡錫時代》（*Nightmare in Red : The McCarthy Era in Perspective*）（Oxford : Oxford University Press, 1990）, p. 122。
97「我手上有」：引述自同前，p. 123。
98 溫和共和黨人心生警覺：同前，p.125。
99「繼續講」：引述自同前，p. 125。
100「拿起電話」：引述自格里菲斯（Robert Griffith），《恐懼的政治：麥卡錫與參議院》（*The Politics of Fear : Joseph McCarthy and the Senate*）（Amherst : University of Massachusetts Press, 1970）, pp. 53–54。
101「粉紅女士」：摩根（Iwan Morgan），《尼克森》（London : Arnold Publishers, 2002），p. 19。
102「紅辣椒」：馬修，《美國參議員與他們的世界》，p.70。
103 麥卡錫反覆攻擊：佛萊德，《紅色惡夢》，p. 22。

104 艾森豪起初排斥：尼科爾斯（David Nichols），《艾克與麥卡錫：艾森豪對麥卡錫的祕密戰役》（*Ike and McCarthy : Dwight Eisenhower's Secret Campaign Against Joseph McCarthy*）（New York : Basic Books, 2017）, pp. 12–15。

105 連尼克森：摩根，《尼克森》，p. 53。

106「用心盡力」：同前，p. 57。

107「維繫麥卡錫主義的精神」：卡巴塞維奇（Geoffrey Kabaservice），《規則與毀滅：溫和的衰落與共和黨的毀滅，從艾森豪到茶黨》（*Rule and Ruin : The Downfall of Moderation and the Destruction of the Republican Party, from Eisenhower to the Tea Party*）（New York : Oxford University Press, 2012）, p. 126。

108 把媒體視為敵人：摩根，《尼克森》，pp. 158–59；奧爾森（Keith W. Olson），《水門案：震撼美國的總統醜聞》（*Watergate : The Presidential Scandal That Shook America*）（Lawrence : University Press of Kansas, 2003）, p. 2。

109 無政府主義者和共產黨：謝爾（Jonathan Schell），〈幻覺的時代〉（The Time of Illusion），《紐約客雜誌》，一九七五年六月二日；奧爾森，《水門案》，p. 30。

110「我們是在對抗一個敵人」：摩根，《尼克森》，p. 24。

111「對國內與海外，都在戰爭」：佩爾斯坦（Rick Perlstein），《尼克森國度：總統的崛起與美國的分裂》（*Nixonland : The Rise of a President and the Fracturing of America*）（New York : Scribner, 2008）, p. 667。

112 尼克森政府偏離民主規範的道路：摩根，《尼克森》，pp. 160, 179；奧爾森，《水門案》，p. 12；佩爾斯坦，《尼克森國度》，pp. 517, 676。

113「數十個民主黨人」：摩根，《尼克森》，p. 24。

114 政府也把……當作政治武器：佩爾斯坦，《尼克森國度》，p. 413。

115 尼克森的對民主制度的犯罪攻擊：奧爾森，《水門案》，pp. 35–42。

116「跨黨派尋求未經粉飾的真相」：引述自同前，p. 90。

117 十來個共和黨參議員：同前，pp. 76–82。

118 考克斯要求尼克森：同前，p. 102。

119 羅迪諾已獲得足夠的共和黨支持：同前，p. 155。

120 尼克森抱著希望：摩根，《尼克森》，pp. 186–87。

121「頂多十票，或許更少」：奧爾森，《水門案》，p. 164。

122 美國的完全民主化：席克勒（Eric Schickler），《種族重組：美國自由主義的轉變》（*Racial Realignment : The Transformation of American Liberalism, 1932–1965*）（Princeton, NJ : Princeton University Press, 2016）。

123 對已建立模式的最大挑戰：亦參閱米奇、李維茲基和魏，《美國的民主仍然安全嗎？》（*Is America Still Safe for Democracy?*），pp.20–29。

Chapter 7

The Unraveling

崩解

二〇一六年二月十三日週六的下午，聖安東尼奧一家報社報導最高法院大法官史卡利亞（Antonin Scalia）在德州狩獵度假時死於睡夢中。社交媒體大爆炸。幾分鐘內，前共和黨幕僚兼保守派法律刊物《聯邦黨人》（*The Federalist*）創辦人在推特發文，「如果史卡利亞真的過世了，[1]參議院在二〇一六年必須拒絕確認任何大法官，把提名權留給下任總統。」之後不久，共和黨參議員麥克．李（Mike Lee）的媒體主任在推特發文，「比零更低的是什麼？[2]歐巴馬成功任命最高法院法官取代史卡利亞的機會。」到了傍晚，參議院多數黨領袖米契．麥康納（Mitch McConnell）發表聲明向史卡利亞家屬致哀但也宣稱，「這個空缺不該填補，直到選出新總統。」

二〇一六年三月十六日，歐巴馬總統提名上訴法院法官梅瑞克．賈蘭德（Merrick Garland）填補史卡利亞遺缺，沒人懷疑賈蘭德是夠格的候選人，再怎麼說他也是個意識型態溫和派。但是美國史上頭一遭，[3]參議院根本拒絕考慮民選總統提名的最高法院人選。如我們所見，參議院挑選最高法院法官時，向來用自制行使建議與同意權：從一八六六年起，每次總統[4]在選出繼任者之前提案填補最高法院空缺，都是被允許的。

但是到了二〇一六年世界變了。現在，參院共和黨嚴重偏離歷史先例否決總統提名新法官的職權。這是違反規範的特例。不到一年後，共和黨入主白宮，參院共和黨如願以償：保守派法官候選人葛薩奇（Neil Gorsuch）迅速獲得通過。共和黨踐踏了一個基本民主規範——其實，搶走了最高法院席次——而且不受譴責。

支撐美國民主機制的傳統正在崩解，在我們的政治體系如何運作和它該怎麼運作的長久期望之間打開了一個令人不安的漏洞。隨著脆弱的護欄弱化，我們對反民主領袖而言也越來越脆弱。

連續打破規範的唐納・川普因為攻擊美國的民主規範廣受各方（很正確的）批評。但問題不是從川普開始。規範腐蝕的過程始於幾十年前——在川普走下電扶梯宣布競選總統之前很久。

一九七八年在喬治亞州西北部的國會競選活動中，年輕的紐特‧金瑞契（Newt Gingrich）在亞特蘭大外圍的選區第三次出馬。先前自稱自由派共和黨競選兩次失敗之後，他終於贏了——這次變成保守派，掌握了共和黨失去了一百三十年的選區。金瑞契戴眼鏡的學者外型（他在一所地方大學當過歷史教授）、活潑的演說、濃密亂髮與茂盛鬢角，掩蓋了即將改變美國政壇的殘忍無情。

一九七八年六月的競選中，金瑞契在亞特蘭大機場的假日客棧認識了一群共和黨大學生，用比他們熟悉的更直率殘忍的政治願景拉攏他們。他找到了飢渴的聽眾。金瑞契警告這些共和黨年輕人別再用「童子軍字眼，[5]那用在營火旁聊天很好，但在政治上沒用。」他又說：

你們是在打仗。這是權力的戰爭……這個黨不需要另一個謹慎、穩重、小心、溫吞、無能的假領袖世代……我們真正需要的是激烈互毆中願意挺身而出的人……政治領袖的主要目的是什麼？……建立多數地位。

一九七九年金瑞契抵達華盛頓時，他把政治當戰爭的願景跟共和黨領導層並不同調。眾議院少數黨領袖米歇爾（Bob Michel），[6]國會休會時在伊利諾州跟民主黨同僚羅斯騰科斯基（Dan Rostenkowski）同住一戶的溫和人物，堅持遵守現有的文明與兩黨合作的規範。金瑞契認為這方法太「軟弱」而拒絕。金瑞契相信，共和黨要贏得多數[7]必須玩比較強硬的政治手腕。

金瑞契有一小群成長中的親信支持，以讓黨改採更戰鬥性手法為目標發動反抗。[8]利用C-SPAN（有線新聞台）這種新媒體科技，金瑞契「把形容詞當石塊丟」，[9]故意採用誇張修辭。他形容國會「腐敗」又「有病」。[10]他質疑民主黨對手的愛國心。他甚至把他們比喻成墨索里尼，指控他們想要「摧毀我們的國家」。[11]根據喬治亞州前民主黨領袖安東尼（Steve Anthony）說法，「金瑞契嘴裡說出的話[12]……我們從未聽兩邊的任何人說過。金瑞契誇張到震撼效應讓反對陣營癱瘓了幾年。」

透過新的政治行動委員會GOPAC（註：類似後援會的助選團體），金瑞契和盟友們在黨內努力散播這些戰術。GOPAC製作了兩千多份訓練錄音帶，每月分發以便金瑞契的「共和黨革命」信徒的措辭一致。金瑞契的前任新聞祕書東尼．布蘭克里（Tony Blankley）[13]把這個分發錄音帶戰術比喻成伊朗宗教領袖何梅尼奪權使用的方法。九〇年代初期，金瑞契和手下發送備忘錄[14]給共和黨候選人，指示他們用特定負面字彙描述民主黨人，包括可悲、變態、怪異、背叛、反體制、反家庭和叛徒。這是美國政壇天翻地覆的開始。

即使金瑞契爬上了共和黨領導階層——在一九八九年成為少數黨黨鞭，一九九五年當上眾議院議長——他拒絕放棄強硬的措辭。他沒有抵抗全黨，而是讓黨接近他。當上議長時，金瑞契已經是新生代共和黨議員的模範角色，許多人是在一九九四年的壓倒性大勝中當選，讓共和黨睽違四十年後再度成為眾議院多數。參議院同樣被「金瑞契派參議員」[15]的出現改變，他們的意識型態、避免妥協、願意阻擋立法，加速了參院傳統「習俗」的終結。

雖然當時很少人發現，金瑞契和盟友們即將在民眾，尤其共和黨票倉日漸不滿的基礎上，帶領新一波的兩極化。金瑞契沒有創造這個兩極化，但他是利用民眾情緒轉變的第一個共和黨員。他的領導有助於建立「戰爭政治」作為共和黨的主要策略。據民主黨眾議員巴尼．法蘭克（Barney Frank）說法，金瑞契

> 把美國政治從即使雙方意見不同，人們仍假設對手有善意，轉變成人們把意見不同者視為邪惡不道德。[16]他算是某種成功的麥卡錫主義者。

共和黨的新狠招方法在比爾．柯林頓任期內開始顯現。一九九三年四月，柯林頓第一任的第四個月，參院少數黨領袖杜爾（Robert Dole）[17]宣稱柯林頓在普選以些微險

勝表示不保證有尊重新總統的傳統蜜月期，然後發動冗長發言阻擋總統的一百六十億美元促進就業計畫。在八〇到九〇年代已經明顯增加的動用冗長發言，[18]在柯林頓任期前兩年達到一位前參議員形容的「瘟疫」程度。[19]一九七〇年代之前，參議院每年提出結束辯論動議的次數[20]——企圖冗長發言杯葛的具體指標——從未超過七次；到了一九九三至九四年，次數達到八十次。參院共和黨人也積極推動調查一連串可疑的醜聞，最矚目的是柯林頓八〇年代在阿肯色州的一筆土地交易（所謂的白水案調查）。這些動作的高峰是一九九四年任命肯尼斯·史塔（Kenneth Starr）為獨立檢察官。整個柯林頓任期都籠罩著他的陰影。

但是戰爭政治的年代在一九九四年共和黨大勝之後火力全開。這時金瑞契是眾議院議長，共和黨採取「不妥協」方針[21]——黨內鐵票意識型態淨化的訊號——悍然拒絕自制，以「任何必要手段」求勝。例如，眾議院共和黨在預算協商時拒絕妥協，導致一九九五年政府關閉五天，九六年則是關閉了二十一天。這是個危險轉折。沒有自制，制衡就會變成僵局和癱瘓。

九〇年代的合憲狠招極點就是一九九八年十二月眾議院表決彈劾柯林頓總統。這是美國史上第二次總統彈劾，此舉牴觸了長期建立的規範。始於沒有結果的白水案，最後聚焦在柯林頓總統婚外情證詞的調查，從未揭發任何接近構成重罪與瀆職的傳統標準之事。以憲法學者惠廷頓的說法，共和黨「用技術性細節」[22]彈劾柯林頓。共和黨眾議院議員也在缺乏兩黨支持下進行彈劾，意味著柯林頓總統幾乎確定不會被參院確認彈劾（他在一九九九年二月被參院判定無罪）。眾議院共和黨人以在美國史無前例的行動，[23]把彈劾程序政治化，貶低它，借用國會專家曼恩（Thomas Mann）與歐恩斯坦（Norman Ornstein）的話，變成「只是黨派戰爭的另一項武器」。[24]

金瑞契或許帶領了對相互容忍與自制的初步攻擊，政治淪為惡鬥是在一九九九年他離開國會之後才加速。雖然丹尼斯・哈斯特（Dennis Hastert）繼任金瑞契成為眾議院議長，實權卻落在眾議院多數黨領袖狄雷（Tom DeLay）手中。綽號「榔頭」的狄雷繼承了金瑞契的無情黨爭。他有一部分透過K街計畫（K Street Project）展現出這點，[25]把共和黨工作人員送進各遊說公司建立一套付錢辦事系統，根據他們對共和黨公職人員支持程度，以立法獎勵遊說者。共和黨眾議員克里斯・謝斯（Chris Shays）以直率字眼形容狄雷的哲學：「如果沒有違法，[26]就可以做。」結果讓規範更加腐蝕。某記者觀察道，狄雷「一次又一次，[27]衝破維持其他同黨同志自制的無形圍籬。」狄雷把打破規範的習慣帶進了二十一世紀。

二〇〇〇年十二月十四日晚上，高爾（Al Gore）在慘烈的選後鬥爭之後把總統大位讓給小布希，布希在德州的州議會向全國發言。被德州民主黨議長介紹之後，布希宣布他選擇從德州議會發言是：

因為這裡是兩黨合作之家。[28]在這個地方民主黨占多數，共和黨與民主黨攜手合作去做該為我們代表的人民做的事。我在這個議事廳裡看到的合作精神正是華府需要的。

這種精神並沒有出現。布希承諾要當個「團結者而非分裂者」，但是黨派戰爭在他八年任內只有激化而已。在布希就職前，狄雷向總統當選人簡報現狀，據說告訴他：「我們不跟民主黨合作。[29]不會再有團結者分裂者那一套。」

小布希總統強力右傾治國，[30]依照政治顧問卡爾．羅夫（Karl Rove）的意見拋棄所有兩黨合作的偽裝，羅夫認定選民已分裂到共和黨光是動員自己鐵票，不必尋求中間選民就能贏。除了九一一事件善後與後續在阿富汗與伊拉克的軍事行動之外，眾議院民主黨人迴避兩黨合作以利阻擋。哈利．瑞德（Harry Reid）和其他參院領袖[31]利用議事規則拖延或阻擋共和黨立法，脫離前例，採取慣性冗長發言阻撓他們反對的布希提案。

參院民主黨也開始在建議與同意權領域偏離[32]自制規範，阻擋空前多次布希總統的司法任命，不是直接拒絕就是不舉行聽證會讓他們乾等。尊重總統任命權的規範逐漸消失。其實，《紐約時報》引述[33]某民主黨策略專家說，參議院必須「改變基本規則……沒義務只因為某人是學者或有學問就同意任命。」共和黨在二〇〇二年贏回參議院之後，民主黨改用冗長發言[34]阻擋幾位上訴法院法官被提名人。共和黨以憤怒回應。保守派專欄作家克勞特漢默（Charles Krauthammer）寫道「參議院最大的傳統、習俗和不成文規則之一，[35]就是不能冗長發言杯葛司法任命。」在國會第一百一十會期，小布希任內最後一次，冗長發言次數達到[36]史上最高的一百三十九次——將近柯林頓紛擾時代的兩倍。

如果民主黨迴避自制去阻撓總統，共和黨效尤則是為了保護他。在眾議院，確保少數黨有機會發言並修正立法的「正常秩序」的非正式做法，[37]大致被拋棄了。根據禁止修正的「封閉規則」引進的法案比例[38]大幅飆高。照國會觀察家曼恩與歐恩斯坦的說法，「眾議院裡長期屹立的行為規範[39]……為了執行總統的計畫這個大目標被撕毀了。」共和黨實質上放棄監督黨籍總統，弱化了國會制衡行政權的能力。同時眾議院卻進行了一百四十小時的宣誓證詞，[40]調查柯林頓總統是否濫用白宮聖誕卡名單企圖招募新捐獻者，又在小布希任期的前六年從未傳喚白宮人員。國會抗拒監督伊拉克戰爭，對嚴重虐囚案，包括阿布格瑞比監獄的刑求，只發動表面上的調查。國會監督者[41]變成了寵物，放棄了制度性責任。

違反規範在州的層級也很明顯。最惡名昭彰的例子是二〇〇三年德州選區重劃計畫。根據憲法，州議會可以修改國會選區以維持各區人口平等。然而有個長久廣被接受的規範[42]是，選區重劃只能十年一次，在人口普查報告發表後。這是有道理的：因為人口隨時在移動，十年一度的重劃會根據比較不精確的人口數據。雖然沒有法律禁止在十年之內重劃，但一向很罕見。

二〇〇三年，眾議院多數黨領袖狄雷率領的德州共和黨[43]進行了一次脫離週期的激烈重劃，照他們自己承認的，目標只有黨派利益。雖然德州選民越來越傾向共和黨，該州三十二位眾議員有十七個是民主黨，許多人是穩固的現任者。共和黨全國領袖階層在乎此事是因為共和黨在眾議院保有小幅（二二九對二〇四席）多數。二〇〇四年民主黨只需要贏得十三個共和黨席次就能重掌眾議院，所以區區幾席變動都可能影響巨大。

在狄雷指導下，德州共和黨擬定了[44]重劃計畫，設計把黑人和拉丁裔選民刻意劃進少數民主黨選區，同時在白人現任民主黨的選區增加共和黨選民，以便確保打敗他們。新的分區讓[45]六位民主黨眾議員特別弱勢。這純粹是狠招。如同某分析師斷定，「這是共和黨認為法律允許範圍內最有利自己的方式。」[46]

這需要厚著臉皮通過德州法案。德州議會必須達到法定人數——三分之二議員出席——來表決法案。民主黨有足夠人數否決。所以重劃在二〇〇三年五月被提出來討論時，民主黨以他們自己的罕見手法回應：四十七位州議員搭上巴士開到奧克拉荷馬州的阿德莫爾。他們留在當地[47]四天，直到州議會放棄法案。

培里（Rick Perry）州長的回應是在六月召開議會特別會期，因為民主黨累得無力舉辦另一次出遊，重劃法案通過了。然後法案移送到州參議院，裡面的民主黨人按照州議員同僚的先例以缺席阻擋法案，上飛機飛到新墨西哥州的阿布奎基。他們留在當地一個多月，直到惠特麥爾（John Whitmire）參議員讓步回到奧斯汀（後來他被取綽號「投降麥爾」）。法案終於通過後，狄雷從華盛頓飛回來[48]監督調停過程，造成了更激進的重劃計畫。共和黨眾議員巴頓（Joe Barton）的一位助理在電子郵件中坦承這是「我看過最激進的規畫。[49]這……應該能確保共和黨無論全國氣氛如何都能保住眾議院。」確實，重劃計畫效果幾乎完美。六個德州國會席次在二〇〇四年從民主黨易手到共和黨，幫助保住了共和黨的眾議院控制權。

除了自制力減弱，小布希任期也見證了對互相容忍規範的初步挑戰。要稱讚他的是，即使在九一一事件後的反穆斯林歇斯底里症製造了這麼做的機會，布希總統也沒有質疑民主黨對手的愛國心。但是福斯新聞評論員與有影響力的電台脫口秀主持人利用此時暗示民主黨缺乏愛國心。名嘴開始偶爾把民主黨和蓋達組織掛勾——例如二〇〇六年的林博（Rush Limbaugh），在李海（Patrick Leahy）參議員質問最高法院被提名人阿里托（Samuel Alito）對布希政府使用刑求的看法之後，他指控李海「為蓋達組織拿起武器」。[50]

二〇〇〇年代初期最無恥的黨派不容忍代表人物之一是安·庫爾特（Ann Coulter）。庫爾特寫了一系列暢銷書，用麥卡錫的語氣攻擊自由派與民主黨。書名就代表了內容：《誹謗》（*Slander*，2002）；《叛國》（*Treason*，2003）；《不信神》（*Godless*，2006）；《有罪》（*Guilty*，2009）；《邪惡》（Demonic，2011）；《美國再見》（*Adios, America!*，2015）。大約出版於美國入侵伊拉克同時的《叛國》，為麥卡錫辯護[51]並且稱讚他的手法。該書宣稱反美心態是「（自由派的）整個內在世界觀」，[52]指控自由派在冷戰期間犯了「五十年的叛國罪」。為這本書作宣傳時，庫爾特宣稱，「有好幾百萬個嫌犯[53]……我要告發整個民主黨。」該書登上《紐約時報》暢銷書榜長達十三週。

二〇〇八年總統大選是黨派不容忍的分水嶺時刻。整個右翼媒體的生態圈——包括美國最多人看的有線新聞頻道福斯新聞——民主黨總統候選人歐巴馬[54]都被打成馬克思主義者、反美與隱匿的穆斯林。競選活動甚至長期企圖把歐巴馬連結到七〇年代初期活躍於左派「地下氣象組織」的芝加哥教授艾爾斯（Bill Ayers）之類所謂「恐怖分子」（艾爾斯在一九九五年歐巴馬準備競選伊利諾州參議員時幫他主持過集會）。福斯新聞節目〈漢尼提與科姆斯〉[55]在二〇〇八年總統競選期間，至少有六十一集討論到艾爾斯的故事。

但二〇〇八年競選活動特別令人不安的是，右翼媒體的不容忍措辭被共和黨領導層政客仿效了。例如，狄雷宣稱「除非歐巴馬證明我說錯，[56]他就是馬克思主義者」，同時共和黨愛荷華州眾議員史提夫·金（Steve King）稱呼歐巴馬「反美」，警告他會把美國帶入「極權獨裁」。[57]雖然共和黨總統候選人麥肯沒採用這種措辭，他還是選了個口不擇言的搭檔莎拉·裴琳（Sarah Palin）。裴琳很喜歡艾爾斯的故事，宣稱歐巴馬曾經「跟恐怖分子稱兄道弟」。[58]在巡迴競選中，裴琳告訴支持者歐巴馬「在一個國內恐怖分子的客廳裡展開他的政治生涯！」[59]又說：「這個人看美國的觀點是跟你我不一樣的……恐怕這個人認為美國不完美到足以跟國內瞄準自己國家的前恐怖分子合作。」她充滿種族意味的演講，[60]引發了群眾「叛國！」「恐怖分子！」，甚至「宰了他！」的呼聲。

歐巴馬的二〇〇八年總統勝選喚醒了回到比較文明的政治風氣的希望。投票當晚，總統當選人召集家人到芝加哥的舞台上，發言很客氣，感謝麥肯的英雄式生涯對美國作出的貢獻。稍早在亞利桑那州鳳凰城，麥肯也發表了謙和的敗選演說，形容歐巴馬是愛國的好人，並祝福他「一路順風」。這是選後和解的經典範例。但是鳳凰城有些事不對勁。麥肯提到歐巴馬時，群眾大聲噓他，迫使麥肯參議員叫大家冷靜。很多人看向莎拉·裴琳，她站到一旁嚴肅地保持沉默。當晚舞台雖然屬於麥肯，他基於傳統要共和黨同志跟新總統「溝通我們的歧異」的請求，跟聚集來聽他講話的人似乎不太協調。

歐巴馬任期未能帶來容忍與合作的新時代，極端主義與黨派戰爭倒是越演越烈。對歐巴馬總統正當性的挑戰，始於一些外圍保守派作家、電台主持人、電視名嘴與部落客，很快就形成一個政治群眾運動：茶黨，他們在歐巴馬總統就職後幾週內就開始組織。茶黨雖然把它的使命用傳統保守觀念詞彙描述，像是限制政府規模、降稅與反抗健保改革，但反對歐巴馬[61]的方式惡毒多了。差別是？茶黨質疑歐巴馬當總統的權利。

脫離既有規範的兩個脈絡不時出現在茶黨言論中。一個是歐巴馬總統對我們的民主構成威脅。歐巴馬當選後幾天，喬治亞州眾議員布朗（Paul Broun）[62]警告類似納粹德國或蘇聯的獨裁體制即將來臨。稍後他發推文說，「總統先生，你不相信憲法。[63]你相信社會主義。」愛荷華州茶黨黨員，後來當選參議員的恩斯特（Joni Ernst）則宣稱，歐巴馬總統「變成了獨裁者」。[64]

第二個脈絡是歐巴馬不是「真正的美國人」。二〇〇八年競選期間，莎拉．裴琳使用「真正美國人」說法形容她的（絕大多數是白人基督徒）支持者。這是茶黨反歐巴馬總統競選活動的核心，支持者一再強調[65]他不愛美國也不認同美國價值觀。據茶黨活躍人士、電台主持人羅斯（Laurie Roth）說法：

> 這不是像吉米．卡特或比爾．柯林頓轉向左傾。[66]這是世界觀的衝突。我們目睹的是白宮裡的世界觀衝突。一個隱匿的世俗化穆斯林，但他仍然是穆斯林。他不是基督徒。我們看到白宮裡有個社會主義共產黨員，假裝成美國人。

茶黨圈子裡有大量電郵傳送謠言與影射，包括有張照片顯示歐巴馬總統拿著一本書，ＣＮＮ主播札卡利亞的《後美國世界》（*The Post-American World*）。電郵寫著：「這會嚇死你！！！[67]歐巴馬看的書名叫做後美國世界，是他的穆斯林同類寫的。」

這種措辭不僅限於茶黨活躍人士。共和黨政客也質疑歐巴馬總統的「美國性」。前科羅拉多州眾議員譚奎多（Tom Tancredo）宣稱，「我不相信歐巴馬[68]像我一樣，愛這個先賢建立的美國。」金瑞契在二〇一二年力求政治復活並爭取共和黨總統提名，稱呼歐巴馬「第一個反美的總統」。[69]二〇一五年二月在威斯康辛州長沃克（Scott Walker）的一個私人募款晚宴上，前紐約市長魯迪・朱里安尼（Rudy Giuliani）公開質疑現任總統的愛國心，宣稱：「我不相信，而且我知道[70]這麼說很糟糕，但我不相信總統愛美國。」

如果茶黨強力灌輸歐巴馬總統不愛美國的指控，「質疑出生地運動」就更過分了，質疑他是否生在美國——因此挑戰他擔任總統的合憲權利。歐巴馬根本不是美國人的概念最初是二〇〇四年他競選參議員時在部落格之間流傳，到二〇〇八年再度浮現。共和黨政客發現質疑歐巴馬總統的公民權是在公共集會激發群眾熱情的妙法。所以他們開始效尤。科羅拉多眾議員科夫曼（Mike Coffman）告訴支持者，「我不知道[71]歐巴馬是否出生在美國……但我知道一點，就是在他心裡並不是美國人。他肯定不是美國人。」至少十八個共和黨參眾議員因為拒絕駁斥這個迷思，被稱作「質疑出生地推手」。[72]參議員布朗特（Roy Blunt）、[73]殷霍夫（James Inhofe）、謝爾比（Richard Shelby）和維特（David Vitter），前副總統候選人裴琳，還有二〇一二年總統候選人哈克比（Mike Huckabee）都曾公開背書或鼓勵質疑出生地運動。

最惡名昭彰的質疑出生地者就是唐納・川普。二〇一一年春季，川普考慮要不要競選總統時，告訴〈今日秀〉他對歐巴馬總統是否天生的美國公民有「懷疑」。「我認識一些人[74]實際研究過這件事，」川普宣稱，「他們不敢相信自己的發現。」川普變成了美國最知名的出生地質疑者，一再上電視新聞節目呼籲總統公布他的出生證明。二〇一一年歐巴馬公布出生證明之後，川普暗示那是偽造的。雖然川普二〇一二年決定不跟歐巴馬競選，他高調質疑[75]歐巴馬總統的國籍搏得了媒體關注並拉近跟共和黨茶黨票源的距離。不容忍在政治上很有用。

這種攻擊在美國史上有個長久又不光彩的譜系。亨利．福特，考夫林神父與柏奇協會都採用過類似語言。但是對歐巴馬正當性的挑戰在兩個重要方面不一樣。第一，他們不只是外圍者，而是共和黨選民相當普遍接受的人。根據二〇一一年福斯新聞民調，三十七％共和黨人[76]相信歐巴馬總統不在美國出生，六十三％表示他們對他的出身有懷疑。在一項CNN／ORC民調中，四十三％共和黨人[77]據說相信他是穆斯林，《新聞週刊》也有個民調發現[78]大多數共和黨員相信歐巴馬總統偏好穆斯林的利益多過其他宗教信徒。

第二，不像過去極端主義的戲碼，這一波深入共和黨的高層。除了麥卡錫時期以外，兩大黨一百多年來通常把這種互不容忍者擋在外圍。黨內領袖都不會聽考夫林神父和柏奇協會的。現在，對歐巴馬總統（還有後來，希拉蕊．柯林頓）的正當性公開攻擊是由全國性領導政客執行。二〇一〇年，莎拉．裴琳勸共和黨人「儘量吸收茶黨[79]運動」。他們照做了。共和黨參議員、州長甚至總統候選人都模仿外圍的語言，共和黨金主也加入他們，把茶黨運動看成施壓共和黨更強硬反對歐巴馬政府的機會。像Freedom Works與Americans for Prosperity等資金充裕的組織[80]和茶黨特快車、茶黨愛國者等助選團體，贊助了幾十個共和黨候選人。二〇一〇年，一百多個茶黨支持的候選人[81]角逐國會，有四十幾人當選。到了二〇一一年，眾議院茶黨連線[82]有六十個會員，在二〇一二年，對茶黨友善的候選人崛起角逐共和黨總統提名。二〇一六年，共和黨總統提名落到了質疑出生地者頭上，在全國黨代表大會中，共和黨領袖們稱呼民主黨對手是罪犯，還帶領呼口號「把她關起來。」

幾十年來第一次，共和黨頂層人物——包括即將成為總統那位——公開放棄了相互容忍規範，被不再是外圍的外圍煽動。到了歐巴馬任期末期，許多共和黨人接受了民主黨對手反美或對美國生活方式構成威脅的看法。這是危險的領域。這般極端主義鼓勵政客們拋棄自制。如果歐巴馬如同克魯茲參議員宣稱是「對法治的威脅」，[83]那麼不擇手段阻擋他的司法任命就很合理。

高漲的黨派不容忍就此導致歐巴馬時代制度性自制的侵蝕。歐巴馬總統一當選，由凱文・麥卡錫、艾瑞克・坎特（Eric Cantor）與保羅・萊恩（Paul Ryan）帶領的一群年輕眾議員[84]就舉辦一連串會議研發對抗新政府的策略。自稱的「少壯屠龍陣」（Young Guns）[85]決定讓共和黨成為「拒絕之黨」。美國正深陷大蕭條以來最嚴重的經濟危機，但共和黨議員們不打算跟新政府合作。參院少數黨領袖麥康納（Mitch McConnell）宣稱「我們（在參議院）要達成最重要的一件事，[86]就是歐巴馬總統成為一任總統」，呼應了這個情緒。所以麥康納也接受了掣肘策略。二〇〇九年一月參議院面對的第一個法案是無關痛癢的公地管理法案——兩黨都同意的保育手段，以確保九個州內的兩百萬英畝荒野。彷彿為了下馬威，共和黨以冗長發言杯葛。[87]

這個行為變成了標準做法。參議院掣肘在二〇〇八年後激增。[88]參議院的「保留」，傳統上用來拖延議場辯論最多一星期，讓參議員有更多時間準備，變成了「無限期或永久否決」。[89]二〇〇七到二〇一二年間發生了驚人的三百八十五次冗長發言[90]——等於從一次大戰到雷根時代結束的七十年總和。參院共和黨也繼續利用司法任命確認程序當作黨派工具：總統的巡迴法庭任命確認率[91]在八〇年代曾經超過九〇%，到歐巴馬總統時代掉到只勉強過半。

民主黨以自己的打破規範來回應。二〇一三年十一月，參院民主黨表決廢除大多數對總統提名的冗長發言，包括聯邦司法（但不包括最高法院）提名，此舉極端到被公認為「核武選項」。[92]共和黨參議員批評民主黨的「粗暴行使政治權力」，[93]但歐巴馬總統幫腔，宣稱冗長發言已經被轉變成掣肘的「魯莽又無情的工具」，還說「現今的掣肘模式……就是不正常；不是我們開國先賢所設想的。」

歐巴馬總統也用打破規範——片面行政作為的形式回應。二〇一一年十月，總統提出了後來成為他達成政策目標的口頭禪：「我們不能乾等[94]越來越失能的國會做好它的工作，」他在內華達州告訴聽眾，「他們不肯行動的時候，我會。」歐巴馬開始以他上台前或許沒料到的方式使用行政權。[95]二〇一〇年，面對國會無法通過新能源法案，他發出了「行政備忘錄」[96]指示政府各單位提升所有車輛的能源效率標準。二〇一二年，為了回應國會無法通過移民改革，他宣布行政措施[97]停止遣返十六歲之前來到美國，就學中、已高中畢業或當過兵的非法移民。二〇一五年，歐巴馬總統向所有聯邦機構發出行政命令減少溫室氣體排放、多用再生能源，以回應國會拒絕[98]通過立法對抗氣候變遷。歐巴馬政府無法讓參議院同意跟伊朗簽訂的核子條約，於是改用「行政協議」，因為這不是正式的條約，不需要參議院批准。總統這些行為不算是違憲，但為了達成遭國會阻擋的目標而片面行動，歐巴馬總統也違反了自制規範。

歐巴馬總統繞過國會的努力引發了局勢更加升高。二〇一五年三月，共和黨參院領袖公開鼓勵各州反抗總統權威。在《列辛頓前鋒領袖報》的讀者投書版面，麥康納敦促各州[99]不用理會歐巴馬限制溫室氣體排放的管制命令。這是很驚人的破壞聯邦權威。翌年，亞利桑那州議員辯論之後差點通過法案禁止州政府使用任何人員或資源去執行未經國會表決的行政命令。如同《紐約時報》社論所說，「這聽起來很像一八二八年約翰·

考宏的分裂主義言論，[100]《南卡羅萊那州說明與抗議書》。」

歐巴馬任內有三個戲劇性事件揭露了自制規範被侵蝕得多麼嚴重。第一是二〇一一年的聯邦債務上限危機。因為無法提高債務上限[101]可能導致美國政府違約，摧毀美國信用評等，甚至可能讓經濟失控，理論上國會可以把債務上限當作「人質」，除非總統答應某些要求否則拒絕提高。在二〇一一年之前從未有人認真規劃這種特殊的邊緣策略。提高債務上限是兩黨長久以來的做法；一九六〇到二〇一一年間有七十八次，共和黨總統任內四十九次，民主黨總統任內二十九次。雖然過程經常吵成一團，兩黨領袖都知道[102]只是政治表態。

但共和黨被茶黨支持的一群新議員推動，在二〇一一年取得國會控制權之後改變了。他們不只願意利用債務上限[103]當人質，許多人還願意撕票——若不滿足他們大幅削減支出的要求，就「讓整個系統崩潰」。[104]同樣地，茶黨支持的賓州參議員[105]圖米（Pat Toomey）和猶他州的麥克·李（Mike Lee）公開呼籲如果歐巴馬總統不允諾他們的要求就違約。如同夏菲茲（Jason Chaffetz）眾議員事後說法，「我們不是開玩笑的[106]……我們會把它搞垮。」雖然最後一刻的協議阻止了違約，已經造成相當的傷害。市場反應很惡劣，標普公司史上第一次調降了美國信用評等。

二〇一五年三月發生了另一個空前事件，阿肯色州參議員柯頓（Tom Cotton）與其他四十六位共和黨參議員寫公開信給伊朗領袖，堅稱歐巴馬總統沒有職權針對伊朗核武計畫談判協議。參院共和黨人反對伊朗協議，又被歐巴馬決定用「行政協議」代替條約激怒，介入[107]了向來是行政部門領域的外交談判。佛州參議員、溫和派民主黨人尼爾森（Bill Nelson）形容那封信「令人瞠目結舌……我忍不住回想，[108]我在小布希總統時期會簽署這種信嗎？我連想都不會想出這個主意。」柯頓與他的盟友們[109]明目張膽地企圖破壞現任總統的權威。

第三個打破規範的時刻是二〇一六年參議院拒絕確認歐巴馬總統提名賈蘭德為最高法院法官。必須強調的是，從內戰重建以來從未有[110]總統在選出繼任者之前被否決提名填補最高法院空缺的機會。但掣肘的威脅不僅如此。在二〇一六年大選前，一般公認希拉蕊·柯林頓會贏，包括克魯茲、麥肯和波爾（Richard Burr）等幾位共和黨參議員[111]誓言阻擋未來四年柯林頓的所有最高法院提名，實質上把最高法院名額減到八人。北卡州參議員波爾在共和黨志工的私人聚會上說「如果希拉蕊·柯林頓當上總統，[112]我會盡一切力量確保從現在起四年內，我們仍保有最高法院的一席空缺。」雖然憲法沒有規定最高法院人數，九人名額很久以前就成為既定傳統。共和黨與民主黨都捍衛法院的自治，反抗羅斯福總統一九三七年的擴權。這在現代已無法想像。雖然泰德·克魯茲宣稱改變最高法院名額有長久的「歷史先例」，[113]先例在內戰過後不久就斷了。克魯茲的倡議將會打破一百四十七年的規範。

共和黨以這種戰術，開始表現得像個反體制政黨。到了歐巴馬總統末期，民主的軟弱護欄已經危險地鬆脫。

二十五年前，如果有人向你形容有個國家的候選人威脅把對手關起來，政治對手指控政府選舉舞弊或建立獨裁制，政黨利用立法部門多數彈劾總統與搶奪最高法院席次，你可能會想到厄瓜多或羅馬尼亞。你應該不會想到美國。

相互容忍與自制的基本規範崩解的背後有個黨派激烈兩極化的症候群。雖然始於共和黨的激進化，兩極化的後果在整個美國政治體系都感受得到。政府關閉、立法部門挾持人質、提早選區重劃、甚至根本拒絕考慮最高法院提名都不是異常的個案。二十五年來，民主黨與共和黨變成不只是兩個競爭政黨，區分成自由與保守陣營。他們的選民[114]現在以種族、宗教信仰、地緣甚至「生活方式」[115]嚴重分裂。

想想這個異常的發現：一九六〇年，政治學者問美國人民如果他們小孩跟認同其他政黨的人結婚會有何感想。四%民主黨與五%共和黨人回答他們會「不高興」。對比到了二〇一〇年，三十三%民主黨和四十九%共和黨人回答面對跨黨派婚姻感覺「有點或非常不開心」。[116]身為民主黨或共和黨員[117]變成了不只是黨派認同，而是一種身分。二〇一六年皮尤基金會（Pew Foundation）有項民調發現，四十九%共和黨與五十五%民主黨人表示對方政黨讓他們「害怕」。參與政治的美國人之中，數字更高[118]——七〇%民主黨和六十二%共和黨人表示他們害怕另一邊的政黨。

這些民調凸顯了美國政壇上一個危險現象的興起：黨派激烈對立。這個現象的根源在於六〇年代開始形成的長期黨派重組。大半個二十世紀裡，美國政黨是意識型態的「大帳篷」，各自包含多元的選民和大範圍的政治觀點。民主黨代表[119]羅斯福新政的自由派、工會、天主教移民第二三代和黑人大聯盟，但他們也代表南方的保守派白人。至於共和黨，則是從東北部的自由派到中西部與西部的保守派。福音派基督徒[120]兩黨都有，支持民主黨的人數稍多——所以兩黨都不會被指控為「不信神」。

因為兩大黨內部都很異質性，兩極化的程度沒有今天這麼高。眾議院共和黨和民主黨以稅率、支出、政府監管和工會等議題區分，但兩黨在有潛在爆炸性的種族議題重疊。[121]雖然兩黨內都有支持民權的派系，南方民主黨的反對和它對國會委員會體系的策略性控制[122]讓這個議題遠離焦點。這種內部異質性舒緩了衝突。共和黨和民主黨沒有互相視為敵人，而是經常有共通點。自由派民主黨與共和黨人經常在國會一起表決推動民權目標，南方民主黨和右翼北方共和黨則是維持「保守派聯盟」[123]在國會阻擋。

以一九六四年民權法案與一九六五年投票權法案告終的民權運動，結束了這種黨派安排。它不只終於把南方民主化，[124]給黑人投票權並結束一黨獨大，也加速了後果至今仍在顯現的長期黨派體制重組。民主黨總統林登・詹森（Lyndon Johnson）屬意而一九六四年共和黨總統候選人高華德反對的的民權法案，後來定義了民主黨是民權政黨而共和黨是維持種族現狀的政黨。在隨後的幾十年，南方白人加速轉投共和黨。尼克森的「南方策略」[125]的種族訴求與後來雷根對於種族的加密訊息，向選民表現了共和黨是種族保守派白人的歸宿。到了世紀末，長期是[126]民主黨鐵票區的地方變成了共和黨鐵票區。同時，將近一世紀以來初次可以投票的南方黑人[127]聚集到民主黨旗下，許多支持民權的北方自由派共和黨人也是。當南方倒向共和黨，東北部變成了民主黨地盤。

一九六五年後的重組[128]也展開了以意識型態區分選民的過程。將近百年來第一次，黨派立場與意識型態結合了，[129]共和黨變成保守派為主而民主黨變成自由派當家。到了二〇〇〇年代，民主黨與共和黨不再是意識形態的「大帳篷」。隨著保守派民主黨與自由派共和黨的消失，兩黨重疊區域逐漸消失。現在大多數參議員和眾議員跟黨派同志的共通點多過對手政黨的人，他們減少合作，只跟同黨的人一致表決。選民和當選議員都聚集成日益同質性的「陣營」，兩黨間的意識型態差異[130]越來越明顯。

但光是把美國選民分成自由派民主黨與保守派共和黨，無法解釋美國出現的黨派敵意加劇。也無法解釋兩極化為何如此不對稱，讓共和黨更嚴重右傾而民主黨稍微左傾。用意識型態區分的黨派未必會造成腐蝕相互容忍規範，導致政客開始質疑對手正當性的「恐懼與憎惡」。英國、德國和瑞典的選民都以意識型態區分，但這些國家都沒有我們在美國目睹的這種黨派仇恨。

重組已經遠超過自由派對抗保守派。黨派屬性的社會、種族與文化基本盤[131]也劇烈改變，讓不只代表不同政策方法還有不同社群、文化和價值觀的政黨興起。我們已經提到過一個重大驅動力：民權運動。但美國的種族多元化並不限於黑人投票權。從六〇年代起，美國經歷了一波大移民，先是來自拉丁美洲，然後來自亞洲，大幅改變了國家的人口結構。在一九五〇年，非白人只勉強占美國人口的十％。到了二〇一四年，他們占了三十八％，[132]而且美國人口普查局預測[133]到了二〇四四年非白人將會過半。

移民加上黑人投票權，一起改變了美國政黨。這些新選民不成比例地支持民主黨。民主黨票源的非白人比率[134]從五〇年代的七％升到二〇一二年的四十四％。對比之下，共和黨選民[135]在二〇〇〇年代仍然接近九十％是白人。所以當民主黨逐漸變成少數民族的政黨，共和黨幾乎仍完全是白人政黨。

共和黨也變成了福音派基督徒的黨。福音派在七〇年代末期大量進入政壇，主要是受到一九七三年最高法院的羅對韋德（Roe v Wade）案判決把墮胎合法化的刺激。從一九八〇年的雷根開始，共和黨就擁抱右翼基督徒[136]並採取越來越接近福音派的立場，包括反墮胎、支持在學校禱告，還有後來的反同性戀婚姻。在六〇年代傾向民主黨的福音派白人開始投給共和黨。二〇一六年，七十六%的福音派白人[137]認同共和黨。民主黨選民反過來，越來越世俗化。白人民主黨員上教堂的比例[138]從六〇年代的將近五十%規律地下滑到二〇〇〇年代的低於三十%。

這是個特殊的變化。如同政治學者亞倫．阿布拉莫維茨（Alan Abramowitz）指出，在五〇年代，美國選民的已婚白人基督徒[139]是壓倒性多數——將近八十%，多多少少平均地畫分到兩大黨。到了二〇〇〇年代，[140]選民的已婚白人基督徒只勉強超過四十%，而且現在集中在共和黨。換句話說，兩大黨現在以兩個比稅率與政府支出等傳統政策議題更容易產生不容忍與敵意的深度兩極化議題——種族和宗教區分。[141]

然後到了二〇〇〇年代，民主黨與共和黨選民，還有代表他們的政治人物，比上個世紀內任何時候更加分裂。但為何打破規範的例子大多數[142]是共和黨呢？

舉例，改變的媒體環境對共和黨有較大的衝擊。共和黨選民比民主黨更仰賴[143]黨派立場的媒體。在二〇一〇年，六十九％共和黨選民[144]是福斯新聞觀眾。像林博、漢尼提、薩維奇、李文與蘿拉・英格拉漢（Laura Ingraham）等流行電台脫口秀主持人，[145]都幫忙把使用不文明言論正當化，在自由派則沒有同性質的人。

右翼媒體興起[146]也影響了共和黨公職人員。在歐巴馬任內，福斯新聞名嘴和右翼電台主持人幾乎一致採取「不妥協」立場，[147]兇猛地攻擊任何偏離黨意的共和黨政客。加州共和黨眾議員伊薩（Darrell Issa）[148]宣稱共和黨如果願意偶爾跟歐巴馬總統合作，可以在自己的議題上完成更多事之後，林博強迫他公開收回這句話並且向掣肘路線宣示效忠。如同前共和黨參議院多數黨領袖洛特（Trent Lott）的說法，「如果你稍微偏離[149]極右派，就會被保守派媒體修理。」

資金充裕的保守派利益團體強化了強硬立場。[150]九〇年代末期，像諾奎斯特（Grover Norquist）的美國稅改（Americans for Tax Reform）和成長俱樂部（the Club for Growth）等組織[151]成為共和黨內的主導聲音，把共和黨政客拉向更缺乏意識型態彈性的立場。諾奎斯特要求共和黨眾議員簽署「不加稅」宣言，基本上逼迫他們採取掣肘姿態。部分歸功於二〇一〇年的競選經費法律放寬，像美國繁榮組織（Americans for Prosperity）和美國能源聯盟（American Energy Alliance）等外部團體[152]——許多是億萬富豪柯赫（Koch）家族網絡的一部份——在歐巴馬時期的共和黨內取得了特別大的影響力。光在二〇一二年，柯赫家族就花了[153]大約四億美元在選舉上。柯赫網絡與其他類似組織和茶黨聯手，協助選出了認為妥協是髒字的新世代共和黨人。核心被金主和壓力團體掏空的政黨也比較無法抗拒極端派的力量。

但不只是媒體和外圍利益把共和黨推向極端。社會和文化變遷也扮演了重要角色。不像幾十年來變得日益多元化的民主黨，共和黨仍維持文化同質性。[154]這很重要是因為黨的核心白人新教徒選民不只是普通選民——將近兩百年來，他們構成了美國選民的多數，在美國社會享有政治、經濟與文化上的主導權。如今，白人新教徒再度淪為少數選民[155]——而且持續減少中。他們都在共和黨內休養生息。

歷史學者霍夫史塔特在他一九六四年的文章〈美國政治中的偏執模式〉中描述了「地位焦慮」現象，他認為，當團體的社會地位、認同與歸屬感被認知遭受到生存威脅時最可能發生。這導致了「過熱、多疑、躁動、[156]浮誇與末世」的政治風格。發表半世紀之後，霍夫史塔特的文章或許比以往更一針見血了。反抗多數地位衰敗的奮鬥，大致上，促進了後來定義美國右派的強烈敵意。民調證據暗示許多茶黨共和黨人的共同認知是他們長大的國家正在「消逝，[157]被他們認定是『真正的』美國快速改變中的面貌所威脅。」借用社會學家亞力・霍希爾德（Arlie Hochschild）近作的書名，他們自認是「自己土地上的陌生人」。[158]

這個認知或許能解釋為何區分「真正美國人」[159]與那些跟自由派與民主黨有關者的言論興起。如果「真正美國人」的定義只限本土出生、講英語、白人與基督徒，那麼很容易了解「真正美國人」可能怎麼自認衰弱。如同安・庫爾特諷刺地說，「美國選舉人不是往左傾[160]——是萎縮了。」許多茶黨共和黨人認知他們的美國正在消失，有助我們了解「拿回我們的國家」[161]或「讓美國再度偉大」這類口號的魅力。這些訴求的危險在於把民主黨打成非真正美國人，是對相互容忍的正面攻擊。

從金瑞契到唐納・川普的共和黨政客學會了在兩極化社會裡，把對手當敵人可能很有用——而把政治當戰爭對那些害怕有重大損失的人可能很有吸引力。但戰爭總是有代價的。對相互容忍與自制的規範持續的攻擊——雖不是全部，主要出自共和黨——侵蝕了長久保護我們免於其他國家那樣黨派惡鬥至死摧毀民主制度的脆弱護欄。唐納・川普在二〇一七年一月就職時，護欄還在，但比一個世紀之前脆弱——而且情勢即將惡化。

註釋

1「如果史卡利亞真的過世了」：下列社群媒體對史卡利亞之死的回應重組根據兩個來源：柴特（Jonathan Chait），〈聯邦最高法院將就此消失嗎？〉（Will the Supreme Court Just Disappear?），《紐約雜誌》（*New York Magazine*），二〇一六年二月二十一日；〈聯邦最高法院大法官史卡利亞辭世：法界與政界反應〉（Supreme Court Justice Antonin Scalia Dies：Legal and Political Worlds React），《衛報》，二〇一六年二月十四日。

2「比零更低的是什麼？」：同前。

3 美國史上頭一遭：卡爾（Kar）和馬佐尼（Mazzone），〈賈蘭德事件〉（The Garland Affair），pp. 53–111。根據卡爾與馬佐尼的說法，美國史上有六次——都在二十世紀之前——參議院拒絕通過總統提名的最高法院人選。在全部六例中，任命的正當性都受到質疑，因為提名是在總統繼任者當選後或因為總統自己沒當選，但是由副總統繼任（在十九世紀，有一次針對繼任的副總統是真的總統或只是代理總統的憲法辯論）。

4 每次總統：根據卡爾和馬佐尼，〈賈蘭德事件〉，pp. 107–14。

5「童子軍字眼」：演講全文發表在〈致校園共和黨：金瑞契演說全文〉（To College Republicans：Text of Gingrich Speech），《西喬治亞新聞報》（*West Georgia News*）。參閱：http://www.pbs.org/wgbh/pages/frontline/newt/newt78speech.html。

6 眾議院少數黨領袖米歇爾：布蘭農（Ike Brannon），〈米歇爾，縱橫五十年的眾議院共和黨政治家，九十三歲逝世〉（Bob Michel, House Republican Statesman Across Five Decades, Dies at Age 93），《旗幟周刊》（*The Weekly Standard*），二〇一七年二月十七日。

7 共和黨要贏得多數：布朗斯坦（Ronald Brownstein），《第二次內戰：政黨惡鬥如何癱瘓華盛頓並導致美國內部對立》（*The Second Civil War：How Extreme Partisanship Has Paralyzed Washington and Polarized America*）（New York：Penguin, 2007），pp. 137–144；曼恩（Thomas E. Mann）和歐恩斯坦（Norman J. Ornstein），《破碎的權力：國會如何使得美國衰退以及如何讓國會回歸正軌運作》（*The Broken Branch：How*

Congress Is Failing America and How to Get It Back on Track）（Oxford：Oxford University Press, 2008）, p. 65。

8 金瑞契發動反抗：葛羅斯曼（Matt Grossman）和霍普金斯（David A. Hopkins），《不對稱政治：意識型態共和黨與利益團體民主黨》（*Asymmetric Politics：Ideological Republicans and Interest Group Democrats*）（New York：Oxford University Press, 2016）, p. 285。

9「把形容詞當石頭丟」：布朗斯坦，《第二次內戰》，p. 142

10 他質疑民主黨對手的愛國心：曼恩和歐恩斯坦，《比表面看起來更糟：美國憲政系統如何與新極端主義政治衝撞》（*It's Even Worse Than It Looks：How the American Constitutional System Collided with the New Politics of Extremism*）（New York：Basic Books, 2016）, p. 35

11「摧毀我們的國家」：引述自薩爾徹（James Salzer），〈金瑞契的語言設定新路線〉（Gingrich 's Language Set New Course），《亞特蘭大憲法日報》（*Atlanta Journal-Constitution*），二〇一二年一月二十九日。

12「金瑞契嘴裡說出的話」：引述自薩爾徹，〈金瑞契的語言設定新路線〉。

13 金瑞契的前任新聞祕書布蘭克里：希伊（Gail Sheehy），〈紐特．金瑞契的自我追尋〉（The Inner Quest of Newt Gingrich），《浮華世界》（*Vanity Fair*），二〇一二年一月十二日。

14 金瑞契和手下分發備忘錄：曼恩和歐恩斯汀，《比表面看起來更糟》，p. 39；薩爾徹，〈金瑞契的語言設定新路線〉。

15「金瑞契派參議員」：塞里奧爾特（Sean Theriault），《金瑞契派參議員：政黨惡鬥的根源》（*The Gingrich Senators：The Roots of Partisan Warfare in Congress*）（Oxford：Oxford University Press, 2013）。

16「把美國政治……轉變成」：引述自薩爾徹，〈金瑞契的語言設定新路線〉。

17 參院少數黨領袖杜爾：懷斯（Michael Wines），〈共和黨冗長發言阻擋通過柯林頓一百六十億美元就業法案〉（G. O. P. Filibuster Stalls Passage of Clinton $16 Billion Jobs Bill），《紐約時報》，一九九三年四月二日。

18 動用冗長發言：班德（Sarah A. Binder）和史密斯（Steven S. Smith），《政治或理念？》（*Politics or*

Principle），pp. 10–11：曼恩和歐恩斯汀，《破碎的權力》，pp. 107–8。

19「瘟疫」程度：前參議員馬蒂亞斯（Charles Mathias），引述自班德和史密斯，《政治或理念？》，p. 6。

20 每年提出結束辯論動議的次數：資料出自美國聯邦參議院。參閱 https://www.senate.gov/pagelayout/reference /cloture_motions/clotureCounts.htm。

21 眾議院共和黨拒絕妥協：曼恩與和歐恩斯坦，《破碎的權力》，pp. 109–10：葛羅斯曼與霍普金斯，《不對稱政治》，p. 293。

22「用技術性細節」：惠廷頓（Keith E. Whittington），〈柯林頓不是詹森〉（Bill Clinton Was No Andrew Johnson），p. 459。

23 以史無前例的行動：一八六八年彈劾傑克遜總統是嚴重得多的事件，涉及關於總統之憲法職權的重大爭議。參閱惠廷頓，〈柯林頓不是詹森〉。

24「只是黨派戰爭的另一項武器」：曼恩和歐恩斯汀，《破碎的權力》，p. 122。

25 顯示出這點：哈克爾（Jacob Hacker）和皮爾森（Paul Pierson），《贏家通吃的政治》（*Winner-Take-All Politics：How Washington Made the Rich Richer and Turned Its Back on the Middle Class*）（New York：Simon & Schuster, 2010）, p. 207。

26「如果沒有違法，就可以做」：引述自伊思迪（John Ydstie），〈K街計畫與湯姆．狄雷〉（The K Street Project and Tom DeLay），NPR，二〇〇六年一月十四日。

27「一次又一次」：塔能豪斯（Sam Tanenhaus），〈湯姆．狄雷的硬碟〉（Tom DeLay's Hard Drive），《浮華世界》，二〇〇四年七月號。

28「因為這裡是兩黨合作之家」：布朗斯坦，《第二次內戰》，p. 227。

29「我們不跟民主黨合作」：塔能豪斯，〈湯姆．狄雷的硬碟〉。

30 小布希總統強力右傾治國：布朗斯坦，《第二次內戰》，pp. 263–323。

31 哈利瑞德與其他參院領袖：同前，pp. 339–40。

32 參院民主黨也開始……偏離：賈西安諾（Todd F. Gaziano），〈失能的司法：聯邦法官持續性高缺員率的成因與影響〉（A Diminished Judiciary：Causes and Effects of the Sustained High Vacancy Rates in the Federal Courts），美國傳統基金會（The Heritage Foundation），二〇〇二年十月十日；曼恩和歐恩斯汀，《破碎的權力》，pp. 164–65。

33 《紐約時報》引述：路易斯（Neil Lewis），〈華盛頓雜談：民主黨備戰司法鬥爭〉（Washington Talk：Democrats Readying for a Judicial Fight），《紐約時報》，二〇〇一年五月一日。

34 民主黨改用冗長發言：圖施奈（Mark Tushnet），《憲法的強硬》（*Constitutional Hardball*），pp. 524–25；艾普斯坦（Lee Epstein）和席格（Jeffrey A. Segal），《忠告與贊同》（*Advice and Consent：The Politics of Judicial Appointments*），p. 99。

35 最大的傳統……之一：引述自曼恩與歐恩斯坦，《破碎的權力》，p. 167。

36 冗長發言次數達到：資料出自美國參議院。參閱 https://www.senate.gov/pagelayout/reference/cloture_motions/clotureCounts.htm。

37 「正常秩序」的非正式做法：曼恩和歐恩斯坦，《比表面看起來更糟》，pp. 7, 50。

38 引進的法案比例：曼恩和歐恩斯坦，《破碎的權力》，p. 172。

39 「眾議院裡長期屹立的行為規範」：曼恩和歐恩斯坦，《破碎的權力》，p. xi。

40 一百四十小時的宣誓證詞：布朗斯坦，《第二次內戰》，pp. 274–75。

41 國會監督者：同前。

42 廣被接受的規範：圖施奈，《憲法的強硬》，p. 526。

43 二〇〇三年，德州共和黨：畢克史達夫（Steve Bickerstaff），《劃定底線：德州眾議員選區重劃與湯姆．狄雷的墮落》（*Lines in the Sand：Congressional Redistricting in Texas and the Downfall of Tom DeLay*）（Austin University of Texas Press, 2007）, pp. 132，171。

44 德州共和黨擬定了：同前，pp. 84–108。

45 新的分區讓：同前，pp. 102–4。

46「最有利自己的方式」：引述自同前，p. 108。

47 他們留在當地：同前，pp. 220, 228。

48 狄雷從華盛頓飛回來：同前，pp. 251–53。

49「最激進的規畫」：引述自同前，pp. 251–53。

50「為蓋達組織拿起武器」：〈第一個民主黨議題：恐怖分子的人權〉（First Democrat Issue：Terrorist Rights），林博脫口秀（The Rush Limbaugh Show），二〇〇六年一月十日。參閱 https://origin-www.rushlimbaugh.com/daily/2006/01/10/first_democrat_issue_terrorist_rights/。

51 為麥卡錫辯護：庫爾特（Ann Coulter），《叛國：從冷戰到反恐戰爭的自由派變節》（*Treason：Liberal Treachery from the Cold War to the War on Terrorism*）（New York Three Rivers Press, 2003）。

52「（自由派的）整個內在世界觀」：庫爾特，《叛國》，pp. 292, 16。

53「有好幾百萬個嫌犯」：〈庫爾特講對了強姦，卻搞錯了叛國〉（Coulter Right on Rape, Wrong on Treason），《庫爾特觀察》（*CoulterWatch*）網站，二〇一四年十二月十一日。參閱 https://coulterwatch.wordpress.com/2014/12/11/coulter-right -on-rape-wrong-on-treason/#_edn3。

54 民主黨總統候選人歐巴馬：這些攻擊的大意，參閱帕萊特（Martin A. Parlett），《將總統妖魔化：對歐巴馬的「外國化」》（*Demonizing a President：The "Foreignization" of Barack Obama*）（Santa Barbara, CA：Praeger, 2014）。

55 福斯新聞節目〈漢尼提與科姆斯〉：葛羅斯曼和霍普金斯，《不對稱政治》，pp. 129–30。

56「除非歐巴馬證明我說錯」：帕萊特，《將總統妖魔化》，p. 164。

57「極權獨裁」：〈眾議員史提夫．金：「歐巴馬將使美國成為『極權獨裁國家』」〉（Rep. Steve King：Obama Will Make America a 'Totalitarian Dictatorship'），《思想進步》（*ThinkProgress*）新聞網站，二〇〇八年十月二十八日。

58「跟恐怖分子稱兄道弟」：葛羅斯曼和霍普金斯，《不對稱政治》，p. 130

59「展開他的政治生涯」：米爾班克（Dana Milbank），〈解開束縛，裴琳讓惡犬看似溫馴〉（Unleashed, Palin Makes a Pit Bull Look Tame），《華盛頓郵報》，二〇〇八年十月七日。

60 她充滿種族意味的演講：李奇（Frank Rich），〈恐怖分子巴拉克．海珊．歐巴馬〉（The Terrorist Barack Hussein Obama），《紐約時報》，二〇〇八年十月十一日。

61 反對歐巴馬：參閱帕克（Christopher S. Parker）和巴雷托（Matt A. Barreto），《改變他們的不信：美國的茶黨與反動政治》（*Change They Can't Believe In : The Tea Party and Reactionary Politics in America*）（Princeton, NJ : Princeton University Press, 2013）；亦參見史科波爾（Theda Skocpol）和威廉森（Vanessa Williamson），《茶黨與共和黨保守主義的重建》（*The Tea Party and the Remaking of Republican Conservatism*）（New York : Oxford University Press, 2013）。

62 喬治亞州眾議員布朗：〈喬治亞眾議員稱歐巴馬是馬克思主義者，警告獨裁制〉（Georgia congressman calls Obama Marxist, warns of dictatorship），《政治》（*Politico*）新聞網站，二〇〇八年十一月十一日。

63「你不相信憲法」：〈布隆被質問「誰會對歐巴馬開槍」〉（Broun Is Asked, Who'll 'Shoot Obama'），《政治》新聞網站，二〇一一年二月二十五日。

64「變成了獨裁者」：曼恩和歐恩斯坦，《比表面看起來更糟》，p. 214。

65 支持者一再強調：參閱帕克和巴雷托，《改變他們的不信》。

66「這不是……轉向左傾：引述自帕克和巴雷托，《改變他們的不信》，p. 2。

67「這會嚇死你！」：引述自艾爾特（Jonathan Alter），《中流砥柱：歐巴馬與他的敵人們》（*The Center Holds : Obama and His Enemies*）（New York : Simon & Schuster, 2013）, p. 36。

68「我不相信歐巴馬」：引述自帕克和巴雷托，《改變他們的不信》，p. 200。

69「第一個反美的總統」：〈金瑞契：歐巴馬是「第一個反美總統」〉（Newt Gingrich : Obama 'First Anti-American President'），「Newsmax」（*Newsmax*）新聞網，二〇一六年三月二十三日；與〈金瑞契：肯亞

形塑歐巴馬的世界觀〉（Gingrich：Obama's Worldview Shaped by Kenya），「Newsmax」新聞網，二〇一〇年九月十二日。

70 「我不相信，而且我知道」：薩繆爾森（Darren Samuelson），〈朱利安尼：歐巴馬不愛美國〉（Giuliani：Obama Doesn't Love America），《政治》新聞網站，二〇一五年二月十八日。

71 「我不知道」：〈考夫曼表示歐巴馬的內心「不是美國人」，隨即道歉〉（Mike Coffman Says Obama 'Not an American' at Heart, Then Apologizes），《丹佛郵報》（*Denver Post*），二〇一二年五月十六日。

72 「質疑出生地推手」：懷能特（Gabriel Winant），〈國會裡的歐巴馬出生地質疑者們〉（The Birthers in Congress），「沙龍」（*Salon*）新聞網站，二〇〇九年七月二十八日。

73 參議員布朗特：同前。

74 「我認識一些人」：〈近年來川普對歐巴馬出生地的發言〉（What Donald Trump Has Said Through the Years About Where Obama Was Born），《洛杉磯時報》，二〇一六年十二月十六日。

75 高調質疑：帕克和巴雷托，《改變他們的不信》，p. 210

76 三十七％共和黨人：〈福斯新聞網民調：二十四％的民眾相信歐巴馬不是出生在美國〉（Fox News Poll：24% Believe Obama Not Born in the U.S.），福斯新聞網（*FoxNews.com*），二〇一一年四月七日。

77 四十三％共和黨人：〈民調：四十三％的共和黨人相信歐巴馬是穆斯林〉（Poll：43 Percent of Republicans Believe Obama is a Muslim），《國會山莊報》（*The Hill*），二〇一五年九月十三日。

78 《新聞週刊》民調發現：史東（Daniel Stone），〈《新聞週刊》民調：民主黨人可能不會走向大屠殺〉（*Newsweek* Poll：Democrats May Not Be Headed for a Bloodbath），《新聞週刊》（*Newsweek*），二〇一〇年八月二十七日。

79 「儘量吸收茶黨」：引述自阿布拉莫維茨（Alan I. Abramowitz），《分裂的公眾？》（*The Polarized Public?：Why American Government is so Dysfunctional*），p. 101。

80 資金充裕的組織：史科波爾和威廉森，《茶黨與共和黨保守主義的重建》，pp. 83–120

81 茶黨支持的候選人：〈茶黨如何發展〉（How the Tea Party Farec），《紐約時報》，二〇一〇年十一月四日。還有泰斯勒（Michael Tesler），《後種族主義或是最種族主義？歐巴馬時代的種族與政治》（*Post-Racial or Most-Racial ? Race and Politics in the Obama Era*）（Chicago：University of Chicago Press, 2016），pp. 122–23。

82 眾議院茶黨連線：〈誰是眾議院的茶黨黨鞭？〉（Who Is in the Tea Party Caucus in the House?），CNN新聞網「政治行情發報機」部落格（*Political Ticker*），二〇一一年七月二十九日。

83 「對法治的威脅」：〈克魯茲聲稱歐巴馬是「我國史上最目無法紀的總統」〉（Ted Cruz Calls Obama 'The Most Lawless President in the History of This Country'），「Tu94.9FM」廣播電台。參閱 http://tu949fm.iheart.com/articles/national-news-1 04668 / listen-ted-cruz-calls-barack-Obama-14518575/。

84 一群年輕眾議員：參閱葛倫華德（Michael Grunwald）報導，《新．新政：歐巴馬時代變革的祕辛》（*The New New Deal：The Hidden Story of Change in the Obama Era*）（New York：Simon & Schuster, 2013），pp. 140–42。

85 「少壯屠龍陣」：同前，pp. 140–42。

86 「最重要的一件事」：引述自阿布拉莫維茨，《分裂的公眾？》，p. 122。

87 共和黨以冗長發言杯葛：最後法案還是過了。參閱格林（Joshua Green），〈絕對議事抗爭〉（Strict Obstructionist），《大西洋雜誌》（*The Atlantic*），二〇一一年一月／二月號。

88 參議院掣肘在二〇〇八年後激增：曼恩和歐恩斯坦，《比表面看起來更糟》，pp. 87–89。

89 「無限期或永久否決」：同前，p. 85。

90 驚人的三百八十五次冗長發言：米爾克斯（Sidney M. Milkis）和尼爾森（Michael Nelson），《美國總統制》（*The American Presidency*），p. 490。

91 確認率：曼恩和歐恩斯坦，《比表面看起來更糟》，pp. 92–94。

92 「核武選項」：〈瑞德，民主黨發動「核武」選項；排除大多數關於總統提名權的冗長發言〉（Reid,

Democrats Trigger 'Nuclear' Option; Eliminate Most Filibusters on Nominees），《華盛頓郵報》，二〇一三年十一月二十一日。

93「粗暴行使政治權力」：引述自同前。

94「我們不能乾等」：引述自特利（Jonathan Turley），〈歐巴馬的高壓攻勢如何為川普架設舞台〉（How Obama's Power Plays Set the Stage for Trump），《華盛頓郵報》，二〇一五年十二月十日。

95 歐巴馬開始用行政權：參閱尼爾遜（Eric Nelson），〈我們即將面對造成1642-1649英國革命的死亡漩渦嗎？〉（Are We on the Verge of the Death Spiral That Produced the English Revolution of 1642-1649?）

96「行政備忘錄」：〈歐巴馬發布行政命令提高車輛燃油標準〉（Obama Mandates Rules to Raise Fuel Standards），《紐約時報》，二〇一〇年五月二十一日。

97 他宣布行政措施：〈歐巴馬允許年輕移民留在美國〉（Obama to Permit Young Migrants to Remain in U.S.），《紐約時報》，二〇一二年六月十五日。

98 歐巴馬總統對國會拒絕的回應：〈歐巴馬下令削減美國溫室氣體排放量〉（Obama Orders Cuts in Federal Greenhouse Gas Emissions），《紐約時報》，二〇一五年三月十九日。

99 麥康納敦促各州：〈麥康納敦促美國各州抵抗美國的溫室氣體削減計畫〉（McConnell Urges U.S. States to Defy U.S. Plan to Cut Greenhouse Gases），《紐約時報》，二〇一五年三月四日。

100「約翰．考宏的分裂主義言論」：〈反歐巴馬攻擊的新階段〉（A New Phase in Anti-Obama Attacks），《紐約時報》，二〇一五年四月十一日。

101 提高債務上限：曼恩和歐恩斯坦，《比表面看起來更糟》，p. 5。

102 兩黨領袖都知道：曼恩和歐恩斯坦，《比表面看起來更糟》，pp. 6–7。

103 願意利用債務上限：葛羅斯曼與霍普金斯，《不對稱政治》，pp. 295–96；曼恩與歐恩斯坦，《比表面看起來更糟》，pp. 7–10。

104「讓整個系統崩潰」：曼恩與歐恩斯坦，《比表面看起來更糟》，pp. 25–26。

105 茶黨支持的參議員：同前，pp. 7–8、26–27。

106「我們不是開玩笑的」：同前，p. 26。

107 參院共和黨……介入：照小布希的前講稿寫手格森（Michael Gerson）說法，「主導對外國政府的外交政策不關參議院的事，尤其是敵國……柯頓的信函造成了參院共和黨希望談判失敗的印象。」格森，〈共和黨參議員致伊朗信函的真實醜聞〉（The True Scandal of the Republican Senators' Letter to Iran），《華盛頓郵報》，二〇一五年三月十二日。

108「我忍不住回想」：引述自米理根（Susan Milligan），〈蔑視總統辦公室〉（Disrespecting the Oval Office），《美國新聞與世界報導》，二〇一五年三月十六日。

109 柯頓與他的盟友們：《紐約每日新聞報》隔天的頭版上面強調叛徒這個字。

110 從內戰重建以來從未有：卡爾與馬佐，〈賈蘭德事件〉。

111 幾位共和黨參議員：〈共和黨參議員投票永久阻擋柯林頓的聯邦最高法院大法官提名〉（Republican Senators Vow to Block Any Clinton Supreme Court Nominee Forever），《衛報》，二〇一六年十一月二日。

112「如果希拉蕊．柯林頓當上總統」：同前。

113「歷史先例」：引述自同前。

114 他們的選民現在嚴重分裂：海瑟林頓（Marc J. Hetherington）和韋勒（Jonathan D. Weiler），《美國政治上的專制主義與對立》（*Authoritarianism and Polarization in American Politics*）（New York：Cambridge University Press, 2009）；阿布拉莫維茨，《分裂的公眾？》。

115「生活方式」：畢曉普與庫辛（Bill Bishop with Robert G. Cushing），《大分類：為什麼志同道合者結黨成群的美國正在撕裂我們》（*The Big Sort：Why the Clustering of Like-Minded America Is Tearing Us Apart*）（Boston：Houghton Mifflin, 2008），p. 23。

116「有點或非常不開心」：伊延格（Shanto Iyengar）、蘇德（Gaurav Sood）與羅雷歐柯斯（Yphtach Lelkes），〈影響，不是靠意識型態：兩極對立的社會認同觀點〉（Affect, Not Ideology：A Social Identity

Perspective on Polarization）,《民意季刊》（*Public Opinion Quarterly*）76, no. 3（2012）, pp. 417–18。

117 身為民主黨或共和黨員：同前。

118 數字更高：皮尤研究中心（Pew Research Center）,〈二〇一六年政黨傾向與仇視調查〉（Partisanship and Political Animosity in 2016）,二〇一六年六月二十二日,http://www.people-press.org/2016/06/22/partisanship-and-political -animosity-in-2016/。

119 民主黨代表：參閱桑奎斯特（James L. Sundquist）,《政黨系之動態：美國政黨間的結盟與再結盟》（*Dynamics of the Party System : Alignment and Re-Alignment of Political Parties in the United States*）（Washington, DC : The Brookings Institution, 1983）, pp. 214–27；阿布拉莫維茨,《正在消失的中間選民：公民參與、對立與美國民主制度》（*The Disappearing Center : Engaged Citizens, Polarization, and American Democracy*）（New Haven, CT : Yale University Press, 2010）, pp. 54–56。

120 福音派基督徒：萊曼（Geoffrey Layman）,《大分裂：美國政黨政治的宗教與文化衝突》（*The Great Divide : Religious and Cultural Conflict in American Party Politics*）（New York : Columbia University Press, 2001）, p. 171。

121 兩黨種族議題重疊：席克勒（Schickler）,《種族重組》（*Racial Realignment*）, p. 179；卡米涅斯（Edward G. Carmines）和史提森（James A. Stimson）,《議題革命：種族與美國的政治的轉變》（*Issue Evolution : Race and the Transformation of American Politics*）（Princeton, NJ : Princeton University Press, 1989）,第三章。

122 南方民主黨反對和國會委員會體系的策略性抑制：同前,p. 119。

123「保守派聯盟」：班德與和史密斯,《政治或理念？》,p. 88。

124 南方民主化：參閱米奇（Robert Mickey）,《沒有南方佬的道路》（*Paths out of Dixie*）。

125 尼克森的「南方策略」：阿布拉莫維茨,《正在消失的中間選民》,pp. 66–73；泰斯勒《後種族主義或是最種族主義？》,pp. 11–13。

126 長期是：布萊克與布萊克（Earl Black and Merle Black），《南方共和黨的崛起》（*The Rise of Southern Republicans*）（Cambridge, MA：Harvard University Press, 2002）；阿布拉莫維茨，《正在消失的中間選民》，pp. 66–73。

127 南方黑人：卡米涅斯與史提森，《議題革命》。

128 一九六五年後的重組：李文達斯基（Matthew Levendusky），《黨派屬性類型：自由主義者如何變成民主黨人以及保守主義者和變成共和黨人》（*The Partisan Sort：How Liberals Became Democrats and Conservatives Became Republicans*）（Chicago：University of Chicago Press, 2009）。

129 黨派立場與意識型態結合了：同前；阿布拉莫維茨，《正在消失的中間選民》，pp. 63–73。

130 兩黨間的意識型態差異：參閱皮尤研究中心，《美國民間的政治對立》（*Political Polarization in the American Public*）（Washington, DC：Pew Foundation），二〇一四年六月十二日。

131 社會、種族與文化基本盤：這段摘自海瑟林頓和韋勒，《美國政治上的專制主義與對立》；阿布拉莫維茨，《正在消失的中間選民》；阿布拉莫維茨，《分裂的公眾？》；以及阿布拉莫維茨和韋伯斯特，〈二十一世紀負面政黨偏見的興起與美國選舉的同化〉（The Rise of Negative Partisanship and the Nationalization of U.S. Elections in the 21st Century），《選舉研究》（*Electoral Studies*）41（2016），pp. 12–22。

132 他們占了三十八%：〈官方數據：美國正在成為少數族裔占多數的國家〉（It's Official：The U.S. Is Becoming a Majority-Minority Nation），《美國新聞與世界報導》，二〇一五年七月六日。

133 美國人口普查局預測：蔻比（Sandra L. Colby）和歐特曼（Jennifer M. Ortman），〈美國人口規模與構成預測：二〇一四—二〇六〇〉（Projections of the Size and Composition of the U.S. Population：2014-2060），美國普查局人口報告（*United States Census Bureau Current Population Reports*），二〇一五年三月。參閱 https://www.census.gov/content/dam/Census/library/publications/2015/demo/p25-1 143.pdf。

134 民主黨票源的非白人比率：泰斯勒，《後種族主義或是最種族主義？》，p. 166；阿布拉莫維茨，《分裂的公眾？》，p. 29。

135 共和黨選民：泰斯勒，《後種族主義或是最種族主義？：》，pp. 166–68。

136 共和黨擁抱右翼基督徒：萊曼，《大分裂》；阿布拉莫維茨，《分裂的公眾？：》，pp. 69–77。

137 七十六%福音派白人：〈二〇一六年大選中的福音派政黨：兩個聯盟，漸行漸遠〉（The Parties on the Eve of the 2016 Election：Two Coalitions, Moving Further Apart），皮尤研究中心，二〇一六年九月十三日，http://www.people-press. org/2016/09/13/2-party-affiliation-among-voters-1992-2016/。

138 白人民主黨員上教堂的比例：阿布拉莫維茨，《分裂的公眾？：》，p. 67。

139 已婚白人基督徒：阿布拉莫維茨，《正在消失的中間選民》，p. 129。

140 到了二〇〇〇年代：同前，p. 129。

141 兩大黨現在以……區分：海瑟林頓和韋勒，《美國政治上的專制主義與對立》，pp. 27–28, pp. 63–83。

142 打破規範的例子大多數：葛羅斯曼和霍普金斯，《不對稱政治》；曼恩和歐恩斯坦，《比表面看起來更糟》。

143 共和黨選民比民主黨更仰賴：李文達斯基，《政黨媒體如何導致美國對立》（*How Partisan Media Polarize America*），pp. 14–16；葛羅斯曼和霍普金斯，《不對稱政治》，pp. 149–64。

144 六十九%共和黨選民：李文達斯基，《政黨媒體如何導致美國對立》，p. 14。

145 流行電台脫口秀主持人：葛羅斯曼和霍普金斯，《不對稱政治》，pp. 170–74。

146 右翼媒體興起：史科波爾（Theda Skocpol）和赫特爾－費南德茲（Alexander Hertel-Fernandez），〈柯赫家族網絡與共和黨極端主義〉（The Koch Network and Republican Party Extremism），《政治見解》（*Perspectives on Politics*）16, no. 3（2016）, pp. 681–99。

147 「不妥協」立場：李文達斯基，《黨派屬性類型》，p. 152。

148 加州共和黨眾議員伊薩：李文達斯基，《政黨媒體如何導致美國對立》，p. 152。

149 「如果你稍微偏離」：引述自葛羅斯曼和霍普金斯，《不對稱政治》，p. 177。

150 強化了強硬立場：史科波爾和赫特爾－費南德茲，〈柯赫家族網絡與共和黨極端主義〉，pp. 681–99。

151 諾奎斯特的美國稅改組織：德魯（Elizabeth Drew），《不計代價：真實的美國權力鬥爭》（*Whatever It Takes*：

The Real Struggle for Power in America）（New York：Viking Press, 1997）, p. 65。

152 像是美國繁榮組織的外圍團體：史科波爾和赫特爾—費南德茲，〈柯赫家族網絡與共和黨極端主義〉，p. 683。

153 柯赫家族就花了：同前，p. 684。

154 共和黨仍維持文化同質性：葛羅斯曼和霍普金斯，《不對稱政治》，pp. 43–46, pp. 118–23。

155 白人新教徒再度淪為少數選民：阿布拉莫維茨，《正在消失的中間選民》，p. 129。

156「過熱，多疑，躁動」：霍夫史塔特（Richard Hofstadter），《美國政治的偏執型態與其他論文》（*The Paranoid Style in American Politics and Other Essays*）（New York：Vintage, 1967）, p. 4。

157「消逝」：帕克與巴雷托，《改變他們的不信》，pp. 3, 157。

158「自己土地上的陌生人」：赫胥柴爾德（Arlie Russell Hochschild），《在自己土地上的陌生人：對美國右派的憤怒與哀悼》（*Strangers in Their Own Land：Anger and Mourning on the American Right*）（New York：The New Press, 2016）。

159「真正美國人」：根據國家普查結果的分析，泰斯—摩斯（Elizabeth Theiss-Morse）發現最強烈認同美國的人傾向把「真正的美國人」當作 1. 土生土長，2. 說英語，3. 白人，4. 基督徒。參閱泰斯—摩斯，《誰算是美國人：國家認同的邊界》（*Who Counts as an American：The Boundaries of National Identity*）（New York：Cambridge University Press, 2009）, pp. 63–94。

160「美國選舉人不是往左傾」：庫爾特（Ann Coulter），《美國再見！左派打算將我國變成第三世界鬼地方的計畫》（*Adios America! The Left's Plan to Turn Our Country into a Third World Hellhole*）（Washington, DC：Regnery Publishing, 2015）, p. 19。

161「拿回我們的國家」：帕克和巴雷托，《改變他們的不信》。

Chapter 8

Trump Against the Guardrails

川普的第一年：專制成績單

唐納．川普上任第一年按照一份眼熟的劇本。如同藤森、查維茲和艾多根，美國的新總統上任起手式是發動強烈的措辭攻擊對手。他說媒體是「美國人民之敵」，質疑法官的正當性，還威脅刪減大城市的聯邦挹注。可想而知，這些攻擊引起了整個政治光譜的不悅、震驚和憤怒。記者不知不覺中被推上前線，揭發——但也激發了——總統破壞規範的行為。蕭倫斯坦媒體、政治暨公共政策中心的一項研究發現，[1] 主流新聞媒體「毫不留情地」報導川普政府的前一百天。研究發現，態度明確的新聞報導中，八〇％是負面的——比柯林頓（六十％）、小布希（五十七％）和歐巴馬（四十一％）時代都高得多。

不久，川普政府的官員感到四面楚歌。[2] 每週的新聞報導[3] 至少都有七十％負評。在川普競選通俄門的混亂謠言中，高調的特別檢察官羅伯特．穆勒（Robert Mueller）被任命監督本案調查工作。上任才幾個月，已經有人談起彈劾川普總統。但他仍有鐵票的支持，就像其他民選煽動者，他變本加厲。他宣稱他的政府被強大的體制勢力圍攻，告訴美國海岸巡防隊學院畢業生「我很確定地說，史上從未有任何政治人物[4]受到更惡劣更不公平的對待。」所以，問題是川普會怎麼回應。自認受到不合理攻擊的素人總統會像祕魯與土耳其的例子，破口大罵嗎？

川普總統上任第一年展露出了明顯的專制本能。在第四章，我們提出了民選專制者尋求集權用的三個策略：搞定裁判，排擠關鍵選手，改寫規則讓賽局對敵方不利。這三招川普都試過。

川普總統對裁判——執法、情報、倫理機構和法院表現出驚人的敵意。就職後不久，他想要確保美國情報機構，包括FBI、CIA和國安局的首長，會對他個人忠誠，顯然是希望利用這些機構當對抗通俄調查的護盾。上台第一週，川普總統就召喚FBI局長詹姆斯·柯米（James Comey）到白宮單獨吃晚餐，據柯米說，總統要求宣示效忠。據說他後來施壓[5]柯米放棄調查他剛離職的國家安全顧問佛林（Michael Flynn），逼國家情報局長柯慈（Daniel Coats）和CIA局長龐培奧（Mike Pompeo）

介入柯米的調查，還親自請求柯慈和國安局長羅傑斯（Michael Rogers）發表聲明否認發現跟俄羅斯有任何勾結（兩人都拒絕了）。

川普總統也企圖懲罰或清洗獨立行事的機構。最明顯的，發現柯米無法被壓迫去保護政府而且正在擴大調查通俄之後，他開除了柯米。[6]聯邦調查局的八十二年歷史上只有一次[7]總統在十年任期屆滿之前開除過局長*——那次還是為了回應明顯的違反倫理，也獲得兩黨的支持。

開除柯米不是川普總統對拒絕配合保護他個人的裁判作出的唯一攻擊。川普試過跟曼哈頓地區的聯邦檢察官巴拉拉（Preet Bharara）建立[8]私人交情，據說他的洗錢調查威脅到川普的親信圈；很受尊重的反腐人物巴拉拉繼續調查時，總統把他開除。[9]司法部長賽辛斯（Jeff Sessions）辭去通俄調查工作，副部長羅森斯坦（Rod Rosenstein）任命聲譽良好的ＦＢＩ前局長穆勒為特別檢察官監督調查之後，川普公開羞辱賽辛斯，[10]據說要求他辭職。白宮律師團甚至發動對穆勒扒糞，[11]想要以利益衝突為由除掉他或傷害他的公信力。到了二〇一七年底，許多川普的盟友公開呼籲他開除穆勒，引起各界擔

＊譯註：ＦＢＩ局長威廉·塞辛斯被司法部門指控行事不合道德審查，包括多次擅用ＦＢＩ飛機探望親友，經司法部長批准後，柯林頓開除了塞辛斯。

憂他很快就會這麼做。

川普總統干擾獨立調查的動作引發了較不民主國家常見的那種攻擊裁判行為——例如，開除查維茲任命的委內瑞拉檢察長路易莎．奧蒂嘉（Luisa Ortega），因為她堅持自己的獨立性開始調查馬杜羅政府的貪腐濫權。雖然奧蒂嘉任期直到二〇二一年才滿，只有（由反對黨控制的）立法部門能合法解職，政府手下正當性可疑的制憲議會[12]卻在二〇一七年八月開除了她。

川普總統也攻擊判決對他不利的法官。聯邦第九巡迴上訴法院的羅巴特（James Robart）法官阻止政府最初的穆斯林移民禁令之後，川普說道「這個所謂法官的意見，[13]基本上是剝奪我們國家的執法權。」兩個月後，同一個法庭又暫時阻擋扣留撥給庇護城市的聯邦資金，白宮痛罵這個判斷是「未經民選的法官」[14]在攻擊法治。川普本人的回應[15]則是威脅解散第九巡迴法院。

總統還在二〇一七年八月間接攻擊司法，當時他赦免因違反停止種族定性（racial profiling，指執法機關在判斷特定犯罪或違法行為的嫌犯身份時將種族或族群列入考慮範圍）的聯邦法院命令被定罪的爭議性前亞利桑那州警長阿派歐（Joe Arpaio）。阿派歐是政治盟友兼許多川普的反移民支持者的英雄。如同我們稍早指出，行政首長的憲法特赦權是無限制的，但歷代總統向來非常克制行使，會徵詢司法部意見，絕不為了自保或政治利益而特赦。川普總統大膽地違反了這些規範。他不只沒徵詢司法部，而且顯然是政治特赦[16]——受他的鐵票支持。此舉強化了總統最終會特赦自己與親信的疑懼[17]——據說他的律師團研究過這回事。這種行為會對司法獨立構成史無前例的攻擊。依憲法學者雷迪許（Martin Redish）的說法，「如果總統能這樣讓他的代理人免疫，[18]法院會實質上喪失任何有意義的權威去保護憲法權利免於遭受行政部門的侵害。」

川普政府也無可避免地踐踏[19]了政府倫理辦公室（OGE），這個獨立監督機構雖然沒有法律強制力，先前的政府一向予以尊重。面對川普的商業交易造成的許多利益衝突，OGE主管蕭布（Walter Shaub）在政權交接期間一再批評總統當選人。政府的回應是對OGE發動攻擊。眾院監察委員會主席兼川普盟友夏菲茲（Jason Chaffetz）[20]甚至暗示要調查蕭布。在五月，政府官員企圖強迫OGE[21]停止調查白宮與前遊說公司人物的會議。被白宮輪替騷擾與忽視之後，蕭布辭職，留下了記者利札（Ryan Lizza）所謂「損壞的」OGE。[22]

川普總統對法院、執法與情報單位、其他獨立機構的行為簡直出自專制主義的教科書。他公開大談用司法部與FBI追殺民主黨，包括希拉蕊．柯林頓。在二〇一七年底，司法部考慮提名一位特別檢察官調查希拉蕊。但即使又清洗又威脅，政府還是搞不定裁判。川普沒用親信取代柯米，[23]主要是因為這種舉動被參院關鍵共和黨人否決。同樣地，參院共和黨人也抗拒川普換掉賽辛斯部長的企圖。[24]但總統還有其他的戰線要發動。

川普政府也設法排擠政治體制裡的關鍵選手。川普總統對媒體批評者的言辭攻擊就是一例。他一再指控像《紐約時報》與CNN等大型媒體在散播「假新聞」陰謀對付他，念過專制主義的學生都很眼熟。二〇一七年二月的推文中，他稱呼媒體「美國人民之敵」，[25]政論員指出，史達林與毛澤東都用過這個詞彙。川普發言經常語帶威脅。在他的「人民之敵」推文幾天後，川普又向保守政治行動委員會說：

我愛憲法第一修正案；[26]沒人比我更熱愛它了。沒有人……但是如同你們在整個競選過程看到的，即使現在，假新聞還是沒說實話……我說它不代表人民。它永遠不會代表人民，我們會想辦法處理。

具體來說，怎麼處理？接著那個月，川普總統回歸他競選時「放寬誹謗法」的宣示，發文說《紐約時報》「讓媒體界丟臉。[27]整整兩年曲解我的意思。該修改誹謗法嗎？」被記者問到政府是否真的考慮這項修改，白宮幕僚長蒲博思（Reince Priebus）說，「我想我們研究過[28]這件事。」厄瓜多總統科雷亞用過這招。他花了幾百萬美元的誹謗訴訟[29]與囚禁被控誹謗的記者，對媒體有強大的寒蟬效應。雖然川普放棄了誹謗議題，仍舊繼續威脅。在七月，他轉發推文中有段修改過的舊WWE摔角短片描述他撲倒然後痛毆一個臉上貼著CNN商標的人。

川普總統也考慮過用政府監管機構對付不友善的媒體。二〇一六年競選期間，他用反托拉斯訴訟威脅《華盛頓郵報》與亞馬遜的老闆傑夫．貝佐斯，推文說：「如果我當上總統，[30]他們的麻煩可大了。」他也威脅要阻擋[31]擱置中的時代華納（CNN的母公司）跟AT&T的合併案，他上任第一個月內，有些報導說白宮顧問群考慮用政府的反托拉斯職權當作對付CNN的籌碼。最後，在二〇一七年十月，川普攻擊NBC等等電視台威脅要「挑戰他們的執照」。

有個領域裡川普政府不只威脅，還企圖用政府機器懲罰批評者。上台第一週，川普總統簽署一項行政命令[32]授權聯邦機構扣留經費不給拒絕配合政府取締非法移民的「庇護城市」（sanctuary city，不願意配合聯邦執法機構逮捕或拘留非法移民，藉此保護無證移民免遭驅逐出境的城市、郡或州）。「如果有必要，」[33]他在二〇一七年二月宣稱，「我們會收回資助。」這個計畫令人想起[34]查維茲政府多次剝奪反對黨主政的市政府對地方醫院、警力、港口和其他基礎建設的控制權。但跟委內瑞拉總統不同的是，川普總統被法院阻止了。[35]

雖然川普總統對媒體與其他批評者發動口頭戰爭，這些話沒有（還沒）導致行動。沒有記者被逮捕，也沒有媒體因為政府施壓改變他們的報導。川普企圖讓賽局對自己有利更令人擔憂。二〇一七年五月，他呼籲修改[36]他所謂的「古代」參議院規則，包括廢除冗長發言，這可能強化共和黨多數並削弱民主黨少數。參院共和黨人確實廢除了針對最高法院提名的冗長發言，[37]為葛薩奇當上大法官開路，但他們拒絕完全廢除的主意。

或許川普政府迄今採取最反民主的倡議，就是成立總統選舉誠信諮詢委員會，由副總統潘斯（Mike Pence）當主席但由副主席科巴赫（Kris Kobach）掌管。要了解其潛在衝擊，請回想民權與投票權法案造成了政黨認同大搬風：民主黨成為少數民族與第一二代移民選民的主要代表，而共和黨選民仍是壓倒性的白人。因為選民的少數民族比例在成長，這些變化對民主黨有利，歐巴馬二〇〇八年的勝選強化了這個認知，當時少數民族投票率出奇地高。

某些共和黨領袖[38]認知到威脅，想出一個令人想起種族隔離時代南方州的回應：讓低收入少數民族公民更難投票。因為貧窮少數民族選民壓倒性支持民主黨，打壓這些選民投票率的手段可能讓賽局對共和黨有利。這透過嚴格的選民身分法[39]可以做到——例如規定選民來到投票所必須提出有效駕照或其他政府核發的有照片證件。

推動選民身分法[40]是根據一個虛假說法：選票舞弊在美國很氾濫。有信譽的所有研究[41]都認為國內這類舞弊的程度很低。但共和黨開始推動對抗這個虛構問題的對策。率先採行選民身分法的兩個州是喬治亞與印第安那，都在二〇〇五年。喬治亞眾議員兼長期民權運動領袖路易斯（John Lewis）形容他州內的法律是「現代版的投票稅」。[42]估計三十萬名喬治亞州選民[43]缺少規定形式的證件，美國黑人缺少的比例是白人的五倍。而印地安那州的選民身分法，第七巡迴上訴法院的伊凡斯（Terence Evans）法官稱之為「不太掩飾地企圖[44]打壓被認定傾向民主黨的某些人投票率」，被告上最高法院，但在二〇〇八年被批准。之後，選民身分法擴散開來。二〇一〇到二〇一二年間共有三十七州引進這類法案，[45]到了二〇一六年有十五州採行了這類法律，[46]但只有十州真的在選舉時實施。

這些法律全是在共和黨控制上下兩院的州通過，州長也是共和黨籍的阿肯色州例外。主要目標是少數民族選民毋庸置疑。選民身分法幾乎確定對低收入少數民族選民有不成比例的衝擊：[47]根據一項研究，三十七%的美國黑人與二十七%的西班牙裔表示沒有有效駕照，[48]白人相對僅十六%。布瑞南司法中心（紐約大學法學院）的一項研究[49]估計十一%美國公民（兩千一百萬合格選民）沒有政府核發的照片證件，在美國黑人公民的數字則升高到二十五%。

二○○八年黑人投票率最高的十一個州裡，有七州實施更嚴格的選民身分法，[50]二○○○到二○一○年經歷過西班牙裔人口最快速成長的十二個州裡，有九個通過讓投票更困難的法律。學者們剛開始[51]評估選民身分法的衝擊，大多數研究都發現對投票率影響不大。但在激烈競選中微小影響就可能決定勝負，尤其普遍採行這種法律的話。

這正是總統選舉誠信諮詢委員會希望促成的。委員會的實質領袖科巴赫曾被形容為美國「壓抑投票的頭號鼓吹者」。[52]身為堪薩斯州務卿，科巴赫協助通過了[53]全國最嚴的選民身分法之一。對科巴赫而言，唐納·川普是個有用的盟友。二○一六年競選期間，川普曾抱怨選舉「被操縱了」，之後，他說出驚人之語自稱「如果扣掉非法投票的幾百萬人已經贏了普選」。[54]他在跟國會領袖的會議中重申這點，[55]說有三到五百萬張非法選票。這個說法沒有根據：媒體組織ProPublica主導的全國投票監察計畫[56]並未發現舞弊的證據。《華盛頓郵報》記者邦普（Philip Bump）[57]搜尋Nexis資料庫找二○一六年有紀錄的舞弊案例，只發現四件。

但川普總統對「贏得」普選的明顯執念跟科巴赫的目標融合起來。科巴赫為川普的說法背書，宣稱他主張非法選票數量超過希拉蕊的勝出票數「絕對正確」。[58]（後來科巴赫說「我們可能永遠無法知道」[59]誰贏了普選。）科巴赫贏得了川普的信任，幫忙說服他成立這個委員會，並任命他主持。

委員會的初期活動暗示了它的目標是壓抑選民。首先，它從全國收集舞弊的案例，可能提供在州層級的選民限制倡議，或許還有廢除一九九三年放寬全美國選民登記流程的「機動選民」法案的政治彈藥。實質上，委員會準備為共和黨想要通過更嚴格的選民身分法扮演高調的全國喉舌。其次，委員會目標是打壓或促成州級選民名單清洗，現有的研究顯示，這必然會排除掉很多正當的選民。委員會已經尋求[60]交叉比對當地選民紀錄去發現雙重登記的案例，就是一人在不只一州登記。還有些報導說委員會計畫用國土安全部的綠卡與簽證持有人資料庫來尋找非公民的選民名單。如同一項研究顯示，風險在於錯誤的數量[61]——因為有許多同名同生日的人存在——會大幅超過被發現的非法登記數量。

企圖打壓投票基本上是反民主的，而且在美國有特別悲慘的歷史。雖然現代的選民限制做法沒有十九世紀末期南方民主黨那麼過分，不過還是很重要。因為嚴格的選民身分法不成比例地影響壓倒性支持民主黨的低收入少數民族選民，它們會扭曲選舉，裨益共和黨。

川普的選舉誠信委員會[62]在二〇一七年沒有進行任何具體改革，它笨拙地索取選民資料卻被各州拒絕。但如果委員會的計畫繼續放任不管，就有可能對美國的選舉流程造成實質傷害。

在許多方面，川普總統依循上台第一年的民選專制者劇本。他設法搞定裁判，排擠可能阻止他的關鍵選手，操縱整個賽局。但是總統的嘴砲多過行動，而且最惡名昭彰的威脅沒有實踐。令人不安的反民主倡議，包括用親信擔任FBI局長與阻擋穆勒調查，都被共和黨反對者與他自己的拙劣破解。有個重要倡議，選舉誠信委員會，剛剛起步，所以較難評估其衝擊。整體上，川普總統好像魯莽駕駛人一再刮到護欄，但沒有撞穿護欄。雖有很多值得擔心的，二〇一七年很少發生實際的倒退。我們沒有跨過專制的界線。

不過現在還言之過早。民主的倒退經常是逐步的，效果日積月累慢慢出現。比較川普上任第一年和其他企圖專制者，情況相當混雜。表三提供了潛在專制者透過選舉掌權的九個國家說明清單。在某些國家，包括厄瓜多和俄國，倒退在第一年就很明顯。對比之下，在藤森時期的祕魯與艾多根時期的土耳其，起初沒有倒退。藤森當總統第一年陷入激烈罵戰但沒有攻擊民主機制，直到上任將近兩年。崩潰在土耳其則拖得更久。

川普總統剩餘任期的民主命運端賴幾個因素。首先是共和黨領袖的表現。民主機制非常依賴執政黨捍衛民主、甚至反對自己領袖的意願。小羅斯福的法院塞人計畫失

表三：上任一年的專制成績單

國家	領袖	上任時間	搞定裁判	排擠選手	改變規則	政權最終命運
阿根廷	裴隆	一九四六年六月	有	無	無	專制
厄瓜多	科雷亞	二〇〇七年一月	有	有	有	輕度專制
匈牙利	奧班	二〇一〇年五月	有限	無	無	輕度專制
義大利	貝魯斯柯尼	二〇〇一年六月	無	無	無	民主
祕魯	藤森	一九九〇年七月	無	無	無	專制
祕魯	烏馬拉	二〇一一年七月	無	無	無	民主
波蘭	卡辛斯基	二〇一五年十一月	有	無	無	輕度專制
俄羅斯	普丁	二〇〇〇年五月	無	有	無	高度專制
土耳其	艾多根	二〇〇三年三月	無	無	無	專制
委內瑞拉	查維茲	一九九九年二月	有	有	有	專制

敗與尼克森垮台能實現，部分理由是總統自己黨內——羅斯福的民主黨與尼克森的共和黨——的關鍵成員決定挺身反對他。比較近期的，在波蘭，法律與正義黨[63]的（虛位元首）總統杜達（Andrzej Duda）否決讓政府能徹底清洗與安插最高法院的兩項法案，使法律與正義黨政府企圖拆解制衡遭到挫敗。對比在匈牙利，奧班總理推動專制時受到的執政黨青民盟抵抗相當微小。

唐納．川普與共和黨的關係同樣重要，況且共和黨控制了國會兩院。共和黨領袖們可能選擇繼續效忠。活躍的親信[64]不只支持總統，連他最爭議性的舉動也公開辯護。消極的親信在醜聞爆發時則會低調，但仍會投票支持總統。在某個程度上，關鍵親信會兼具兩者：他們可能公開切割總統的糟糕行為，但不會採取任何行動（例如在國會表決）去弱化，更別說推翻總統了。面對總統濫權，這些回應都會促進專制。

第二個方法是圍堵。採用此法的共和黨人可能在許多議題上支持總統，從司法任命到稅改與健保改革，但是畫出他們認為危險的行為界線。保持這種姿態可能很難。身為同黨同志，總統成功他們也會獲利——但他們了解長期而言總統可能對我們的制度造成實質傷害。他們盡量跟總統合作，同時也設法確保他不會濫權，讓總統在任，但也會希望圍堵他。

最後，原則上，國會領袖有可能設法推翻總統。這對他們會政治代價慘重。推翻本黨的總統不只有被同志指控叛國的風險（例如，試想像漢尼提和林博等名嘴的反應），也有破壞同黨議員目標的風險。這會傷害黨的短期支持度，就像尼克森辭職之後。但如果來自總統的威脅夠嚴重（或總統的行為開始傷害到他們自己的支持度），黨內領袖可能認為有必要拉下自己人。

在川普總統上台的第一年，共和黨對總統濫權的反應是效忠與圍堵並用。起初，以效忠為主。但總統在二〇一七年五月開除柯米之後，某些共和黨參議員傾向圍堵，表明他們不會允許川普親信繼任。共和黨參議員也設法確保對二〇一六年大選俄國介入的獨立調查會繼續。有幾個人悄悄推動[65]司法部任命一位特別檢察官，也有很多人支持任命穆勒。有報導顯示白宮正在想辦法除掉穆勒，某些川普親信也呼籲開除穆勒之後，共和黨重量級參議員，[66]包括蘇珊·柯林斯、鮑伯·柯克（Bob Corker）、琳賽·葛蘭姆和約翰·麥肯等出面反對。還有當川普總統想要開除司法部長賽辛斯，因為已退出調查的他無法開除穆勒，共和黨參議員跳出來為賽辛斯辯護。參院司法委員會主席恰克·葛雷斯利（Chuck Grassley）[67]說如果賽辛斯被開除，他不會安排繼任者聽證會。

雖然葛蘭姆、麥肯和柯克[68]參議員很少加入反對陣營（他們至少有八十五%機率表決時支持川普），仍然採取了重要步驟圍堵總統。二〇一七年沒有共和黨領袖想要拉下總統，但如同記者艾比蓋兒．崔西（Abigail Tracy）所說，他們有些人似乎已「找到他們自己的紅線」。[69]

影響我們民主命運的另一個因素就是輿論。如果企圖專制者無法借助軍方或發動大規模暴力，就必須找其他方法說服盟友配合並嚇退或阻止批評者。這時候輿論支持是很有用的工具。當民選領袖享有，舉例，七十%支持度，批評者會避開，媒體報導會軟化，法官比較不願意判決不利於政府，連擔心大聲唱反調會遭到孤立的對手政客都比較傾向低調。相對之下，當政府支持度低迷，媒體和反對黨會比較大聲，法官會比較敢跟總統作對，盟友也開始有雜音。藤森、查維茲和艾多根對民主機制發動攻擊時都很受支持。

要了解輿論支持如何影響川普總統，請自問：如果全美國都像西維吉尼亞州會怎樣？西維吉尼亞是最挺川普的南方州。根據蓋洛普民調，二〇一七上半年當地的川普總統的支持度[70]平均有六十%，相對於全國平均值四十%。面對總統的高人氣，西維吉尼亞的反對者銷聲匿跡——連民主黨也是。民主黨參議員曼欽（Joe Manchin）[71]在二〇一七年八月有五十四%比率表決支持川普總統，超過參議院內其他民主黨人。《國會山莊報》已把曼欽列入[72]川普的「國會十大盟友」。該州的民主黨州長朱斯泰斯（Jim Justice）更誇張：他換政黨。朱斯泰斯在集會上擁抱川普總統，不只稱讚他是有「真正理念」的「好人」，還駁斥通俄調查，宣稱：「我們還沒聽夠俄國人的事嗎？」[73]如果全國的民主黨表現都像西維吉尼亞一樣，川普總統不會有什麼阻力——即使是外國干預我們選舉的議題也是。

川普總統的支持度越高，就變得越危險。他的人氣仰賴經濟狀況，還有各種偶發事件。暴露出政府無能的事件，像是二〇〇五年小布希政府對卡崔娜颶風應變遲鈍，可能減損支持度。但安全威脅之類的其他事態可能促進支持。

這就帶到了形成川普總統傷害我們民主之能力的最後因素：危機。戰爭或大規模恐怖攻擊的重大安全危機是政治萬靈丹。幾乎毫無例外會增進對政府的支持。[74]上次美國經歷重大安全危機，二〇〇一年的九一一恐攻，讓小布希總統的支持度[75]飆到九十%。支持度很容易鬆綁對總統權力的限制。民眾為自身安全擔憂時可能比較容忍，[76]甚至支持專制手段。而且不只普通民眾這樣反應。認知國家安全有風險時，法官向來不願意[77]阻擋總統在危機中擴權。據政治學者威廉・霍威爾（William Howell）說，對小布希總統的制度性限制[78]在九一一事件發生後消失了，讓布希得以「隨心所欲去定義與回應危機」。

所以，安全危機是民主的危險時刻。可以「為所欲為」的領袖可能對民主機制造成極大傷害。如我們所見，那正是藤森，普丁和艾多根之類領袖的做法。對感覺被對手不公平圍剿又被民主機制綁手綁腳的企圖專制者來說，危機打開了機會之窗。

在美國，安全危機也允許行政部門擴權，從林肯擱置人身保護令、羅斯福拘留日裔美國人到小布希的愛國者法案。但是有個重要的差別。林肯、羅斯福和小布希都是信仰民主的，說到底，他們行使危機產生的龐大權力都展現了相當的自制。

對比之下，唐納．川普在任何情境都很少展現自制。在他任內發生衝突的機率也相當大。任何總統都可能遇上——美國最近十二位民選總統有六位任內打過地面戰爭或遭受重大恐攻。但以川普總統外交政策的拙劣，[79]風險特別高。我們擔心如果川普面臨戰爭或恐攻，他會完全利用這個危機——用來攻擊政敵並限制美國人認為理所當然的自由。在我們看來，這種情境代表了現今美國民主面臨的最大危險。

即使川普總統沒有直接拆解民主機制，他打破規範幾乎確定會侵蝕機制。川普總統依照作家布魯克斯（David Brooks）所寫的，「突破了曾經管理公共生活的行為標準。」[80]他的黨還因此獎勵他提名他選總統。上台後，他繼續違反規範擴張了可接受之總統行為的範圍，讓曾經被視為邪道不可允許的做法，像說謊與霸凌，在政客的工具箱裡占了重要的位置。

總統打破規範未必一定是壞事。許多違規是無害的。一九七七年一月，吉米・卡特和妻子從國會大廈步行一哩半到白宮，讓警方、媒體和前來參加就職典禮的二十五萬民眾大吃一驚。《紐約每日新聞報》形容卡特放棄「密閉有裝甲的禮車」[81]的決定是「史無前例的偏離習俗」。從此以後，這變成《紐約時報》所謂的「非正式習俗」，[82]總統當選人在就職遊行途中至少要走出受保護的禮車，以表示他是「人民的總統。」

打破規範也可能有助民主：一八四〇年總統大選中，哈里遜打破傳統[83]出去向選民拉票。先前的規範向來是候選人要避開競選活動，保留辛辛納圖斯（Cincinnatus，公元前四五八年時任執政官的米努基烏斯統率的羅馬軍團遭到埃奎人包圍，退隱務農的他臨危受命擔任羅馬獨裁官，保衛羅馬，退敵十六天後便辭職返家）式的形象表示他們沒有個人權力野心——但也限制了選民了解他們的能力。

或者舉另一個例子：一九〇一年，白宮代表新總統西奧多・羅斯福發布的例行新聞稿標題是，「阿拉巴馬州塔斯基吉的布克・T・華盛頓[84]昨晚與總統共進晚餐」。雖然以前顯赫的黑人政治領袖造訪過白宮，跟黑人領袖共進晚餐如同某歷史學家形容，是違反「白人至上的普遍社交禮儀」。[85]回應來得又快又猛。一家報社形容這是「任何美國公民犯下最可惡的罪行」。參議員布萊恩（William Jennings Bryan）評論說，「希望他們兩人（羅斯福和華盛頓）會在反省之後發現拋棄他們抹除種族界線的目標才是智慧。」一面對反彈，白宮的新聞單位先是否認發生過這回事，後來又說「只是」午餐，然後辯護說至少沒有女人在場。

因為社會價值觀會隨著時代改變，總統難免——甚至有需要在某個程度上打破規範。但是唐納・川普上任第一年的違反規範跟前輩們有個基本差異。例如，他不斷打破規範。從來沒有總統這麼快藐視這麼多不成文規則。許多違規是瑣事——川普總統不養寵物，打破一百五十年的白宮傳統。[86]也有些比較不吉利。例如川普的就職演說首次比通常的這類稿子更黑暗（例如，他提到「美國生靈塗炭」），[87]讓前總統小布希不禁說：「那玩意真詭異。」

但川普總統跟前任者真正不同之處是他敢挑戰後果更嚴重的不成文規則，包括對民主健全很重要的規範。其中有些是把公私事分開的長久規範，像是不得任用親信。現有立法禁止總統任命家人擔任內閣或公立機構職位，但不包括白宮幕僚職位。所以川普任命女兒伊凡卡與女婿庫許納（Jared Kushner）為高階顧問，技術上而言合法——但藐視了法律精神。

也有些規範限制總統的利益衝突。因為總統不可利用公職謀取私利，擁有企業的人必須在就職之前離開企業職務。但掌管這類切割的法律意外地寬鬆。政府官員嚴格來說沒規定[88]要把自己的持股出清，只須迴避作影響他們利益的決策。不過，政府官員乾脆脫手已經變成標準做法，以避瓜田李下之嫌。川普總統即使有空前的利益衝突，並沒有這樣的自制。[89]他讓兒子們控制他的商業持股，政府倫理辦公室官員認為此舉遠遠不夠。政府倫理辦公室[90]報告在二〇一六年十月一日到二〇一七年三月三十一日間收到三萬九千一百零五件關於川普政府利益衝突的公開投訴，比二〇〇八到〇九年同期（歐巴馬總統上任時）大幅增加，當時只有七百三十三件的紀錄。

川普總統公開挑戰選舉的正當性，也違反了[91]核心民主規範。雖然他「幾百萬」非法選民[92]的說法遭到事實查核者否定，被兩黨政治人物駁斥，社會學者也斥為無稽之談，新總統仍在公開與私下一再提起。一百多年來沒有重要政治人物質疑過美國選務的公正性——連高爾也沒有，他可是被最高法院判決輸了史上差距最小的選舉。

舞弊的錯誤指控可能傷害民眾對選舉的信心——公民若不相信選舉過程，經常對民主本身失去信心。在墨西哥，安德烈・羅培茲（Andrés Manuel López Obrador）失去總統候選人身分後，堅稱二〇〇六年大選被動了手腳，於是民眾對墨西哥選舉制度的信心下滑。二〇一二年總統大選前的一項民調[93]發現七十一%墨西哥人認為可能有舞弊。在美國，數字更誇張。二〇一六年大選前進行的民調中，八十四%的共和黨選民說他們相信美國選舉中發生了「有意義數量」[94]的舞弊，將近六十%的共和黨選民表示他們認為非法移民會在十一月「以有意義的數量投票」。這些懷疑延續到選後。根據二〇一七年七月的Morning Consult/Politico民調，四十七%的共和黨人[95]相信川普贏了普選，只有四十%相信希拉蕊．柯林頓贏了。換言之，認同共和黨者大約半數說他們相信美國選舉有大規模舞弊。這種信念可能有後果。二〇一七年六月進行的一項民調問道，「如果唐納．川普說二〇二〇年總統大選應該延期到國家能確定只有合格美國公民能投票，你會支持或反對延期？」五十二%的共和黨人[96]說會支持延期。

川普總統也拋棄了政治文明的基本規則。他偏離選後和解的規範，繼續攻擊希拉蕊．柯林頓。他也違反現任總統不該攻擊前任者的不成文規則。二〇一七年三月四日上午六點三十五分，川普總統推特發文，「可怕！勝選之前剛發現[97]歐巴馬在川普大樓『竊聽』我。什麼也沒發現。這是麥卡錫主義！」半小時後他又發文：「歐巴馬總統在神聖選舉過程中竊聽（原文如此）我的電話真是太低級了。這是尼克森／水門案。不是壞蛋就是病態！」

或許川普總統最惡名昭彰的違反規範行為就是說謊。總統在公共場合應該說實話的觀念在美國政壇上毫無爭議。如同共和黨顧問艾爾斯（Whit Ayers）總是告訴客戶，尋求公信力的候選人必須「絕不否認無法否認之事」[98]與「不說謊」。依此規範，政治人物通常靠轉移話題、軟化困難的問題或是語焉不詳避免說謊。川普總統厚顏無恥地捏造的慣例是史無前例的。他在二〇一六年競選期間就表現出這個傾向。事實查證網站「政治事實」[99]分類出他的六十九％公開陳述是「多半錯誤」（二十一％），「錯誤」（三十三％）或「擺明說謊」（十五％）。只有十七％被標註為「正確」或「多半正確」。

川普身為總統仍繼續說謊。《紐約時報》追蹤總統上任以來的所有公開發言，指出了即使用保守尺度——可證明錯誤的，相對於只是可疑的部分——川普總統「達到了不起的成就」：[100]他上台的前四十天每天至少有一個錯誤或誤導性的公開發言。都是明顯的謊言。川普總統宣稱[101]自從雷根以來最大的選舉人團票數勝利（其實，老布希、柯林頓和歐巴馬都以比他大的差距獲勝）；他宣稱前六個月簽署的法案多過任何其他總統（他遠遠落後幾位總統，包括老布希和柯林頓）。二〇一七年七月，他吹噓童子軍的團長跟他說他「發表了史上最棒的演講」，[102]這個說法卻立刻被童子軍組織本身駁斥。

川普總統本身沒有為他說謊付出太大的代價。在熱心公民越來越用自己的黨派有色眼鏡過濾事件的政治與媒體環境中，他的支持者在他上台第一年並不認為他不誠實。[103]然而對我們的政治體制，他不誠實的後果是大災難。民主國家的公民有基本的資訊權。[104]民選領袖做了什麼，若無可靠的資訊，我們就無法有效行使投票權。當美國總統向民眾說謊，就危害我們取得可靠資訊的權利，也傷害對政府的信任（怎麼可能不會？）。公民若不相信民選領袖，代議制民主的根基會弱化。公民若對自己選出的領袖沒信心，會減損選舉的價值。

令喪失信心更惡化的是川普總統放棄了尊重媒體的基本規範。獨立媒體是民主機制的堡壘；沒有民主國家能缺少媒體。華盛頓以來每位美國總統都跟媒體搏鬥過。許多人私下鄙視媒體。但美國歷代總統都承認媒體是民主機制的中心並尊重它在政治體制中的地位，少有例外。連私下嘲弄媒體的總統在檯面上對媒體都有基本的尊重與文明。這個基本規範造就了一些管理總統與媒體關係的不成文規則。某些規範——像是登上空軍一號之前向媒體群揮手——只是表面，但其他的，像是舉行白宮記者團全員皆可參加的記者會，比較重要。

川普總統公開羞辱媒體甚至個別記者，在美國現代史上堪稱空前。他形容媒體是「世界上最不誠實的人」，[105] 一再指控《紐約時報》、《華盛頓郵報》和CNN等重要新聞媒體說謊或散播「假新聞」。川普還會人身攻擊。二〇一七年六月，他用異常尖酸刻薄的連串推文追打電視主持人布里辛斯基（Mika Brzezinski）和她的搭檔史卡伯勒（Joe Scarborough）：

我聽說評價惡劣的@Morning_Joe[106]說我壞話（沒在那節目了）。那低智商的瘋狂米卡和神經病老喬怎麼會……

……在除夕左右連續三晚跑到海湖莊園，堅持要找我。她因為拉皮手術嚴重出血。我說不行！

連私下視媒體為「敵人」的尼克森都沒這樣公開攻擊過。要在西半球找類似的行為，你必須看看委內瑞拉的烏戈．查維茲和尼可拉斯．馬杜羅或厄瓜多的拉斐爾．科雷亞。

川普政府的記者會選擇性排斥記者，也打破了既有規範。二〇一七年二月二十四日，新聞祕書史派瑟（Sean Spicer）[107]禁止《紐約時報》、CNN、Politico、BuzzFeed與《洛杉磯時報》的記者參加沒有上電視的媒體「懇談會」，同時親手挑選像華盛頓時報和One America News Network等較小但友善的媒體記者來填補人數。現代的唯一先例[108]是尼克森在水門案醜聞爆發後決定禁止《華盛頓郵報》進入白宮。

一九九三年，社會學家出身的紐約的民主黨參議員莫尼漢（Daniel Patrick Moynihan）有個深刻的觀察：人類應對行為表現偏離共同標準者的能力是有限的。[109]當不成文規則一再被違反，莫尼漢認為，社會就有「向下定義偏差」的傾向——改變標準。曾經被視為異常之事變成正常。

莫尼漢爭議性地把這個觀點應用到美國日益嚴重的社會對單親家庭、高謀殺率和精神疾病的容忍現象。現在這也可以應用在美國民主。雖然政治偏差——違反文明、尊重媒體、不說謊的不成文規則——並非始於唐納．川普，他當上總統肯定是推波助瀾。川普總統治理下，美國一直向下定義政治偏差。總統例行使用人身攻擊、霸凌和說謊，無可避免地有助於把這種行為正常化。川普的推文或許引發了媒體、民主黨與某些共和黨人公憤，但是他們回應的效力被大量違規限制了。如同莫尼漢觀察，面對氾濫的偏差，我們逐漸被壓倒——然後失去敏感度。我們變得習慣以前認為很可恥的事。

此外，共和黨一直容忍川普的偏差，造成許多共和黨選民漸漸接受。當然，許多共和黨人譴責過川普的大多數惡行。但這些單次聲明不是很有懲罰力。只有一位共和黨參議員[110]在川普總統上任的七個月內至少八十五％時候表決支持他。連經常強烈譴責總統違反規範的內布拉斯加州薩斯和亞利桑那州弗雷克（Jeff Flake）參議員[111]，都有九十四％機率表決支持他。對於沒完沒了的冒犯性推文根本沒有「圍堵」策略。共和黨人不願付出與自家總統翻臉的政治代價，不知不覺間除了不斷重新定義什麼是可容忍或不可容忍的，已經別無選擇。

這會對我們的民主造成可怕後果。川普總統對基本規範的攻擊擴展了可接受之政治行為的界限。我們或許已經目睹了一些後果。二〇一七年五月，國會補選的共和黨候選人詹佛特（Greg Gianforte）[112]用身體衝撞問他健保改革問題的《衛報》記者。詹佛特以施暴輕罪被起訴——但是贏了選舉。更廣泛來看，YouGov替《經濟學人》雜誌在二〇一七年中期進行的民調顯示出對媒體驚人的不容忍程度，尤其是共和黨人。被問到是否支持允許法院關閉提出「有偏見或不正確」[113]資訊的媒體，受訪的四十五％共和黨人表示他們支持，只有二十％反對。超過五十％共和黨人支持對偏頗或不正確報導罰鍰的主意。換句話說，大多數共和黨選民說他們支持近年來在厄瓜多、土耳其和委內瑞拉發生過的那種打壓媒體。

二〇一七年夏季有兩段國家步槍協會（National Rifle Association）的招募影片釋出。第一段影片裡，NRA發言人黛娜．洛施（Dana Loesch）談到民主黨與使用武力：

他們用他們的學校[114]教導小孩他們的總統是另一個希特勒。他們用他們的電影明星、歌手、喜劇節目和頒獎節目一再重複他們的說法。然後他們用他們的前總統為「反抗」背書。一切都為了讓他們遊行，讓他們抗議，讓他們高喊種族歧視、性別歧視、仇外症和恐同症。去砸窗，去燒車，去封鎖州際公路和機場，霸凌與恐嚇守法的人，直到剩下唯一的選擇是讓警察做他們的工作阻止瘋狂行為。發生這種事之後，他們用來當作自己違法的藉口。我們阻止這樣的唯一辦法，我們拯救國家與自由的唯一方式，就是用真理的鐵拳反抗謊言的暴力。

在第二段影片中，洛施對《紐約時報》發出不太客氣的暴力警告：

我們受夠了[115]你們自負地主張……你們在任何方面都是基於真理或事實的新聞。把這當作你們的言論弓箭……簡單說，我們會去找你。

NRA可不是邊緣的小組織。它號稱有五百萬會員，跟共和黨關係密切——唐納·川普和莎拉·裴琳都是終身會員。但它現在使用過去我們會認為是危險的政治偏差的詞彙。

規範是民主的軟性護欄；當它們崩潰，可接受的政治行為的範圍就擴大，造成可能危害民主的言行興起。從前在美國政壇無法想像的行為正在成為現實。就算唐納·川普沒有打破我們憲政民主的硬性護欄，也增加了未來有總統這麼做的機率。

註釋

1 蕭倫斯坦中心的一項研究：派特森（Thomas E. Patterson），〈唐納川普就職一百天的新聞覆蓋範圍〉（News Coverage of Donald Trump's First 100 Days），蕭倫斯坦媒體政治與公共政策中心（Shorenstein Center on Media, Politics, and Public Policy），二〇一七年五月十八日，https://shorensteincenter.org/news-coverage-donald-trumps-first-100-days。研究包括的媒體有《紐約時報》、《華爾街日報》與《華盛頓郵報》，還有CNN、CBS、福斯新聞、NBC與三家歐洲媒體。

2 川普政府的官員感到四面楚歌：參閱楚許（Glenn Thrush）和哈伯曼（Maggie Haberman），〈在四面楚歌的白宮裡，怒火中燒、疑雲盤旋〉（At a Besieged White House, Tempers Flare and Confusion Swirls），《紐約時報》，二〇一七年五月十六日。

3 新聞報導：派特森，〈唐納川普就職一百天的新聞覆蓋範圍〉。

4 「史上從未有任何政治人物」：〈川普表示從未有總統遭受如此不公平待遇〉（Trump Says No President Has Been Treated More Unfairly），《華盛頓郵報》，二〇一七年五月十七日。

5 據說他後來施壓：〈科米備忘錄顯示川普曾要求終止對弗林的調查〉（Comey Memo Says Trump Asked Him to End Flynn Investigation），《紐約時報》，二〇一七年五月十六日；〈情治高層向同事透露川普曾要求其干預科米調查俄國干預選舉案〉（Top Intelligence Official Told Associates Trump Asked Him If He Could Intervene with Comey on FBI Russia Probe），《華盛頓郵報》，二〇一七年六月六日。

6 他開除了柯米：葛斯登（Josh Gerstein），〈川普震怒開除聯邦調查局局長柯米〉（Trump Shocks with Ouster of FBI's Comey），《政治》（*Politico*）網站，二〇一七年五月九日；與〈川普表示決定開除科米係考量俄國爭議〉（Trump Said He Was Thinking of Russia Controversy When He Decided to Fire Comey），《華盛頓郵報》，二〇一七年五月十一日。

7 聯邦調查局的八十二年歷史上只有一次：邦普（Philip Bump），〈聯邦調查局局長極不尋常被開除的原因〉（Here's How Unusual It Is for an FBI Director to Be Fired），《華盛頓郵報》，〈二〇一七年五月九日；九〇年代初期的聯邦調查局局長免職案與柯米被開除有些類似之處〉（FBI Director Firing in Early '90s Had Some Similarities to Comey Ouster），《美國新聞與世界報導》，二〇一七年五月十日。

8 川普試過建立：蒂娜．阮（Tina Nguyen），〈普列特．巴拉拉被開除是川普的律師害的嗎？〉（Did Trump's Personal Lawyer Get Preet Bharara Fired?），《浮華世界》，二〇一七年六月十三日；〈特別檢察官穆勒擴大調查川普的商業交易〉（Mueller Expands Probe into Trump Business Transactions），彭博社，二〇一七年七月二十日。

9 總統把他開除：〈特別檢察官穆勒擴大調查川普的商業交易〉。

10 川普公開羞辱賽辛斯：麥卡斯奇（Nolan McCaskill）與路易．尼爾森（Louis Nelson），〈川普對司法部長賽辛斯的去向含糊其辭：「時間會說明一切。」〉（Trump Coy on Sessions's Future: 'Time Will Tell'），《政治》網站，二〇一七年七月二十五日；契利（Chris Cillizza），〈唐納．川普不想開除傑夫．賽辛斯。他希望賽辛斯自己辭職。〉（Donald Trump Doesn't Want to Fire Jeff Sessions. He Wants Sessions to Quit），CNN.com，二〇一七年七月二十四日。

11 發動扒糞：施密特（Michael S. Schmidt）、赫伯曼（Maggie Haberman）與艾普佐（Matt Apuzzo），〈川普的律師力求平衡，調查穆勒的調查員〉（Trump's Lawyers, Seeking Leverage, Investigate Mueller's Investigators），《紐約時報》，二〇一七年七月二十日。

12 政府手下正當性可疑的制憲議會：〈委內瑞拉檢察長路易斯．奧蒂嘉拒絕解職〉（Venezuela's Chief Prosecutor Luisa Ortega Rejects Dismissal），BBC.com，二〇一七年八月六日。

13 「這個所謂法官的意見」：〈川普批評裁決旅行禁令的法官為「所謂的法官」〉（Trump Criticizes 'So-Called Judge' Who Lifted Travel Ban），《華爾街日報》，二〇一七年二月五日。

14 「未經民選的法官」：白宮新聞祕書辦公室，〈關於庇護城市判決的聲明〉（Statement on Sanctuary Cities Ruling），二〇一七年四月二十五日。參閱 https://www.whitehouse.gov/the-press-office/2017/04/25/statement-sanctuary-cities-ruling。

15 川普本人的回應：〈川普總統「絕對」在考慮解散第九巡迴法庭〉（President Trump Is 'Absolutely' Considering Breaking Up the Ninth Circuit Court），《時代》雜誌，二〇一七年四月二十六日。

16 顯然是政治特赦：幾晚之前，川普在政治集會的熱烈掌聲中說過，「現場有人喜歡喬警長嗎？」他用話術問，「所以喬警長因為盡職責被定罪？」參閱〈川普暗示赦免前警長喬．阿派歐〉（Trump Hints at Pardon for Ex-Sheriff Joe Arpaio），CNN.com，二〇一七年八月二十三日。

17 此舉強化了疑懼：〈川普的律師尋求以其赦免權力迴避俄國事件調查〉（Trump's Lawyers Are Exploring His Pardoning Powers to Hedge Against the Russia Invetigation），《商業內幕》（*Business Insider*）網站，二〇一七年七月二十日。

18「如果總統能這樣讓他的代理人免疫」：雷迪許（Martin Redish），〈赦免阿派歐將置川普於前人未到的領域〉（A Pardon for Arpaio Would Put Trump in Uncharted Territory），《紐約時報》，二〇一七年八月二十七日。

19 川普政府也無可避免地踐踏：里澤（Ryan Lizza），〈川普如何摧毀美國政府倫理辦公室〉（How Trump Broke the Office of Government Ethics），《紐約客》（*The New Yorker*），二〇一七年七月十四日。

20 眾院監察委員會主席兼川普盟友夏菲茲：小布希政府的倫理律師理查．潘特（Richard Painter）形容夏菲茲的的行為「強制性」又是「政治報復」。〈共和黨國會議員暗示調查倫理辦公室主任對川普的批判行為〉（Republican Lawmaker Hints at Investigating Ethics Chief Critical of Trump），《紐約時報》，二〇一七年一月十三日。

21 政府官員企圖強迫OGE：〈白宮企圖阻擋對前遊說公司說客薪資帳冊的倫理調查〉（White House Moves to Block Ethics Inquiry into Ex-Lobbyists on Payroll），《紐約時報》，二〇一七年五月二十二日。

22「損壞的」OGE：里澤，〈川普如何摧毀美國政府倫理辦公室〉。

23 川普沒用親信取代柯米：〈川普面臨對聯邦調查局長提名的困難抉擇〉（Trump Faces Tough Choices in FBI Pick），《國會山莊報》，二〇一七年五月十五日。川普最終任命的克里斯多福．瑞伊（Christopher Wray）

普遍被預期可維持FBI的獨立性。

24 參院共和黨人也抗拒川普換掉賽辛斯部長的企圖：〈根據報導川普正考慮任命朱利安尼為司法部長，以避免賽辛斯的諸多問題〉（Trump Is Reportedly Considering Bringing Rudy Giuliani on as Attorney General amid Troubles with Jeff Sessions），《商業內幕》網站，二〇一七年七月二十四日。

25 「美國人民之敵」：〈川普稱新聞媒體是「美國全民公敵」〉（Trump Calls the News Media the 'Enemy of the American People'），《紐約時報》，二〇一七年二月十七日。

26 「我愛憲法第一修正案」：〈川普對保守政治行動委員會的評論〉（Remarks by President Trump at the Conservative Political Action Committee），白宮新聞祕書辦公室，二〇一七年二月二十四日。參閱https://www.whitehouse.gov/the-press-office/2017/02/24/remarks-President-trump-conservative-political-action-conference。

27 「讓媒體界丟臉」：參閱 https://twitter.com/realdonaldtrump/status/847455180912181249。

28 「我想我們研究過」：特利（Jonathan Turkey），〈川普尋求阻擋劣質媒體新聞報導威脅我國憲法〉（Trump's Quest to Stop Bad Media Coverage Threatens Our Constitution），《國會山莊報》，二〇一七年五月二日。

29 幾百萬美元的誹謗訴訟：〈在柯雷亞統治下的厄瓜多的對抗與鎮壓〉（Confrontation, Repression in Correa's Ecuador），保護記者委員會（Committee to Protect Reporters），二〇一一年九月一日，https://cpj.org/reports/2011/09/confrontation-repression-correa-Ecuador.php。

30 「如果我當上總統」：傑菲（Conor Gaffey），〈唐納・川普對抗亞馬遜：總統和傑夫・貝索斯始終批評對方說謊〉（Donald Trump Versus Amazon : All the Times the President and Jeff Bezos Have Called Each Other Out），《新聞週刊》，二〇一七年七月二十五日。

31 他也威脅要阻擋：邦普，〈川普政府會阻擋CNN的併購案嗎？〉（Would the Trump Administration Block a Merger Just to Punish CNN?），《華盛頓郵報》，二〇一七年七月六日。

32 川普總統簽署一項行政命令：〈川普總統誓言對移民政策採取強硬手段〉（President Trump Vows to Take

Aggressive Steps on Immigration），《波士頓環球報》，二〇一七年一月二十五日。

33 「如果有必要」：〈法官阻擋川普強制扣留庇護城市資金〉（Judge Blocks Trump Effort to Withhold Money from Sanctuary Cities），《紐約時報》，二〇一七年四月二十五日。

34 這個計畫令人想起：〈委內瑞拉國會議員剝奪卡拉卡斯市長權力〉，《路透社》，二〇〇九年四月七日。

35 川普總統被法院阻止了：〈法官阻擋川普強制扣留庇護城市資金〉，《紐約時報》，二〇一七年四月二十五日。

36 他呼籲修改：布雷克（Aaron Blake），〈川普又想要更多權力但是更少監督制衡〉（Trump Wants More Power and Fewer Checks and Balances—Again），《華盛頓郵報》，二〇一七年五月二日。還有 https://twitter.com/realdonaldtrump/status/869553853750013953。

37 參院共和黨人確實廢除了針對最高法院提名的冗長發言：布雷克，〈川普要求更多權力。這是共和黨參議員會抗拒的原因〉（Trump Asks for More Power, Here's Why the Senate Republican Will Resist），《華盛頓郵報》，二〇一七年五月三十日。

38 某些共和黨領袖：參閱海森（Richard L. Hasen），《投票戰爭》（*The Voting Wars : From Florida 2000 to the Next Election Meltdown*）；博曼（Ari Berman），《給我們選票：美國投票權的現代困境》（*Give Us the Ballot : The Modern Struggle for Voting Rights in America*）（New York : Picador, 2015）。

39 嚴格的選民身分法：博曼，《給我們選票》；海頓（Benjamin Highton），〈美國選舉人身分法與選民人數〉（Voter Identification Laws and Turnout in the United States），《政治學年度評論》（*Annual Review of Political Science*）20, no. 1（2017）, pp. 49–67。

40 推動選民身分法：雷維特（Justin Levitt），〈選票舞弊的真相〉（The Truth About Voter Fraud），紐約大學法學院布雷南司法中心（New York University School of Law Brennan Center for Justice）（2007）。參閱 https://www.brennancenter.org/publication/truth-about-voter-fraud；以及米奈特（Lorraine C. Minnite），《選票舞弊的迷思》（*The Myth of Voter Fraud*）；海森，《投票戰爭》，pp. 41–73；戈爾（Sharad Goel）、

梅瑞迪斯（Marc Meredith）、摩斯（Michael Morse）、羅斯柴爾德（David Rothschild）與席拉里—梅爾（Houshmand Shirani-Mehr），〈一人一票？美國雙重投票的普遍性預估〉（One Person, One Vote? Estimating the Prevalence of Double-Voting in U.S. Presidential Elections），未發表手稿，二〇一七年一月。

41 有信譽的所有研究：舉例，參閱雷維特，〈選票舞弊的真相〉；米奈特，《選票舞弊的迷思》。

42 「現代版的投票稅」：引述自博曼，《給我們選票》，p. 223。

43 估計三十萬名喬治亞州選民：同前，p. 223。

44 「不太掩飾地企圖」：引述自同前，p. 254。

45 引進這類法案：同前，pp. 260–61。

46 十五州採行了這類法律：海頓，〈美國選舉人身分法與選民人數〉，pp. 152–53。

47 不成比例的衝擊：史都華三世（Charles Stewart III），〈選舉人身分證：什麼人持有？什麼人會出示？〉（Voter ID: Who Has Them? Who Shows Them?），《奧克拉荷馬法律評論》（*Oklahoma Law Review*），p. 66（2013）。

48 表示沒有有效駕照：同前，pp. 41–42。

49 布瑞南司法中心的研究：博曼，《給我們選票》，p. 254。

50 有七州實施更嚴格的選民身分法：同前，p. 264。

51 學者們剛開始：海頓，〈美國選舉人身分法與選民人數〉，p. 153。

52 「壓抑投票的頭號鼓吹者」：沃德曼（Peter Waldman），〈為什麼我們應該極度恐懼川普的選舉壓制委員會〉（Why We Should Be Very Afraid of Trump's Vote Suppression Commission），《華盛頓郵報》，二〇一七年六月三十日。

53 科巴赫協助通過了：參閱博曼，〈川普選民背後的人——舞弊著魔〉（The Man Behind Trump' Voters-Fraud Obsession），《紐約時報雜誌》，二〇一七年六月十三日。

54 「贏了普選」：參閱 https://twitter.com/realdonaldtrump/status/802972944532209664?lang=en。

55 他在跟國會領袖的會議中重申這點：〈在沒有證據的情形下，川普向國會議員表示三到五百萬的非法選票讓他在全國普選受損〉（Without Evidence, Trump Tells Lawmakers 3 Million to 5 Million Illegal Ballots Cost Him the Popular Vote），《華盛頓郵報》，二〇一七年一月二十三日。川普的說法似乎是根據知名陰謀論者瓊斯（Alex Jones）在他的網站Infowars裡的宣稱。參閱胡斯曼與克萊恩，〈沒有證據顯示大選有舞弊〉，ProPublica，二〇一六年十一月二十八日。（參見本書第三章註19）

56 全國投票監察計畫：胡斯曼與克萊恩，〈沒有證據顯示大選有舞弊〉。

57《華盛頓郵報》記者邦普：〈二〇一六年大選的紀錄上只有四次選票舞弊〉（There Have Been Just Four Documented Cases of Voter Fraud in the 2016 Election），《華盛頓郵報》，二〇一六年十二月一日。

58「絕對正確」：博曼，〈川普選民背後的人——舞弊著魔〉。

59「我們可能永遠無法知道」：格林伍德（Max Greenwood）與卡米薩（Ben Kamisar），〈科巴赫：「我們可能永遠無法知道」是否希拉蕊．柯林頓贏了普選〉（Kobach：'We May Never Know' If Clinton Won Popular Vote），《國會山莊報》，二〇一七年七月十九日。

60 委員會已經尋求：沃德曼，〈為什麼我們應該極度恐懼川普的選舉壓制委員會〉。

61 錯誤的數量：戈爾、梅瑞迪斯、摩斯、羅斯柴爾德和席拉里—梅爾，〈一人一票？〉

62 川普的選舉誠信委員會：二〇一七年七月，據報四十四個州拒絕跟委員會分享選民資訊。參閱〈四十四個州以及華盛頓特區已經拒絕提供部分選民資訊給川普的委員會〉（Forty-Four States and DC Have Refused to Give Certain Voter Information to Trump Commission），CNN.com，二〇一七年七月五日。

63 法律與正義黨：〈波蘭總統否決兩項限縮法庭獨立性的法律〉（Poland's President Vetoes 2 Laws That Limited Courts' Independence），《紐約時報》，二〇一七年七月二十四日。

64 活躍的親信：例如加州眾議員杭特（Duncan Hunter）在二〇一六年競選期間，即使在Access Hollywood影片公布後仍公開維護川普。參閱〈川普在國會最大的十個盟友〉（Trump's 10 Biggest Allies in Congress），《國會山莊報》，二〇一六年十二月二十五日。

65 有幾個人悄悄推動：〈特別檢察官任命獲得兩黨讚譽〉（Special Counsel Appointment Gets Bipartisan Praise），《國會山莊報》，二〇一七年五月十七日。

66 共和黨重量級參議員：〈共和黨人要求川普：放開穆勒〉（Republicans to Trump: Hands off Mueller），《政治》新聞網站，二〇一七年六月十二日。

67 參院司法委員會主席恰克．葛雷斯利：同前。

68 葛蘭姆、麥肯和柯克：參閱 https://projects.fivethirty eight.com/ccngress-trump-score/?ex_cid=rrpromo。

69「找到他們自己的紅線」：〈參議員揭露兩項保護穆勒的俄國案調查〉（Senators Unveil Two Proposals to Protect Mueller's Russia Probe），《華盛頓郵報》，二〇一七年八月三日；崔西（Abigail Tracy），〈當穆勒逼近，共和黨人棄川普而去〉（As Mueller Closes In, Republicans Turn away from Trump）。

70 川普總統的支持度：瓊斯（Jeffrey M. Jones），〈川普在十七州獲得五十%甚至更高的施政支持度〉（Trump Has Averaged 50% or Higher Job Approval in 17 States），蓋洛普新聞服務公司（Gallup News Service），二〇一七年七月二十四日。參閱 http://www.gallup.com/poll/214349/trump-averaged-higher-job-approval-states.aspx。

71 民主黨參議員曼欽：參閱 https://projects.fivethirty eight.com/congress-trump-s core/?ex_cid=rrpromo。

72《國會山莊報》已把曼欽列入：〈川普在國會最大的十個盟友〉。

73「我們還沒聽夠俄國人的事嗎」：〈在西維吉尼亞，川普為保守主義和新任共和黨州長歡呼〉（In West Virginia, Trump Hails Conservatism and a New Republican Governor），《紐約時報》，二〇一七年八月三日。

74 增進對政府的支持：再度參閱穆勒（John E. Mueller），《戰爭、總統與輿論》（*War, Presidents, and Public Opinion*）與美國比較近期的實證研究，包括歐尼爾（John R. Oneal）與布萊恩（Anna Lillian Bryan），〈美國外交政策危機中的「團結在國旗周圍效應」〉（The Rally 'Rcund the Flag Effect in U.S. Foreign Policy Crises, 1950-1985），包姆（Matthew A. Baum），〈「團結在國旗周圍」現象的憲法基礎〉（The Constituent

Foundations of the Rally-Round-the-Flag Phenomenon），與查塔尼耶（J Tyson Chatagnier），〈以「團結在國旗周圍」信任政府的效應〉（The Effect of Trust in Government on Rallies 'Round the Flag）。

75 小布希總統的支持度：摩爾，〈小布希得到蓋洛普史上最高支持度〉（Bush Approval Rating Highest in Gallup History）。

76 民眾為自身安全擔憂時可能比較容忍：哈迪（Leonie Huddy）、卡提博（Nadia Khatib）與凱普洛斯（Theresa Capelos），〈民調——趨勢〉（The Polls-Trends），pp. 418–50；戴維斯（Darren W. Davis）和希維爾（Brian D. Silver），〈公民自由vs.國家安全：在美國遭受恐攻背景下的民意〉（Civil Liberties vs. Security: Public Opinion in the Context of the Terrorist Attacks on America），《美國政治科學期刊》（*American Journal of Political Science*）48，no. 1（2004），pp. 28–46；哈迪、費德曼（Stanley Feldman）與韋伯（Christopher Weber），〈已察覺威脅與有感危險的政治效應〉（The Political Consequences of Perceived Threat and Felt Insecurity），pp. 131–53；以及貝林斯基（Adam J. Berinsky），《戰時：了解從二次大戰到伊拉克戰爭的美國民意》（*In Time of War : Understanding American Public Opinion from World War II to Iraq*）（Chicago : University of Chicago Press, 2009），第七章。

77 法官向來不願意：哈威爾（William Howell），《無須說服的力量》（*Power Without Persuasion*）；艾克曼，《美國共和的衰亡》，pp. 67–85。

78 制度性限制：哈威爾，《無須說服的力量》，p. 184。

79 川普總統外交政策的拙劣：二〇一六年競選期間，五十個共和黨外交政策專家，許多是前布希政府官員，寫公開信警告川普的無知和魯莽會「讓我們的國家安全有風險」。參閱〈五十位布希政府官員提出警告，唐納·川普會讓國家安「有風險」〉（50 G.O.P. Officials Warn Donald Trump Would Put Nation's Security 'At Risk'），《紐約時報》，二〇一六年八月八日。

80「突破了曾經管理公共生活的行為標準」：布魯克斯（David Brooks），〈把川普趕出我的腦袋〉（Getting Trump out of My Brain），《紐約時報》，二〇一七年八月八日。

81「密閉有裝甲的禮車」：維格哈特（James Wieghart）和海利（Paul Healy），〈吉米・卡特在就職典禮破除傳統禮節〉（Jimmy Carter Breaks Protocol at Inauguration），《紐約每日新聞報》，一九七七年一月二十一日。

82「非正式習俗」：豪瑟（Christine Hauser），〈徒步走入就職遊行的總統們〉（The Inaugural Parade, and the Presidents Who Walked It），《紐約時報》，二〇一七年一月十九日。

83 哈里遜打破傳統：波勒（Paul F. Boller），《總統大選競選：從華盛頓到小布希》（*Presidential Campaigns: From George Washington to George W. Bush*）（Oxford：Oxford University Press, 2004）, p. 70。

84「阿拉巴馬州塔斯基吉的布克・T・華盛頓」：以下敘述摘自盧森（Clarence Lusane），《白宮的黑人史》（*The Black History of the White House*）（San Francisco：City Lights Books, 2011）, pp. 219–78。

85「普遍社交禮儀」：同前。

86 川普總統打破：「川普總統打破一百五十年來白宮飼養寵物的傳統」（President Trump Breaks a 150-Year Tradition of Pets in the White House），AOL.com，二〇一七年七月二十八日。

87「美國生靈塗炭」：阿里（Yashar Ali），〈小布希對川普就職典禮的想法〉（What George W. Bush Really Thought of Donald Trump's Inauguration），《紐約》雜誌，二〇一七年三月二十九日。

88 嚴格來說沒規定：照政府倫理辦公室前主管尚布（Walter Shaub）的說法，「你真的可以當能源部長同時持有雪佛龍（Chevron）、埃克森美孚（Exxon）和BP等石油公司的（股份）而不會違法，只要你願意每天去上班，把腳翹到桌上，除了看報啥也不做。」參閱里澤，〈川普如何摧毀美國政府倫理辦公室〉。

89 川普總統並沒有這樣的自制：川普維持一些他的國際商業交易與川普集團密切關係衍生出的潛在利益衝突。當選幾週後，陽光基金會做了一份「紅旗」衝突清單，在二〇一六年十一月貼出其中三十二項。到了二〇一七年七月，清單膨脹到六百多項潛在利益衝突。許多川普任命的閣員和顧問──來自能源、金融與遊說業界──也面臨潛在利益衝突。參閱資料：http://www.sunlightfoundation.com。

90 政府倫理辦公室：〈當對川普的投訴淹沒政府倫理辦公室，辦公室主任尋求眾議院採取行動〉（As Trump

Inquiries Flood Ethics Office, Director Looks to House for Action），「全國公共廣播電台」網站（NPR.com）]，二〇一七年四月十七日。川普的法律團隊指向前副總統洛克斐勒就是商人官員沒有完全脫離家族財富的例子。然而，洛克斐勒副總統因為潛在衝突開了四個月的聽證會。參閱〈利益衝突：唐諾．川普二〇一七年 vs. 尼爾森．洛克斐勒一九七四年〉（Conflicts of Interest: Donald Trump 2017 vs. Nelson Rockefeller 1974），CBSNews.com，二〇一七年一月十三日。

91 川普總統也違反了：參閱 https://twitter.com/realdonaldtrump/status/802972944532209664?lang=en。

92 「幾百萬」非法選民：〈加州官員表示川普的選票舞弊指控是「荒謬的」〉（California Official Says Trump's Claim of Voter Fraud Is 'Absurd'），《紐約時報》，二〇一六年十一月二十八日；〈新罕布夏州有選票舞弊？川普並無證據同時太多臆測〉（Voter Fraud in New Hampshire? Trump Has No Proof and Many Skeptics），《紐約時報》，二〇一七年二月十三日；〈川普缺乏基礎的選票舞弊指控遭批「令人驚呆」〉（Trump's Baseless Assertions of Voter Fraud Called 'Stunning'），《政治》網站，二〇一六年十一月二十七日。

93 大選前的一項民調：〈三分之一墨西哥人相信二〇〇六年大選有舞弊〉（Un Tercio de los Mexicans Cree Que Hubo Fraude en las Elecciones de 2006），《國家報》（*El Pais*），二〇〇八年七月三日。參閱 https://elpais.com/internacional/2008/07/03/actualidad/1215036002_850215.html；阿隆索（Emir Olivares Alonso），〈七十一％的墨西哥人認為可能再發生選票舞弊〉（Considera 71% de los Mexicanos que Puede Haber Fraude Electoral），《每日新聞報》（*La Jornada*），二〇一二年六月二十九日。參閱 http://www.jornada.unam .mx/2012/06/29/politica/003n1pol。

94 「有意義數量」的舞弊：柯貝特－戴維斯（Sam Corbett-Davies）、柯尼徹（Tobias Konitzer）與羅斯柴爾德（David Rothschild），〈民調：六十％共和黨人相信非法移民參與投票；四十三％相信有人用死人的名字投票〉（Poll : 60% of Republicans Believe Illegal Immigrants Vote ; 43% Believe People Vote Using Dead People's Names），《華盛頓郵報》，二〇一六年十月二十四日。

95 四十七％的共和黨人：〈許多共和黨人質疑希拉蕊．柯林頓贏了普選〉（Many Republicans Doubt Clinton

Won Popular Vote），莫寧諮詢公司（Morning Consult），二〇一七年七月二十七日。

96 五十二%的共和黨人：馬卡（Ariel Malka）與羅雷歐柯斯（Yphtach Lelkes），〈新的民調顯示，如果川普提議二〇二〇大選延期，半數共和黨人表示支持〉（In a New Poll, Half of Republicans Say They Would Support Postponing the 2020 Election If Trump Proposed It），《華盛頓郵報》，二〇一七年八月十日。

97 「可怕－勝選之前剛發現」：https://twitter.com/realdonaldtrump/status/837996746236182529；亦參閱 www.politifact.com/ truth-o-meter/article/2017/mar/21/timeline-d onald-t rumps-false-wiretapping-charge%2F。

98 「絕不否認無法否認之事」：〈雖然很多共和黨人說謊，但川普可是提升了捏造的技巧〉（Many Politicians Lie, but Trump Has Elevated the Art of Fabrication），《紐約時報》，二〇一七年八月八日。

99 查證網站「政治事實」分類為：「政治事實」（*PolitiFact*）。參閱 http://www.politifact.com/ personalities/donald-trump/。

100 「達到了不起的成就」：里昂哈特（David Leonhardt）和湯普森（Stuart Thompson），〈川普的謊言〉（Trump's Lies），《紐約時報》，https://www.nytimes.com/interactive/2017/06/23/opinion/trumps-lies.html?mcubz=1。

101 川普總統宣稱：薩夫蘭斯基（Rebecca Savransky），〈川普謊稱自己得到雷根總統以來最大的選舉人團勝利〉（Trump Falsely Claims He Got Biggest Electoral College Win Since Reagan），《國會山莊報》，二〇一七年二月十六日；克徹爾（Tom Kertscher），〈唐納．川普誇稱自己是在前六個月任期中簽署最多法案的總統〉（Donald Trump Not Close in Claiming He Has Signed More Bills in First Six Months Than Any President），查證網站「政治事實」威斯康辛州（*PolitiFact Wisconsin*），二〇一七年七月二十日，http://www.politifact.com/wisconsin/statements/2017/jul/20/donald-trump/donald-trump-not-close-claiming-he-has-signed-more/。

102 「史上最棒的演講」：尼爾森（Ella Nilsen），〈川普說：童子軍們認為我的演講是「他們聽過最棒的」。童子軍表示：「並沒有。」〉（Trump: Boy Scouts Thought My Speech Was 'Greatest Ever Made to Them.'Boy Scouts: No），Vox，二〇一七年八月二日。

103 認為他不誠實：二〇一七年中期的民調顯示五十七％美國人認為總統不誠實。參閱昆尼皮亞克大學民調（Quinnipiac University Poll），〈川普被美國選民小絆了一下〉（Trump Gets Small Bump from American Voters），二〇一七年一月十日（https://poll.qu.edu/national/release-detail?ReleaseID=2415）；〈美國選民給川普近乎最低紀錄的支持率〉（U.S. Voters Send Trump Approval to Near Record Low），二〇一七年五月十日（https://poll. qu.edu/national/release-detail?ReleaseID=2456）；〈川普被美國選民小絆了一下〉，二〇一七年六月二十九日（https:// poll.qu.edu/national/release-detail?ReleaseID=2471）。

104 公民有基本的資訊權：參閱道爾（Robert Dahl），《多元政治：參與與反對》（*Polyarchy：Participation and Opposition*）（New Haven, CT：Yale University Press, 1971）。

105「最不誠實的人」：〈白宮砲轟媒體，不承認就職典禮現場觀眾少〉（With False Claims, Trump Attacks Media on Turnout and Intelligence Rift），《紐約時報》，二〇一七年一月二十一日。亦參閱 http://video.foxnews.com/v/5335781902001/?#sp=show-clips。

106「我聽說評價惡劣的 @Morning_Joe」：https://twitter.com/realdonaldtrump/status/880408582310776832，https://twitter .com/realdonaldtrump/status/880410114456465411。

107 新聞祕書史派瑟：〈CNN、《紐約時報》和其他媒體被禁止參加白宮新聞簡報〉（CNN, *NY Times*, Other Media Barred from White House Briefing），《華盛頓郵報》，二〇一七年二月二十四日。

108 現代的唯一先例：〈川普不是唯一禁止白宮媒體管道的總統〉（Trump Not the Only President to Ban Media Outlets from the White House），ABC10.com，二〇一七年二月二十四日。

109 人類應對行為表現偏離共同標準者的能力是有限的：莫尼漢（Daniel Patrick Moynihan），〈定義偏差：我們如何習慣犯罪和毀滅行為的驚人程度〉（Defining Deviancy Down：How We've Become Accustomed to Alarming Levels of Crime and Destructive Behavior），《美國學人》（*The American Scholar*）62，no. 1（一

九九三年冬季號），pp. 17–30。

110 只有一位共和黨參議員：緬因州的蘇珊・柯林斯有七十九％表決支持川普。參閱https://projects.fivethirtyeight.com/congress-trump-score/?ex_cid=rrpromo。

111 連經常強烈譴責總統違反規範的內布拉斯加州薩斯和亞利桑那州弗雷克參議員：參閱https://projects.fivethirtyeight .com/congress -trump-score/?ex_cid=rrpromo。

112 共和黨候選人詹佛特：〈共和黨候選人在蒙大拿州競選活動後，因對記者衝撞而被起訴施暴輕罪〉（Republican Candidate in Montana Race Charged with Miscemeanor Assault After Allegedly Body-Slamming Reporter），《華盛頓郵報》，二〇一七年五月二十四日。

113 「有偏見或不正確」：〈主流媒體的態度轉趨違反憲法〉（Attitudes Toward the Mainstream Media Take an Unconstitutional Turn），《經濟學人》，二〇一七年八月二日：https://www.economist.com/blogs/graphicdetail/2017/08/daily-chart-0。

114 「他們用他們的學校」：〈為什麼要加入美國全國步槍協會？當然是為了要對抗自由的敵人〉（Why Join the National Rifle Association? To Defeat Liberal Enemies, Apparently），《衛報》，二〇一七年七月一日。

115 「我們受夠了」：〈「我們會去找你」：美國國家步槍協會以挑信影片抨擊《紐約時報》〉（'We're Coming for You': NRA Attacks New York Times in Provocative Video），《衛報》，二〇一七年八月五日。

Chapter 9

Saving Democracy

搶救民主

寫這本書提醒了我們，美國民主並非我們有時候相信的例外。我們的憲法或文化中沒有任何東西讓我們對民主崩潰免疫。以前我們經歷過政治災難，當區域和黨派敵意嚴重分裂國家，會崩潰陷入內戰。我們的憲政制度復原了，共和黨和民主黨領袖們也發展出新規範與做法，後來支撐了一百多年的政局穩定。但穩定的代價是種族排斥與南方專制的一黨獨大。直到一九六五年之後[1]美國才完全民主化。諷刺的是，這個過程展開了美國選民的基本重組，[2]再度讓我們的兩黨深度兩極化。從重建結束以來史上最深刻的兩極化，引發了現在打破規範、挑戰我們民主制度的瘟疫。

有個強化中的認知[3]是民主正在全世界退潮。委內瑞拉。泰國。土耳其。匈牙利。波蘭。或許是全球民主最權威的賴瑞·戴蒙[4]（Larry Diamond，美國政治社會學者，世界民主理論權威）認為，我們進入了民主衰退期。現今國際情勢顯然比冷戰結束後時代沒那麼有利於民主。在九〇年代，西方自由派民主國家在軍事、經濟和意識型態力量無可匹敵，西方式民主也被普遍視為「唯一的選擇」。但是二十年後，全球權力平衡改變了。歐盟和美國目睹了他們的全球影響力弱化，同時中國和俄羅斯似乎越來越優勢。隨著在俄國、土耳其、委內瑞拉等地的新專制模式出現，現在民主似乎沒那麼無懈可擊。美國現在的危機會是全球民主倒退的一部分嗎？

我們很懷疑。在唐納・川普當選前，關於全球民主退潮的說法[5]太誇大了。雖然國際情勢在二十一世紀初比較不利於民主，現有民主國家面對這些挑戰都證明了相當健全。世界上民主國家數量並未減少。反而，在二〇〇五年左右到達巔峰之後就維持穩定。倒退的標題容易引人注意，但是每多一個匈牙利、土耳其和委內瑞拉就有一個哥倫比亞、斯里蘭卡或突尼西亞——在十年來變得更民主的國家。重要的是，世界上民主國家的絕大多數——從阿根廷、巴西、智利和祕魯到希臘、西班牙、捷克和羅馬尼亞到迦納、印度、南韓、南非和台灣——仍維持民主直到二〇一七年。

西方民主國家近來來飽受內部信心危機摧殘。經濟疲弱，民意越來越懷疑歐盟，還有反移民政黨崛起，西歐有很多事要擔心。例如激進右派最近在法國、荷蘭、德國和奧地利的選舉成功，引發了對歐洲民主國家穩定性的疑慮。在英國，脫歐辯論讓政治極度兩極化。二〇一六年十一月，法院判決必須經國會許可才能進行脫歐之後，每日郵報積極地呼應唐納・川普的語言，罵法官是「人民之敵」。而保守黨政府引用所謂的亨利八世條款，潛在允許脫歐不經國會同意便進行，讓批評者，包括某些保守黨新進議員擔心。但是迄今，基本民主規範在西歐仍大致完整。

但川普的崛起本身可能對全球民主造成越來越大的挑戰。柏林圍牆倒塌到歐巴馬當上總統之間，美國政府維持廣泛的支持民主外交政策。例外有很多：每當涉及美國的戰略利益，像是中國、俄國和中東，民主就從議題中消失。但在非洲、亞洲、東歐與拉丁美洲許多地方，美國政府在後冷戰時代用外交壓力、[6]經濟援助和其他外交政策工具去反對專制，推動民主化。一九九〇到二〇一五年肯定是世界史上最民主的四分之一世紀——部分是因為西方強國普遍支持民主。現在可能改變了。在唐納・川普治下，美國似乎自冷戰以來頭一次正在放棄民主推動者的角色。川普總統是從尼克森以來最不民主的美國政府。此外，美國不再是民主的模範。總統攻擊媒體、威脅把對手關起來、宣稱可能不接受選舉結果的國家，無法可靠地捍衛民主。現有和潛在的專制者都可能被川普入主白宮壯膽。所以即使全球民主退潮的概念在二〇一六年之前大致只是迷思，川普當上總統——加上歐盟的危機、中國崛起和俄羅斯越來越有侵略性——可能讓它變成現實。

回到我們自己國家，我們看到了後川普的美國可能有三種未來。首先最樂觀的是，快速恢復民主。在此情境中，川普總統在政治上失敗：不是失去民意支持而落選，就是更戲劇性的被彈劾或被迫辭職。川普政權的內爆與反川普抵抗的勝利強化了民主黨，然後它班師回朝逆轉川普最主要的政策。如果川普總統失敗得夠慘，民意反彈甚至可能刺激改革，改善我們的民主品質，如同一九七四年理查．尼克森辭職後的情況。共和黨領袖們因為跟川普合作付出慘痛代價，可能不再跟極端派政策勾搭。在這個未來裡，美國在世界上的名聲會迅速恢復。川普的插曲會在學校被教導，在電影中被回顧，在歷史作品中被指為悲劇錯誤的時代，災難被避開，美國民主制度得救。

這當然是我們許多人希望的未來。但是不太可能。想想早在唐納．川普入主白宮之前就開始的對長期民主規範的攻擊——和驅動它的潛在兩極化。美國民主的軟性護欄弱化了幾十年；光是拉下川普總統不會讓它奇蹟式復原。雖然川普的任期最終可能被視為暫時失常，對我們的制度只留下些微痕跡，任期結束可能不足以重建一個健康的民主。

第二種黑暗得多的未來是，川普總統和共和黨繼續以白人民族主義訴求勝選。在此情境中，支持川普的共和黨[7]會保有總統大位、國會兩院和絕大多數的州議會，而且最終會取得最高法院的穩定多數。然後共和黨會用合憲狠招的技巧來製造持久的白人選舉人多數。透過大規模遣返、移民限制、清洗選民名單與採用嚴格的選民身分法就能做到。改造選民結構的手段可能會伴隨著廢除冗長發言等保護參議院少數派的其他規則，以便共和黨即使勉強過半也能遂行他們的目標。這些手段可能顯得極端，但每一招都至少是川普政府認真考慮過的。

當然，重新設計新白人多數以支撐共和黨的做法會非常反民主。這類手段會引發多方勢力的抵抗，包括進步派、少數民族團體和大半個民間部門。這股抵抗可能導致對抗升高甚至暴力衝突，反過來，這可能帶來警方打著「法律與秩序」的名號加強壓制和私刑暴力。要了解這種鎮壓可能會怎麼構思，看看最近的NRA招募影片或聽聽共和黨政客如何談論「黑人的命也重要」（Black Lives Matter）運動。

這種惡夢情境不太可能成真，但也不是難以想像。很難找到社會上萎縮中的多數種族不反抗就放棄主宰地位的例子。在黎巴嫩，主導的基督徒團體在人口結構中萎縮促成了長達十五年內戰。在以色列，實質併吞約旦河西岸造成的人口結構威脅推動了國家走向被兩位前總理比喻為種族隔離的政治體制。在我們國內，內戰重建之後，南方民主黨對黑人投票權造成的威脅回應是剝奪黑人投票權將近一世紀。雖然白人民族主義在共和黨內仍是少數派，嚴格選民身分法與清洗選民名單的推力越來越強——以具有影響力的共和黨司法部長賽辛斯與選舉誠信委員會共同主席科巴赫為首——暗示了改造選舉是共和黨的目標。

第三種，在我們看來最有可能的，後川普的未來會充滿兩極化，更加偏離不成文的政治傳統，更多制度戰爭——換言之，沒有堅固護欄的民主。川普總統與川普主義在此情境中很可能失敗，但是失敗對彌補兩黨裂痕或扭轉相互容忍與自制的衰落沒什麼幫助。

要了解沒有護欄的美國民主可能是什麼樣子，想想現在的北卡羅萊納州。北卡州是個典型的「紫色」州。經濟多元化又有國際承認的大學體系，比大多數南方州富裕、都會化又有高教育程度。它的人口結構也多元化，[8]有黑人、亞裔和拉丁裔構成大約三分之一人口。這一切讓北卡州對民主黨比其他南方州客氣一些。北卡州的選舉很像全國大選：平均劃分為民主黨和共和黨，民主黨在夏洛特和羅利德罕等都會區占優勢，而共和黨主宰鄉村地區。

借用杜克大學法律教授波迪（Jedediah Purdy）的說法，該州已變成「全國超激烈黨爭與日益互不信任的縮影」。[9]近十年來，兩黨一直為了共和黨實施的墮胎禁令爭鬥不已，[10]共和黨籍州長拒絕把公眾醫療補助制度（Medicaid）納入患者保護與平價醫療法案（Affordable Care Act），提案修憲禁止同性婚姻，還有最出名的，二〇一六年的公共設施隱私及安全法案（Public Facilities Privacy & Security Act，俗稱「廁所法案」），禁止地方政府允許變性人使用他們認同之性別的公廁。這些倡議引發了激烈反對。如同某資深共和黨人所說，州內政治已變成「比我見過的更兩極化更激烈[11]……我可是赫姆斯（Jesse Helms，冷戰時期資深參議員）時代的人呢。」

據大多數說法，北卡州陷入全面政治戰爭始於共和黨在二〇一〇年贏得州議會控制權之後。翌年，州議會通過一項被普遍視為「種族不公平重劃」的選區重劃計畫——把黑人選民集中區劃入少數選區，稀釋他們的選票比重，讓共和黨席次最大化。道德星期一運動領袖、進步派牧師巴柏（William Barber）形容新選區是「種族隔離選區」。這些改變讓共和黨在二〇一二年得以[12]掌握該州十三個眾院席次的九個——即使民主黨的全州得票數較多。

二〇一二年共和黨的麥克羅里（Pat McCrory）州長勝選讓共和黨控制了政府三大部門之後，州內共和黨企圖長期鎖死他們的優勢。共和黨領袖們掌握州長、州議會兩院和州級最高法院多數，發動一連串充滿野心、似乎設計來扭曲政局的改革。一開始是要求拿到全州選民的背景資料。[13]資料到手之後，議會通過了一系列選務改革讓選民更難投票。他們通過嚴格的選民身分法，[14]減少提早投票的機會，廢除十六與十七歲者的預先登記，廢除投票當天登記，又刪減幾個關鍵郡的投票所數量。新資料讓共和黨得以設計看來似乎針對黑人選民的改革，按照某聯邦高等法院的說法，「幾乎是外科手術般精準」。[15]高等法院暫緩實施新法律之後，共和黨利用他們對州選委會的控制[16]仍然強行實施了其中幾項。

制度戰爭持續到民主黨的庫柏（Roy Cooper）在二〇一六年險勝麥克羅里當選州長之後。麥克羅里有將近一個月拒絕認輸，[17]同時共和黨毫無根據地指控選票舞弊。但這只是開始。二〇一六年十二月麥克羅里終於認輸之後，共和黨召開州議會的「突襲特別會期」。[18]彷彿政治解體嚴重程度的證詞，謠傳有人即將發動「議會政變」，[19]共和黨會利用州長選舉結果被質疑時允許議會介入的法條，宣布麥克羅里當選。

政變沒有發生，但在《紐約時報》形容的「無恥奪權」[20]中，特別會期通過了幾個措施以削弱未來民主黨州長的權力。州參議院給自己州長任命內閣的同意權，[21]並且允許現任共和黨州長把臨時政治任命轉為永久職位。即將卸任的麥克羅里州長[22]迅速給他親自挑選的將近一千個幕僚職缺——基本上是在行政部門「塞人」。然後共和黨改變負責選區重劃、選民登記、選民身分條件、投票時間與設置投票所等地方規則[23]的州選委會陣容。[24]選委會在現任州長控制下，[25]他可以給本黨同志多數席次；接著共和黨創造了一個黨派平等代表制。另一個變化是，選委會主席[26]會由兩黨逐年輪流擔任，席次第二多的黨（共和黨）在雙數年——就是選舉年掌握主席。幾個月後，議會表決裁減[27]州級高等法院三席，實質上偷走了庫柏州長的三個司法任命機會。

雖然依種族重劃選區、二〇一三年選民法和選委會改組後來遭法院駁回，其過程透露出共和黨願意全力打擊政治對手。來自教堂山的民主黨眾議員普萊斯（David Price）說，議會危機教了他「美國民主[28]或許比我們了解的更脆弱。」

北卡州提供了一窺沒有護欄的政治會怎樣——還有美國未來的窗口。當黨派對手變成敵人，政治競爭會淪為戰爭，我們的制度被當成武器，結果是體制隨時懸在危機邊緣。

這個不祥情境強調了本書的核心教訓：當美國民主有效，是依賴我們經常視為理所當然的兩個規範——相互容忍與制度性自制。把對手當作正當的競爭權力者並且基於公平競爭精神克制使用制度性特權都沒有寫進美國憲法裡。但少了這些，我們的憲政制衡就不會如同預期的運作。當法國思想家孟德斯鳩（Baron de Montesquieu）在一七四八年的《論法的精神》（The Spirit of the Laws）中首創權力分立[29]的概念，他不太擔心我們今天所說的規範。孟德斯鳩相信政治制度的硬性架構或許足以抑制擴權——憲法設計就像工程學上的難題，即使政治領袖有缺陷，如何打造制度讓野心可以被用來對抗野心的一大挑戰。我們的許多先賢也相信這一點。

歷史很快顯示先賢們錯了。沒有成立政黨和附屬規範的創新，他們在費城精心打造的憲法就不會存續。制度不只是正式規則而已；還包括涵蓋規則的適當行為共識。美國第一代政治領袖的天才不在於他們創造了傻瓜也能懂的制度，而是除了設計良好制度之外，他們很困難地逐步建立一套幫助制度運作的共同信念與做法。

大家常說，美國政治體系的力量在於瑞典諾貝爾經濟學獎得主默達爾（Gunnar Myrdal）所謂的美國教條（American Creed）：[30]個人自由與平等主義的原則。自由和平等被寫進了開國的文件，在教室、演講和報紙社論裡一再重申，是不言自明的價值。但它們可不會自動實現。相互容忍和制度性自制都是程序原則——告訴政治人物們在法律界限之外，為了讓我們的制度正常運作該怎麼做。我們也應該把這些程序性價值當作美國教條的核心——因為少了這些，我們的民主就行不通。

這對公民如何反對川普政府有重要的暗示。二〇一六年大選過後，許多進步派意見領袖認定民主黨必須「像共和黨一樣戰鬥」。他們主張，如果共和黨要違反規則，民主黨別無選擇只能跟進。在對手放棄自制時表現克制與文明，就像拳擊手把一手綁在背後上擂台。面對願意為求勝利不擇手段的惡霸，照規矩走的人有當傻瓜的風險。共和黨拒絕讓歐巴馬總統填補最高法院空缺，讓民主黨覺得被偷襲了，尤其在川普勝選確保他們不會受懲罰之後。政治學者兼作家法瑞斯（David Faris）成了「不擇手段」呼聲的典型：

民主黨在所有議題的談判立場[31]……應該很簡單：不給我們賈蘭德就去死……不只如此，他們還應該做史卡利亞去世那天就該做的事：說清楚下次民主黨掌握參議院而共和黨當總統時……要為現在發生的事付出特別高昂的代價。下任共和黨總統面對分裂的政府什麼也得不到……絕不確認任命。不承認法官，即使國內最低階的地方法院也沒有。不同意內閣任命。不通過法案。

川普總統一當選，就有些進步派呼籲採取行動阻止他就職。在一篇題為〈振作點，民主黨，像共和黨一樣戰鬥吧〉，川普就職前一個月刊登的讀者投書中，作家里斯維克（Dahlia Lithwick）和柯恩（David S.Cohen）怨嘆民主黨「沒有努力阻止他」。[32]雖然「能夠挑戰川普先生登基的法律理論並不短缺，」他們寫道，民主黨卻沒有動作。里斯維克和柯恩主張民主黨「應該全力奮戰」去阻止唐納・川普上任——在密西根、賓州和威斯康辛推動驗票與舞弊調查，設法說服選舉人團，甚至設法在法院推翻川普總統的勝選。

就職當天，有些民主黨人質疑唐納・川普當總統的正當性。加州的麥克內尼（Jerry McNerney）眾議員杯葛就職典禮，宣稱選舉因為俄國介入「缺乏正當性」；[33]同樣地，喬治亞州的路易斯（John Lewis）眾議員宣稱他不把川普總統當成「正當的總統」。[34]眾院民主黨有將近七十人[35]杯葛川普的就職。

川普入主白宮之後，有些進步派呼籲民主黨「學學共和黨[36]的招式掣肘一切」。例如，Daily Kos網站創辦人莫里薩斯（Markos Moulitsas）宣稱，「應該讓共和黨必須拼命才能讓任何東西通過參議院這關。即使是晨間禱告詞我也不在乎。一切都應該是戰鬥。」[37]

有些民主黨人甚至提議盡快彈劾。川普就職後不到兩週，華特斯（Maxine Waters）眾議員發推文，「我最大的願望[38]（是）讓@ real Donald Trump（川普的Twitter帳號）馬上被彈劾。」ＦＢＩ局長柯米被開除之後，彈劾論甚囂塵上，[39]受到川普的支持度下滑鼓舞，讓民主黨燃起希望贏得推動彈劾程序所需的眾議院多數。在二〇一七年五月的訪談中，華特斯宣稱「有些人根本不想提起這個字。好像這個主意太誇張似的。太難做不到，有太多事情要考慮。但我不以為然。」[40]

在我們看來，民主黨應該「像共和黨一樣戰鬥」的觀念是被誤導了。首先，其他國家的證據顯示這種策略經常直接有利於專制者。焦土戰術經常嚇跑溫和派，讓反對黨的支持度受傷。而且這會團結挺政府的勢力，因為即使執政黨內的異議者面對不妥協的反對黨也會團結。當反對黨出奧步，[41]會提供政府打壓的正當性。

查維茲時期的委內瑞拉就是這樣。雖然查維茲當總統的前幾年還算民主，對手認為他的民粹言論很可怕。他們害怕查維茲會把委內瑞拉帶向古巴式社會主義，企圖先發制人推翻他——而且不擇手段。二〇〇二年四月，反對陣營領袖支持軍事政變，結果不只失敗還摧毀了他們民主派的形象。反對黨不退縮，在二〇〇二年十二月發動了無限期大罷工，想讓國家停擺直到查維茲辭職。罷工持續了兩個月，[42]估計讓委內瑞拉損失了四十五億美元，最終還是失敗。接著反查維茲勢力杯葛二〇〇五年的國會選舉，但這只不過讓查維茲派全面控制國會罷了。這三個策略都有反作用。[43]不只無法打倒查維茲，還傷害了反對黨的民意支持度，[44]讓查維茲把對手貼上反民主標籤，給政府藉口去清洗軍方、警方和法院，逮捕或放逐異議者，關閉獨立媒體。反對黨弱化又失去公信力，無法阻止政府後續陷入專制體制。

烏里韋（Álvaro Uribe）總統時期的哥倫比亞反對黨策略[45]就比較成功。二〇〇二年當選的烏里韋發動像查維茲一樣的擴權：[46]他的政府攻擊批評者是顛覆國家的恐怖分子，監視對手和記者，設法削弱法院，還兩次想要修憲競選下一任。哥倫比亞反對黨的反應不像委內瑞拉人，從未企圖藉著違憲手段推翻烏里韋。他們反而如同政治學者甘波亞（Laura Gamboa）指出，專注努力在國會和法院下工夫。所以烏里韋比較難以質疑[47]對手的民主素養或合理化打壓行動。即使烏里韋濫權，並未發生委內瑞拉式制度戰爭，哥倫比亞的民主機制也沒受到威脅。二〇一〇年二月，憲法法庭判定烏里韋競選第三任違憲，迫使他兩任期滿之後下台。此事教訓是：制度性管道若存在，反對黨就該利用它。

即使民主黨透過狠招戰術能成功削弱或拉下川普總統，也是得不償失的勝利——因為他們繼承的將是被剝奪剩餘護欄的民主。如果川普政府因為掣肘被迫屈服，或川普總統沒有夠強的兩黨共識就被彈劾，效果將是強化——或許也加速——當初幫川普奪權的黨派憎惡與規範腐蝕的動力。全國多達三分之一的人可能把川普被彈劾視為廣大左派串連的陰謀——甚至可能是政變。美國政局會有危險的動盪。

這類升高很少有好結果。如果民主黨不設法恢復相互容忍與自制的規範，他們的下個總統可能會面對願意不擇手段打敗他們的反對黨。如果黨派嫌隙深化，我們的不成文規則繼續損耗，美國人民最後可能選出比川普更危險的總統。

對川普政府的專制行為應該強力反對，但應該力求保存而非違反民主規則與規範。如果可能，反對應該集中在國會、法院、當然還有選舉上。如果川普以民主機制被打敗，就會強化這些制度。

抗議也應該用類似的看法。公開抗議是任何民主國家的基本權利與重要活動，但是目標應該是捍衛權利和制度，而非破壞它們。在關於六〇年代黑人抗議之效應的重要研究中，政治學者瓦斯柯（Omar Wasow）發現黑人領導的非暴力抗議[48]強化了華府的國家民權議題，擴大了民意的支持。對比之下，暴力抗爭導致白人支持度下滑，可能導致一九六八年大選優勢從韓福瑞倒向尼克森。

我們應該從自己的歷史中學習。反川普勢力應該建立廣泛的支持民主大聯盟。當代建立的大聯盟經常是各方理念接近的團體大集合：進步派猶太教會、清真寺、天主教教區和長老教會可能組成跨宗教大聯盟去對抗貧窮或種族歧視，或拉丁裔，基於信念，跟民權團體可能組成大聯盟去捍衛移民權益。理念接近的大聯盟很重要，但不足以捍衛民主。最有效的大聯盟是那些對許多議題的看法不類似——甚至相反——的團體結合。它們不是建立在朋友而是敵人之間。那麼，捍衛美國民主的有效大聯盟可能會需要進步派跟企業主管、宗教領袖（尤其白人福音派）和紅色州共和黨人結盟。商業領袖或許不是天生的民主黨社運人士盟友，但他們有充分理由反對不穩定與違反規則的政府。他們可能是強大的夥伴。想想最近針對拒絕紀念馬丁路德金恩生日、繼續掛南部邦聯旗或侵害同性戀與變性人權利的州政府的杯葛運動。若有大企業加入進步派杯葛，他們通常會成功。

建立延伸到我們的天生盟友以外的大聯盟很困難。必須願意暫時拋開我們很在乎的一些議題。如果進步派堅持在墮胎權或單一支付者健保等議題作為結盟成員的「石蕊測試」，那麼建立包括福音派與共和黨企業主管的大聯盟機會就是零。我們必須拉長時間視野，下定決心，作出困難的讓步。這並不表示拋棄我們重視的目標。只是為了找到共同的道德立場暫時忽視歧見。

廣泛的反對陣營大聯盟會有些重要的好處。舉例，會訴求到更廣泛得多的美國社會各界，強化民主捍衛者。比起把反川普主義侷限在進步派的藍色州圈子，這會延伸到更廣泛的美國民眾。有各界參與對於孤立與打敗專制政府是很重要的。

此外，狹隘的（都會區、世俗化、進步派）反川普大聯盟會強化現有的黨派分化主軸，而較廣泛的大聯盟會橫跨這些主軸，或許還能幫助紓緩。即使只是暫時，結合伯尼．桑德斯支持者與商人、福音派與世俗化女性主義者、小鎮共和黨與都市黑人民權支持者的政治運動，會打開跨越從我國兩大黨陣營衍生出來巨大隔閡的溝通管道。這可能有助於在急需的社會上孕育更多橫向統合。在社會的政治分化巨大之處，我們在不同時間依不同議題跟不同的人們站在同一邊。我們跟鄰居或許對墮胎有不同意見，但都支持健保；我們可能不喜歡另一個鄰居對移民的觀點，但都認為需要調高基本工資。這類結盟幫助我們建立與維持相互容忍的規範。當我們至少在某些時候與政敵意見相同，就比較不會把他們當成死敵。

思考如何反抗川普政府的濫權顯然很重要。然而，美國民主面對的基本問題仍是極度黨派分裂——不僅由政策差異還有深層憎惡來源，包括種族與宗教差異所造成。美國的重大兩極化早在川普當總統之前發生，而且很可能延續到他下台後。

政治領袖面對極端兩極化有兩個選項。第一，他們可以把社會分裂當成常態但是藉著菁英階層的合作與妥協設法抑制。智利政治人物就是這麼做的。如我們在第五章所見，一九七三年社會黨與基督民主黨之間的激烈衝突摧毀了智利民主。兩黨間深刻的猜忌[49]持續了許多年，壓倒了他們對皮諾契特獨裁體制的共同反感。流亡的社會黨領袖里卡度・拉戈斯（Ricardo Lagos）[50]在北卡州立大學演講，回顧基督民主黨前總統蒙塔瓦（Eduardo Frei Montalva）在一九七五年造訪該大學時，他決定不願跟他說話——所以他請病假。

但是政治人物終究開始對話了。一九七八年，拉戈斯回到智利，受前基民黨參議員雷耶斯（Tomás Reyes）之邀吃晚餐。他們開始定期會面。[51]大約在同時間，基民黨黨魁艾爾文[52]出席多元黨派背景的律師與學者集會，許多人為政治犯辯護時在法院認識過的。這些「二十四人小組」[53]集會只是在會員家裡輕鬆地吃晚餐，但是據艾爾文說，集會「在曾經是敵人的我們之間建立了互信」。最後，對話有了成果。一九八五年八月，基督民主黨、社會黨和十九個其他政黨在首都聖地牙哥高雅的西班牙圈俱樂部聚會，簽署《向全面民主過渡的全國協議》（National Accord for a Transition to a Full Democracy）。[54]這份公約形成了民主協商大聯盟的基礎。[55]大聯盟發展出一套「共識政治」[56]做法，關鍵決策要由社會黨與基民黨領袖們協商。結果很成功。民主協商大聯盟不只在一九八八年全民公投中推翻皮諾契特，還在八九年贏得總統大位，掌握了二十年。

協商聯盟研發出的統治風格跟一九七〇年代的政局大相逕庭。領袖們害怕不斷的衝突會威脅智利的新民主，發展出非正式合作的做法[57]——智利人稱之為「協議的民主」——總統向國會提出法案之前要諮詢所有政黨領袖。皮諾契特的一九八〇年憲法[58]造成了獨大的行政權有權多多少少片面地制定預算，但是基民黨的艾爾文總統密集諮詢社會黨等政黨，才送出他提案的預算。而且他不只徵詢盟友。艾爾文也跟支持獨裁維護皮諾契特的右翼政黨協商立法。[59]據政治學者西亞維里斯（Peter Siavelis）說，新規範「有助避免[60]大聯盟內部與朝野之間潛在導致動盪的衝突」。近三十年來智利成了拉丁美洲最穩定又成功的民主國家之一。

民主黨與共和黨能否遵循智利的經驗令人懷疑。政客很容易哀嘆文明與合作精神淪喪，或緬懷過去兩黨合作的時代。但是創造規範是集體作業——夠多領袖接受與遵守新的不成文規則才可能成功。這通常發生在來自整個光譜的政治領袖們望著深淵，發現如果他們不設法解決兩極化民主就會衰亡時。通常只有政客們遭受像智利那樣暴力獨裁體制的創傷，甚至像西班牙的內戰，利害關係才會真正變得清楚。

即使有潛在兩極化也要學習合作的另一個方法是克服兩極化。在美國，政治學家們提出過[61]許多種選舉改革——僅舉幾例，終結重劃選區不公、開放初選、強制投票、選舉國會議員的替代規則——這可能緩和美國的黨派敵意。然而其效力的證據仍很隱晦。我們認為專注在驅動美國兩極化的兩個潛在力量會比較有價值：種族宗教重組和惡化的經濟不平等。我們認為，處理這些社會基礎必須要重新洗牌美國政黨所代表的東西。

共和黨[62]向來是兩黨裂痕的主要驅動者。二〇〇八年起，共和黨有時在掣肘、黨派敵意與極端政策立場方面表現得像個反體制政黨。它的二十五年右傾過程是組織核心空洞化造成的。過去二十五年來，共和黨的領導架構被掏空了精華——先是因為資金充裕的外圍團體興起（像是Americans for Tax Freedom、Americans for Prosperity和其他許多），他們的募款能力讓他們多多少少能主導許多共和黨民選官員的政策議題，接著還有福斯新聞等右翼媒體的影響力越來越大。像柯赫兄弟等富裕的外部金主與有影響力的媒體名人，比共和黨自己的領袖更能夠影響民選的共和黨官員。共和黨仍在全國各地勝選，但是以前所謂的共和黨「建制派」如今變成了幽靈。如此空洞化[63]讓黨很容易被極端派掌控。

減少兩極化必須靠共和黨改革，甚至直接解散重組。首先，共和黨必須重建自己的體制。意思是在四個關鍵領域奪回領導階層控制權：財務、草根性組織、宣傳和提名候選人。唯有黨內領袖擺脫外部金主與右翼媒體的掌控才能進行自我改造。這需要重大的改變：共和黨人必須排除極端元素；他們必須建立更多元的選民結構，讓黨不再重度依賴萎縮中的白人基督徒鐵票；他們也必須設法不靠白人民族主義，或亞利桑那州共和黨參議員弗雷克所謂的「民粹、排外和煽動的食糖亢奮」[64]訴求贏得選舉。

重新建立美國主要的中間偏右政黨是個苦差事，但是這種轉變是有歷史先例的——而且在更艱難的情境中成功。只要成功，保守政黨改革[65]會觸發民主的重生。特別戲劇性的例子是西德在二次大戰後的民主化。這項成就的核心是個被低估的發展：德國的中間偏右基督教民主聯盟（CDU）[66]從喪失信用的保守與右翼傳統的廢墟中組成。

一九四〇年代之前，德國從未有過組織良好、能勝選的保守派政黨，而同時是既溫和且民主。德國的保守主義[67]長期被內部分化與組織缺陷摧殘。尤其是保守新教徒與天主教徒的激烈分化製造了極端派與專制勢力可利用的中間偏右政治真空。這個趨勢在希特勒掌權時達到最低潮。

一九四五年之後，德國的中間偏右在不同的基礎上重建。基民盟遠離極端派與專制派——主要由具備「無懈可擊的」反納粹資格[68]的保守派人物（像是康拉德・艾德諾）創立。該黨的成立宣言表明它直接反對舊政權與其代表的意義。基民盟黨魁赫密斯（Andreas Hermes）曾形容斷層規模之大，在一九四五年評論說：「舊世界沉沒了，[69]我們想要建立一個新的……」基民盟提供了德國民主未來的清晰願景：[70]拒絕獨裁體制、擁抱自由與包容的「基督徒」社會。[71]

基民盟也把基本盤拓展與多元化，招募天主教徒與新教徒。這是個挑戰。但是納粹與二次大戰的創傷說服了保守天主教與新教徒領袖們克服曾經分裂德國社會的長久歧異。如同某基民盟地方領袖所說，「天主教與新教徒的密切合作，[72]以前只發生在監獄、地牢與集中營，終結了舊衝突並開始建造橋樑。」當天主教與新教的基民盟新領袖們在一九四五到四六年創立期挨家挨戶到信徒家，他們實現了即將重塑德國社會的中間偏右新政黨。基民盟變成了德國戰後民主的支柱。

美國在鼓勵基民盟成立扮演了重要角色。所以，美國今天要從這些成功案例學習，幫助搶救自己的民主，真是歷史的一大諷刺。言明在先：我們無意把唐納・川普或其他任何共和黨人跟德國納粹畫上等號。但德國中間偏右的成功重建提供了共和黨一些有用的教訓。就像德國經驗，現在的共和黨人必須從陣容裡排除極端派，與川普政府的專制與民族主義傾向劃清界線，在白人基督徒之外設法拓展黨的基本盤。基民盟或許提供了一個模型：如果共和黨放棄白人民族主義並軟化其極端自由市場意識型態，廣泛的宗教保守訴求能讓它建立可以長久的基本盤，例如新教徒與天主教徒，同時也潛在吸引相當數量的少數民族選民。

當然，德國保守主義的重建是在重大災難之後。基民盟別無選擇只能自我翻新。現在共和黨面對的疑問是這種翻新能否在我們掉入更深刻的危機之前發生。領袖們能鼓起遠見與政治勇氣在造成進一步傷害之前重新調整越來越失能的政黨嗎，或是我們需要一場災難才能引發改變？

雖然民主黨不是美國加深兩極化的主要動力，還是可以扮演角色去減輕它。有些民主黨人提議過讓黨專注在重新吸引所謂白人勞工階級，或沒受大學教育的白人選民。這是希拉蕊在二〇一六年慘遭敗選創傷之後的顯著議題。伯尼・桑德斯和一些溫和派[73]強烈主張民主黨必須贏回在鏽帶、阿帕拉契山脈等地失去的藍領選民。許多意見領袖認為，要做到這點，民主黨必須從擁抱移民與所謂「認同政治」的立場退讓——這個定義含糊的詞彙通常包括促進種族多元性，還有最近的反警察暴力倡議，像是Black Lives Matter運動。在《紐約時報》的特約社論中，潘恩（Mark Penn）和史坦（Andrew Stein）[74]敦促民主黨人放棄「認同政治」並軟化對移民的立場以贏回白人勞工的選票。雖然很少明講，核心訊息是：民主黨必須抑制少數民族影響力才能贏回白人勞工階級。

這種策略或許能減少黨派兩極化。如果民主黨要放棄少數民族的要求或把他們放到議題的底層，幾乎確定會贏回某些中低收入白人選民。實質上，黨會回到八〇到九〇年代的樣子——公共面貌是壓倒性白人而少數民族選民頂多只是次要夥伴。民主黨會名符其實地開始顯得像共和黨對手。而且當他們在移民與種族平等方面靠向川普的立場（意思是，兩者都要削減），他們會顯得對共和黨鐵票比較沒有威脅性。

我們認為這是個餿主意。我們必須極力強調，尋求削減少數民族團體在黨內的影響力不是減少兩極化的正途。這會重演我們國家最恥辱的一些錯誤。美國開國先賢們讓種族宰制保留，最後導致了南北戰爭。當民主黨與共和黨終於在重建失敗之後妥協，他們的和解方式再度以種族排斥為基礎。六〇年代的改革給了美國人第三次機會建立一個真正多種族的民主國家。雖然這個任務格外困難，我們非成功不可。如同我們的政治學者同僚丹妮爾・艾倫（Danielle Allen）寫的：

> **此事的簡單真相[75]就是世界上從未建立一個多種族民主國家，達成沒有特定種族團體占多數、政治平等、社會平等與經濟全民共享。**

這是美國的大挑戰。我們不能逃避。

但是民主黨還有其他辦法幫助重新建構政治環境。現今美國黨派敵對的強度[76]反映出不只種族日益多元化還有經濟成長趨緩、所得分配階層下半部的工資停滯、貧富越來越不平等的綜合效應。現今種族色彩的黨派兩極化[77]反映了種族多元性在一段經濟成長趨緩的期間急升（一九七五年至今），尤其對低收入底層者而言的事實。對許多美國人而言，近幾十年來的經濟變化[78]讓工作越來越沒保障，工時加長，升遷機會減少，帶來社會仇恨升高的結果。憎惡推動了兩極化。所以，克服我們深化中的黨派分裂的辦法之一就是，真正去處理長期被忽視的部分人口的生計顧慮──無論他們是什麼種族。

以解決經濟不平等為目標的政策可能加劇也可能紓緩兩極化，看怎麼安排而定。不像其他許多先進民主國家，美國的社會政策一向很依賴資產審查──只把利益分配給落在某收入門檻以下或符合其他資格的人。資產審查計畫製造出許多中產階級公民認為只有窮人從社會政策獲利。又因為種族與貧窮在美國歷史上有重疊性，這些政策可能帶來種族污名化。反對社會政策者通常用種族指控的措辭反對資產審查計畫──雷根說到用食物券買牛排的「福利女王」[79]或「小富翁」就是個主要例子。因為覺得受惠者沒資格的認知，福利在美國變成了貶義詞。

相對的，北歐國家拋開僵化的資產審查而採取比較廣泛的社會政策目標[80]模式可能對我們的政局有和緩效果。造福每個人的社會政策──主要例子是社會安全系統與聯邦醫療保險——可能幫助減少憎惡，在美國選民的裂痕間建立橋樑，確保社會支持更長期的收入不平等政策，而又不會帶來種族反彈的話柄。全面的健保就是個明顯例子。其他例子包括更激進的提高基本工資，或普遍性發放基本收入——曾經被認真考慮過，甚至被尼克森政府送交國會的政策。另一個例子是「家庭政策」，[81]這個計畫提供父母有薪假期，補貼雙薪家庭的子女托育，讓幾乎所有人享有學齡前教育。美國政府在家庭的支出[82]目前是先進國家平均的三分之一，跟墨西哥與土耳其其差不多。最後，民主黨可以考慮[83]更全面的勞動市場政策，像是加強職業訓練，補貼工資給受訓與升等訓練的員工，高中與社區大學畢業生的在職進修計畫，還有外地員工的交通津貼。這類政策不只可能降低促成憎惡與兩極化的經濟不平等，還可能有助形成一個廣泛、長久的大聯盟，把美國政局重組。

當然，採用政策解決社會與經濟不平等在政治上很困難——部分是因為政策企圖解決的兩極化（造成制度性僵局）。我們對建立多種族大聯盟——包括少數民族與藍領白人的障礙——沒有任何幻想。[84]我們無法確定普遍性政策會提供這種大聯盟的基礎——只知道這代表比現行的資產審查計畫更有機會成功。不過，雖然艱難，民主黨還是必須解決不平等的問題。畢竟這不只是社會正義問題而已。我們民主制度的健全就靠它了。

比較我們目前的困境與其他國家或歷史上的民主危機，美國很明顯跟其他國家沒有什麼不同。我們的憲政體制，雖然比歷史上其他國家古老又茁壯，仍然可能被其他地方扼殺民主的同樣病徵侵襲。所以到頭來，美國民主要靠我們美國公民。沒有任何政治領袖能終結民主；也沒有任何領袖能一手拯救它。民主是個共有企業。它的命運要靠我們所有人。

在二戰中最黑暗的時代，美國的未來岌岌可危，作家E．B．懷特受美國聯邦政府作家戰時委員會（Writers' War Board）請託撰寫對「什麼是民主？」的簡短解答。他的答案很謙遜但是啟發人心。他寫道：

委員會當然知道民主是什麼。[85]就是走路靠右邊。就是不要推擠的「不要」。就是拆穿繡花枕頭的漏洞；就是高帽子上面的凹陷。民主就是不斷懷疑過半數的民意有過半數的機率正確。就是在圈票亭裡的隱私感，在圖書館裡的共同參與感，到處都有的活力感。民主是報紙的讀者投書。民主是九局上半的比數。是尚未被證明錯誤的點子，歌詞還沒寫壞的一首歌。是熱狗上的芥末與配給咖啡裡的奶油。民主是戰時委員會的要求，在戰爭中某天的早上，想要知道什麼是民主。

E．B．懷特所描繪的平等主義、文明、自由理性與共同目標，是二十世紀中葉美國民主的精華。如今不只在美國還有整個工業化西方，這個願景正遭受攻擊。光是恢復逝去年代的自由派民主理想不足以復興現今的西方民主國家。我們不僅必須恢復民主規範，還要把它延伸到整體越來越多元的社會上。這是個嚇人的挑戰：歷史上很少社會能夠種族多元化又真正民主。但是有個先例與希望。一百年前在英國與斯堪地那維亞半島，勞工階級曾被成功整合進入自由民主的制度——幾十年前這種事還被許多人視為不可能呢。在美國，儘管有許多相反的負面預測，早期的幾波移民——義大利和愛爾蘭天主教徒、東歐猶太人——也被成功吸收到民主生活中。歷史教導我們民主與多元化是有可能協調的。這是我們面對的挑戰。歐洲與美國的前幾個世代作出了非凡的犧牲，捍衛我們的民主制度，對抗強大的外部威脅。我們這個把民主視為理所當然長大的世代，現在面臨著不同的使命：我們必須防止它從內部死亡。

註釋

1 直到一九六五年之後：米奇（Robert Mickey），《沒有南方佬的道路》。

2 基本重組：米奇、李維茲基與魏，〈對民主而言美國仍然安全嗎？〉（Is America Still Safe for Democracy?），pp. 20–29。

3 有個強化中的認知：參閱戴蒙（Larry Diamond），〈勇敢面對民主的衰退〉（Facing Up to the Democratic Recession），《民主期刊》（*Journal of Democracy*）26, no.1（January 2015），pp. 141–55；以及佛亞（Roberto Stefan Foa）和蒙克（Yascha Mounk），〈民主的斷線〉（The Democratic Disconnect），《民主期刊》27, no.3（July 2016），pp. 5–17。

4 賴瑞．戴蒙：戴蒙，〈勇敢面對民主的衰退〉。

5 關於全球民主退潮的說法：李維斯基與魏，〈民主衰退的迷思〉（The Myth of Democratic Recession），《民主期刊》26, no.1（January 2015），pp. 45–58。

6 美國政府在後冷戰時代用外交壓力：李維茲基與魏，《競爭式威權主義》（*Competitive Authoritarianism*）；梅華林（Scott Mainwaring）和裴瑞茲－林安，《拉丁美洲的民主與獨裁》（*Democracies and Dictatorships in Latin America*）。

7 支持川普的共和黨：民主黨選票集中在市中心，會讓共和黨實現對政府各部門的控制。這樣會使主宰小鎮與鄉村選票的共和黨在全國規模上變得幾乎無敵，給他們在選舉人團，尤其是參議院的優勢。

8 人口結構也多元化：參閱 https://www.census.gov/quickfacts/NC。

9「全國超激烈黨爭與日益互不信任的縮影」：波迪（Jedediah Purdy），〈北卡羅萊納的政黨危機〉（North Carolina's Partisan Crisis），《紐約客》，二〇一六年十二月二十日。

10 兩黨一直為了共和黨實施的墮胎禁令爭鬥不已：〈北卡羅萊納州長簽署爭議性跨性別法案〉（North Carolina Governor Signs Controversial Transgender Bill），CNN.com，二〇一六年三月二十四日。

11「更兩極化更激烈」：引述自史騰（Mark Joseph Stern），〈北卡羅萊納州的議會政變是對民主的打擊〉

（North Carolina Republicans' Legislative Coup Is an Attack on Democracy），《頁岩》（*Slate*），二〇一六年十二月十五日。

12 改變讓共和黨得以：布勞（Max Blau），〈在最不公平的重劃選區上畫線〉（Drawing the Line on the Most Gerrymandered District in America），《衛報》，二〇一六年十月十九日。

13 一開始是要求拿到全州選民的背景資料：參閱：http://pdfserver.amlaw.com/nlj/7-2 9-1 6%204th%20Circuit%20NAACP%20 v%20NC.pdf, pp. 10, 13。

14 他們通過嚴格的選民身分法：「北卡羅萊納州長簽署廣泛適用的選民身分法」（North Carolina Governor Signs Extensive Voter ID Law），《華盛頓郵報》，二〇一三年八月十二日；以及〈政論家批評北卡羅萊納州，再度限制黑人選票〉（Critics Say North Carolina Is Curbing the Black Vote. Again），《紐約時報》，二〇一六年八月卅日。

15「幾乎是外科手術般精準」：〈聯邦最高法院大法官以種族傾向為由，否決北卡羅萊納州兩個不公平的選區重劃〉（Justices Reject Two Gerrymandered North Carolina Districts, Citing Racial Bias），《紐約時報》，二〇一七年五月二十七日。

16 共和黨利用他們對州選委會的控制：〈政論家批評北卡羅萊納州，再度限制黑人選票〉。

17 麥克羅里拒絕認輸：〈北卡羅萊納州州長宣稱選票舞弊，不認敗選〉（North Carolina Governor Alleges Voter Fraud in Bid to Hang On），《政治》新聞網站，二〇一六年十一月二十一日；與〈北卡羅萊納州州長派特·麥克羅里因挑戰者選票增加而聲請驗票〉（North Carolina Gov. Pat McCrory Files for Recount as Challenger's Lead Grows），NBCNews.com，二〇一六年十一月二十二日。

18「突襲特別會期」：〈民主黨人示威抗議共和黨人召開州議會突襲特別會期〉（Democrats Protest as Republican Calls Surprise Special Session），WRAL電視台網站（WRAL.com），二〇一六年十二月十四日。

19「議會政變」：〈媒體聚焦議會與庫柏，北卡再度成為全國焦點〉（NC Is in the Hot N纏住ational Spotlight

Yet Again as Media Focus on General Assembly, Cooper），《夏洛特觀察家報》，二〇一六年十二月十六日；史騰，〈北卡羅萊納州的議會政變是對民主的打擊〉。

20「無恥奪權」：〈一股厚顏無恥的力量霸占北卡羅萊納州〉（A Brazen Power Grab in North Carolina），《紐約時報》，二〇一六年十二月十五日。

21 州參議院給自己州長任命內閣的同意權：〈北卡州眾議院以七十對三十六票表決通過削減新任州長羅伊．庫柏人事任命權的提案〉（Proposed Cuts to Gov.-Elect Roy Cooper's Appointment Powers Passes NC House in 70-36 Vote），《新聞與觀察家報》（*News & Observer*），二〇一六年十二月十五日；並參閱〈法案將限制庫柏的人事任命權〉（Bill Would Curb Cooper's Appointment Pcwers），WRAL.com，二〇一六年十二月十四日。

22 即將卸任的麥克羅里州長：〈麥克羅里在卸任之前保住908個州政府職位免於政務解職〉（Before Leaving Office, McCrory Protected 908 State Jobs from Political Firings），《新聞與觀察家報》，二〇一七年一月二十三日。

23 負責地方規則：參閱https://www.ncsbe.gov/about-us。

24 然後共和黨改變州選委會陣容：〈州參議院通過爭議性的道德與選務委員會合併案〉（Senate Passes Controversial Merger of Ethics, Elections Boards），WRAL.com，二〇一六年十二月十五日。

25 選委會在現任州長控制下：波迪，〈北卡羅萊納的政黨危機〉。

26 選委會主席：〈北卡州眾議院以七十對三十六票表決通過削減新任州長羅伊．庫柏人事任命權的提案〉。

27 議會表決裁減：〈聯邦最高法院兩度斥責北卡羅萊納州共和黨人厚顏無恥〉（Rebuked Twice by Supreme Court, North Carolina Republicans Are Unabashed），《紐約時報》，二〇一七年五月二十七日。

28「美國民主」：引述自波迪，〈北卡羅萊納的政黨危機〉。

29 孟德斯鳩首創權力分立：孟德斯鳩，《論法的精神》（Cambridge: Cambridge University Press, 1989）。

30 美國教條：默達爾，《美國的困境：黑人問題與現代民主》（*An American Dilemma : The Negro Problem and*

American Democracy）（New York: Harper and Brothers, 1944）, pp. 3–4。

31「民主黨在所有議題的談判立場」：法利斯（David Faris），〈該是民主黨出奧步的時候了〉（It's Time for Democrats to Fight Dirty），《星期週刊》（*The Week*），二〇一六年十二月一日。

32「沒有努力阻止他」：里特維克（Dahlia Lithwick）和柯恩（David S. Cohen），〈民主黨振作起來－像共和黨一樣作戰－〉（Buck Up, Democrats, and Fight Like Republicans），《紐約時報》，二〇一六年十二月十四日。

33「缺乏正當性」：引述自迪亞茲（Daniella Diaza）與史考特（Eugene Scott），〈這些民主黨人不會出席川普的就職典禮〉（These Democrats Aren't Attending Trump's Inauguration），CNN.com，二〇一七年一月十七日。

34「正當的總統」：引述自施萊佛（Theodore Schleifer），〈約翰．路易斯：川普不是一個「正當的」總統〉（John Lewis: Trump Is Not a 'Legitimate' President），CNN.com，二〇一七年一月十四日。

35 眾院民主黨有將近七十人：戈德堡（Michelle Goldberg），〈民主黨人終於學會如何像共和黨人一樣戰鬥〉（Democrats Are Finally Learning How to Fight Like Republicans），《頁岩》，二〇一七年一月十九日。

36「學學共和黨」：法利斯，〈該是民主黨出奧步的時候了〉。還有維斯（Graham Vyse），〈民主黨應該停止討論兩黨合作，開始戰鬥〉（Democrats Should Stop Talking About Bipartisanship and Start Fighting），《新共和》（*The New Republic*），二〇一六年十二月十五日。

37「一切都應該是戰鬥」：戈德堡，〈結局將至〉（The End Is Nigh），《頁岩》，二〇一七年五月十六日。

38「我最大的願望」：迪亞茲，〈麥絲妮．華特斯眾議員：川普的行動將「讓他自己」被彈劾〉（Rep.Maxine Waters: Trump's Actions 'Leading Himself' to Impeachment），CNN.com，二〇一七年二月六日。

39 彈劾論甚囂塵上：戈德堡，〈結局將至〉。

40「但我不以為然」：同前。

41 當反對黨出奧步：參閱甘波亞（Laura Gamboa），〈被邊緣化的反對黨：哥倫比亞與委內瑞拉對抗民主侵蝕的戰略〉(Opposition at the Margins : Strategies Against the Erosion of Democracy in Colombia and Venezuela),《比較政治》(*Comparative Politics*) 49,no.4(July 2017),pp. 457–77。

42 罷工持續了兩個月:同前,p. 466。

43 這三個策略都有反作用:甘波亞,〈被邊緣化的反對黨:拉丁美洲對抗民主侵蝕的戰略〉(Opposition at the Margins: The Erosion of Democracy in Latin America),聖母院大學政治學系博士論文(2016),pp. 129–51。

44 傷害了反對黨的民意支持度:同前,pp. 102–7。

45 哥倫比亞反對黨策略:同前。

46 像查維茲一樣的擴權:甘波亞,〈被邊緣化的反對黨:哥倫比亞與委內瑞拉對抗民主侵蝕的戰略〉,pp. 464–68。

47 比較難以質疑:同前,pp. 468–72。

48 黑人領導的非暴力抗議:瓦斯柯(Omar Wasow),〈抗議重要嗎?一九六〇年代黑人暴動事證〉(Do Protests Matter? Evidence from the 1960s Black Insurgency),未發表手稿,普林斯頓大學,二〇一七年二月二日。

49 深刻的猜忌:〈里卡多.拉戈斯總統訪談〉(Interview with President Ricardo Lagos),收錄在《民主轉型:與世界領袖對談》(*Democratic Transitions: Conversations with World Leaders*),畢塔(Sergio Bitar)和勞文塔爾(Abraham F. Lowenthal)編輯,(Baltimore : Johns Hopkins University Press, 2015), p. 85。

50 流亡的社會黨領袖里拉戈斯:同前,p. 74。

51 他們開始定期會面:同前。

52 基民黨黨魁艾爾文:〈帕特里西奧.艾爾溫總統訪談〉(Interview with President Patricio Aylwin),畢塔和勞文塔爾編,《民主轉型》,pp. 61–62。

53「二十四人小組」:同前。

54 向全面民主過渡的全國協議：康斯德柏（Pamela Constable）和華倫瑞拉（Arturo Valenzuela），《敵人之國》（*A Nation of Enemies*），pp. 271–72。

55 公約形成了民主協商大聯盟的基礎：〈里卡多．拉戈斯總統訪談〉，p. 83。

56「共識政治」：同前。

57 領袖們發展出非正式合作的做法：西亞維里斯（Peter Siavelis），〈調和非正式制度與智利民主〉（Accommodating Informal Institutions and Chilean Democracy），收錄在《非正式制度與民主：來自拉丁美洲的教訓》（*Informal Institutions and Democracy : Lessons from Latin America*），希爾克（Gretchen Helmke）和萊文斯基編（Steven Levitsky）（Baltimore : Johns Hopkins University Press, 2006）, pp. 40–48。

58 皮諾契特的一九八〇年憲法：同前，p. 49。

59 艾爾文也跟支持獨裁維護皮諾契特的右翼政黨協商立法：同前，pp. 48–49。

60「有助避免」：同前，p. 50。

61 政治學家們提出過：舉例，參閱佩爾西利（Nathaniel Persily）編輯，《美國政治對立的解答》（*Solutions to Political Polarization in America*）（New York : Cambridge University Press, 2015）。

62 共和黨：哈克和皮爾森，《偏離中堅：共和國革命與美國民主的侵蝕》（*Off Center* □ *The Republican Revolution and the Erosion of American Democracy*）（New Haven, CT : Yale University Press, 2006）；曼恩與歐恩斯汀，《比表面看起來更糟》；格羅斯曼與霍普金斯，《不對稱政治》；巴柏（Michael Barber）和麥卡提（Nolan McCarty），〈對立的成因與後果〉（Causes and Consequences of Polarization），佩爾西利編，《美國政治對立的解答》。

63 如此空洞化：佩爾西利，〈更強大的政黨是政治對立的解答〉（Stronger Parties as a Solution to Polarization），收錄於佩爾西利編，《美國政治對立的解答》，p. 123。

64「民粹、排外和煽動的食糖亢奮」：佛雷克（Jeff Flake），《保守黨的良心：拒絕毀滅性政治以及回歸原則》

（*Conscience of a Conservative : A Rejection of Destructive Politics and a Return to Principle*）（New York : Random House, 2017），p. 8。

65 保守政黨改革：齊布拉特（Daniel Ziblatt），《保守政黨與民主的誕生》（*Conservative Parties and the Birth of Democracy*）（Cambridge : Cambridge University Press, 2017）。

66 基督教民主聯盟：麥爾（Charles Maier），〈兩個戰後年代與二十世紀西歐的穩定〉（The Two Postwar Eras and the Conditions for Stability in Twentieth-Century Western Europe），《美國歷史評論》（*American Historical Review*）86, no.2 , pp. 327–52。

67 德國的保守主義：齊布拉特，《保守政黨與民主的誕生》，pp. 172–333。

68「無懈可擊的」反納粹資格：赫爾夫（Jeffrey Herf），《分裂的回憶：兩德的納粹過往》（*Divided Memory : The Nazi Past in the Two Germanys*）（Cambridge, MA : Harvarc University Press, 1997）, p. 270。該黨早期的某些人物與納粹政權有關係，讓黨在這方面一直受到批評。

69「舊世界沉沒了」：凱利（Noel Cary），《通往基督教民主的道路：從溫特霍斯特到艾德諾的國天主教與政黨系統》（*The Path to Christian Democracy : German Catholics and the Party System from Windthorst to Adenauer*）（Cambridge, MA : Harvard University Press, 1996），p. 147。

70 基民盟提供了德國民主未來的清晰願景：普雷德姆（Geoffrey Pridham），《西德的基督教民主》（*Christian Democracy in Western Germany*）（London : Croom Helm, 1977），pp. 21–66。

71「基督徒」社會：同前，p. 32。

72「密切合作」：引述自同前，pp. 26–28。

73 伯尼．桑德斯和一些溫和派：潘恩（Mark Penn）和史坦（Andrew Stein），〈民主黨人，回到中堅〉（Back to the Center, Democrats），《紐約時報》，二〇一七年七月六日；桑德斯（Bernie Sanders），〈民主黨如何停止敗選〉（How Democrats Can Stop Losing Elections），《紐約時報》，二〇一七年六月十三日；亦參閱里拉（Mark Lilla），〈身分自由主義的終結〉（The End of Identity Liberalism），《紐約時報》，二〇一六年十

一月十八日。

74 潘恩和史坦：潘恩與史坦，〈民主黨人，回到中堅〉。還有里拉，〈身分自由主義的終結〉。

75 「此事的簡單真相」：艾倫（Danielle Allen），〈夏洛蒂鎮不是舊戰爭的延續，是新的意義〉（Charlottesville Is Not the Continuation of an Old Fight. It Is Something New），《華盛頓郵報》，二〇一七年八月十三日。

76 黨派敵對的強度：皮凱提（Thomas Piketty），《二十一世紀資本論》（*Capital in the Twenty-First Century*）（Cambridge, MA：Harvard University Press, 2013）。

77 現今種族色彩的黨派兩極化：戈登（Robert Gordon），《美國經濟成長的起與落：從南北戰爭以來的美國生活標準》（*The Rise and Fall of American Growth：The U.S. Standard of Living Since the Civil War*）（Princeton, NJ：Princeton University Press, 2016），p. 613。

78 近幾十年來的經濟變化：克雷默（Katherine Kramer），《怨恨的政治：威斯康辛的農村良知與史考特．沃克的崛起》（*The Politics of Resentment: Rural Consciousness in Wisconsin and the Rise of Scott Walker*）（Chicago：University of Chicago Press, 2016），p. 3。

79 「福利女王」：羅培茲（Ian Haney Lopez），《狗哨政治》（*Dog Whistle Politics*）（Oxford：Oxford University Press, 2013）。

80 社會政策目標：艾斯平－安德森（Gøsta Esping-Andersen），《福利資本主義的三個世界》（*The Three Worlds of Welfare Capitalism*）（Princeton, NJ：Princeton University Press, 1990）。

81 「家庭政策」：克魯曼（Paul Krugman），〈改革者的下一步是什麼？〉（What's Next for Progressives?），《紐約時報》，二〇一七年八月八日。

82 美國政府在家庭的支出：同前。

83 民主黨可以考慮：維倫斯基（Harold Wilensky），《美國政治經濟的全球展望》（*American Political Economy in Global Perspective*）（Cambridg e: Cambridge University Press, 2012），p. 225。

84 我們對建立多種族大聯盟沒有任何幻想：這樣何時有效的範例，參閱席克勒（Eric Schickler）對新政大聯盟的修正記述，《種族重組》。

85 委員會當然知道民主是什麼：懷特（E. B. White），〈民主的意義〉（The Meaning of Democracy），《紐約客》，一九四三年七月三日。

Acknowledgments

致謝

沒有一群傑出學生研究助理的合作，我們不可能寫得出這本書。我們深深感激Fernando Bizzarro、Kaitlyn Chriswell、Jasmine Hakimian、David Ifkovits、Shiro Kuriwaki、Martin Liby Troein、Manuel Meléndez、Brian Palmiter、Justin Pottle、Matt Reichert、Briita van Staalduinen、Aaron Watanabe和Selena Zhao。特別感謝David Ifkovits與Justin Pottle在註解方面無懈可擊的工作。這些學生研究的成果充滿在整本書中。我們希望他們能看到自己的痕跡。

本書中的概念出自許多跟朋友和同僚的對話。我們尤其感謝Daniel Carpenter、Ryan Enos、Gretchen Helmke、Alisha Holland、Daniel Hopkins、Jeff Kopstein、Evan Lieberman、Robert Mickey、Eric Nelson、Paul Pierson、Pia Raffler、Kenneth Roberts、Theda Skocpol、Dan Slater、Todd Washburn和Lucan Ahmad Way願意傾聽，辯論與指點我們。特別感謝

Larry Diamond、Scott Mainwaring、Tarek Masoud、John Sides和Lucan Ahmad Way幫忙試閱本書早期草稿。

我們有許多事情要感激我們的經紀人Jill Kneerim。Jill提案了寫書計畫並引導我們從頭到尾完成。她一向是亟需的鼓勵與睿智忠告來源——而且是個好編輯。

我們感謝在Crown Publishers公司的責任編輯Amanda Cook，她對我們有信心，還有耐心跟毅力哄騙兩個政治學者寫出一本可讀的書。我們也感謝Crown公司的Meghan Houser、Zach Phillips、Kathleen Quinlan和Penny Simon等人的努力與耐心支援，還有Molly Stern帶給整個計畫的強大活力。

史蒂文要感謝足球老爸俱樂部的成員（Chris、Jonathan和Todd）不斷的幽默感與支持（當然，還有對政治的洞見）。

最後，我們深深感激我們的家人。史蒂文感謝最重要的兩人，Liz Mineo與Alejandra Mineo-Levitsky。丹尼爾感謝Suriya、Talia和Lilah Ziblatt無盡的熱情與耐心。丹尼爾也要感謝他父親David Ziblatt的對話、高見、智識陪伴，以及不斷的啟發。

民主國家如何死亡：歷史所揭示的我們的未來 / 史蒂文・李維茲基（Steven Levitsky）、丹尼爾・齊布拉特（Daniel Ziblatt）著；李建興譯. -- 一版. -- 台北市：時報文化, 2018. 12；面；公分
（next：252）
譯自：How Democracies Die：What History Reveals About Our Future
ISBN 978-957-13-7638-7（平裝）
1. 民主政治 2. 社會運動 3. 美國政府

574.52 107021278

ISBN 978-957-13-7638-7
Printed in Taiwan

NEXT 252

民主國家如何死亡

How Democracies Die

作者 史蒂文・李維茲基、丹尼爾・齊布拉特｜**譯者** 李建興｜**副主編** 劉珈盈｜**編輯** 黃嬿羽｜**編輯協力** 王湘瑋｜**美術設計** 莊謹銘｜**執行企劃** 黃筱涵｜**董事長** 趙政岷｜**出版者** 時報文化出版企業股份有限公司 108019台北市和平西路三段240號四樓｜**發行專線** 02-2306-6842 **讀者服務專線**—0800-231-705・(02)2304-7103 **讀者服務傳真**—(02)2304-6858 **郵撥**—19344724時報文化出版公司 **信箱**—10899臺北華江橋郵局第99信箱 **時報悅讀網**—http://www.readingtimes.com.tw｜**法律顧問**—理律法律事務所 陳長文律師、李念祖律師｜**印刷**—勁達印刷有限公司｜**初版一刷**—2019年1月11日｜**初版三刷**—2021年2月3日｜**定價**—新台幣400元｜版權所有 翻印必究｜缺頁或破損的書，請寄回更換

時報文化出版公司成立於1975年，並於1999年股票上櫃公開發行，於2008年脫離中時集團非屬旺中，以「尊重智慧與創意的文化事業」為信念。